주께서 하는 모든 말씀 붙들고 하나도 놓지 않으니,

하나님, 나를 버리지 마소서!

나에게 방법을 알려 주시면

주께서 나를 위해 펼쳐 놓으신 길로 달려가겠습니다.

시편 119:32

주와 함께 달려가리이다

IVP(InterVarsity Press)는
캠퍼스와 세상 속의 하나님 나라 운동을 지향하는
IVF(InterVarsity Christian Fellowship)의 출판부로
생각하는 그리스도인을 위한 문서 운동을 실천합니다.

Run with the Horses
Copyright © 1993, 2009, 2018 by Eugene Peterson
Translated and printed by permission of InterVarsity Press
P. O. Box 1400, Downers Grove, IL 60515, USA
www.ivpress.com
All rights reserved

Korean Edition © 2003, 2019 by Korea InterVarsity Press
156-10 Donggyo-Ro, Mapo-Gu, Seoul 04031, Republic of Korea

주와 함께 달려가리이다

유진 피터슨
홍병룡 옮김

IVP

한 목회자의 아들이기도 한

아들 에릭에게

| 차례 |

추모의 글   9   개정판 서문   17

1. 말들과 어떻게 경주하겠느냐?   21
2. 예레미야   35
3. 이전에   53
4. 저는 아직 어린아이에 불과합니다   71
5. 거짓말을 믿지 마라   89
6. 토기장이의 집으로 가거라   107
7. 바스훌이 예레미야를 때리다   123
8. 낫지 않는 나의 상처   139
9. 이십삼 년 동안 아침부터 밤늦게까지   159
10. 두루마리를 구해서 적어라   175
11. 레갑 가문   189
12. 포로에게 보내는 편지   205
13. 수문장, 왕, 왕궁 관리   221
14. 나는 아나돗에 있는 밭을 샀다   235
15. 이방 민족들에 관한 메시지   251
16. 너희는 그 땅에서 죽을 것이라   267

주   283

일러두기
본서에 인용된 『메시지』 한국어판 저작권은 도서출판 복 있는 사람의 소유로 허락을 받고 사용하였습니다.

추모의 글

| 유진 피터슨의 부활을 축하하기 위한 설교 |

우리는 이 귀중한 메시지를 우리 일상의 삶이라는 수수한 질그릇에 담아 가지고 다니기 때문입니다. 메시지 고후 4:7

우리가 이 보배를 질그릇에 가졌으니. 개역개정 고후 4:7

만복의 근원이신 하나님을 찬양하십시오.

요즘 나는 그릇에 관해 많은 생각을 해 왔습니다.

최근에는 한 어린 소녀에 대한 이야기를 들려주는 옛 격언이 떠올랐습니다. 소녀는 가족을 위해 아침마다 강으로 가서 물을 길렀습니다. 어깨에 짊어진 막대기 양끝에는 가족들의 일상적 필요를 채워 줄 물 단지가 하나씩 매달려 있었습니다. 하나는 온전했으나 다른 하나는 금이 가서 집에 도착할 즈음이면 물은 반밖에 남지 않았습니다.

시간이 흐른 후, 금이 간 단지는 제 역할을 하지 못하는 것이 부끄러워서 소녀에게 당혹감과 좌절감을 표했습니다. "왜 물이 새는 나를 계속 사용하세요? 왜 새 단지로 바꾸지 않으세요?"

소녀는 미소를 지으며 상냥하게 답했습니다. "우리 집과 강 사이 길을 따라 자라는 아름다운 꽃들을 보았니? 그리고 우리가 집으로 돌아올 때 **네가** 달려 있는 쪽 길가에만 꽃들이 자라는 것도 보았는지 모르겠구나? 우리가 집으로 돌아오는 동안 네가 물을 줄 것을 알았기 때문에 나는 봄마다 그쪽 편 길가에만 꽃씨를 심었단다. 지난 수년 동안 나는 그 꽃들을 꺾어서 집안을 향기와 아름다움으로 가득 채우곤 했어. 너 없이는 불가능했던 일이지. 흠이라고 생각했던 것이 실은 우리 모두에게는 선물이었단다."

하나님이 그분의 목적을 이루기 위해 줄곧 인간의 불완전함을 사용하기로 정하셨다는 것은 언제나 놀라운 일입니다. 질그릇―우리의 삶―의 약함과 단점을 통해 희귀한 아름다운 것들이 나타나곤 합니다.

만복의 근원이신 하나님을 찬양하십시오.

하나님의 사랑을 담은 메시지, 창조와 구원과 해방의 놀라운 이야기가 우리 일상의 삶이라는 소박한 질그릇에 맡겨졌습니다(고후 4장). 달리 말하면, 그리스도의 부서진 몸이 바로 좋은 소식을 담은 그릇입니다. 우리는 모두 금이 간 단지들입니다. 물이 새는 단지들이지요. 이는 복을 흘러 나가게 하려는 하나님의 계획입니다.

유진 피터슨이 우리에게 가르친 가장 중요한 것 중 하나는 신앙생활에 관한 모든 것은 실제로 살아낼 수 있다는 점입니다. 당신이 어떤 개념을 경험으로 옮길 수 없다면 그것은 복음이 아닙니다. 추상적 개념은 진리와 생명의 길을 가로막는 적입니다.

그래서 나는 돌아가신 아버지를 둔 것을 무척 감사하게 생각합니다. 아버지는 정말 잘 통합된, 일관성 있는 삶을 사셨습니다. 토요일 저녁에 으깬 감자 요리를 만들어 가족에게 대접했던 그분은 일요일 아침 하나님의 말씀을 준비해 교인들에게 대접했던 바로 그 목사셨습니다. 그분은 자신이 선포했던 메시지를 몸으로 실천한 분이었습니다. 그분의 몸은 거룩한 성전이었고, 거룩한 분이 사시는 거처였으며, 하나님의 영을 담은 그릇이었습니다.

내가 참말을 하고 있음을 아는 것은 아버지에게 성령의 **열매들**이 나타난 만큼 그 증거가 뚜렷했기 때문입니다.

그분은 사랑, 기쁨, 평안, 인내, 자비, 양선, 충성, 온유, 절제를 담은 그릇이었습니다.

그분은 이런 은사들을 담은 흠 있는 금간 그릇, 결코 그냥 저장해 두지 않고 늘 새는 그런 그릇이었습니다. 얼마나 거룩한 단지였는지요. 만복의 근원이신 하나님을 찬양하길 원합니다.

나아가, 그의 많은 책들은 우리를 위해 쓴 글을 담은 튼튼한 그릇이었습니다. 진리와 은혜가 가득한 영감 받은 글. 우리가 오랫동안 귀하게 여길 그런 글들 말입니다.

그러나 지금은 여러분을 여기에 있는 두 개의 그릇에 주목시키고자 합니다. 무척 흔한 그릇들입니다. 특별한 점은 같은 시간에 같은 방에 있다는 것 정도입니다.

요람 하나와 관棺 하나.

하나는 생명의 그릇이고, 다른 하나는 죽음의 그릇입니다.

하나는 세상을 향해 열려 있고, 다른 하나는 이생이 끝나서 닫혀 있습니다.

하나는 약속과 희망과 미래를 담고 있습니다. 기대감 말입니다. 다른 하나는 모든 게 끝난 완성품을 담고 있습니다.

하나는 영광스러운 시작을 상징하고, 다른 하나는 영광스러운 끝을 상징합니다.

요람과 관, 이 둘은 우리 생애의 처음과 끝을 장식하는 그릇입니다.

유진 피터슨은 첫 손자의 탄생에 맞춰 그의 지하 작업실에서 손수 만든 요람을 메릴랜드에서 뉴저지로 운반한 적이 있습니다. 요람을 아파트로 함께 옮기며 내가 너무 아름답다고 탄성을 질렀더니, 그분은 결함이 있어서 끼움쇠로 보완을 해야 한다고 털어놓으셨습니다. 나는 끼움쇠에 대해 어렸을 적에 아버지에게 배워 알았습니다. 그분은 "모든 목수는 끼움쇠 사용법을 알아야 한다"라고 말씀하곤 하셨습니다.

나는 수년간 요람을 자세히 살펴봤지만 아직까지 그 결함을 찾지 못했습니다. 그분은 글뿐 아니라 목공에도 능통한 분이었습니다.

아버지가 글과 나무로 된 작품으로 우리에게 남긴 것들 중에 집안 대대로 소중히 여겨야 할 것이 바로 이 훌륭한 걸작입니다. 아버지의 손자들과 조카의 아들과 딸 중에 다수가 이 작은 그릇 안에 몸담았고, 요람 안쪽에 그들의 이름이 새겨져 있습니다.

몇 주 전, 아버지의 관을 짜고 있을 때 그때 기억들이 떠올랐습니다. 이음들이 정확히 맞지 않아 끼움쇠 몇 개를 사용해야 했습니다. 관을 만든 적이 없기에 유튜브의 도움을 받았습니다. 그 과정에서 마르쿠스 델리라는 관 제조업자를 알게 되었는데, 관을 만들기만 하는 게 아니라 인간 조건에 대해 성찰하는 그에게 마음에 끌렸습니다. 그는 이렇게 말했습니다.

관의 가장 중요한 측면의 하나는 운반될 수 있다는 것입니다. 우리는 서로를 나르도록 되어 있지요. 우리가 죽음을 다룰 때는 우리가 사랑하는 누군가를 나르거나 그들에게 의탁하는 일이 매우 중요합니다. 우리는 우리가 한몫을 담당했고 우리의 짐을 어깨에 짊어졌다는 것을 알기 원합니다. 그래서 우리가 관을 너무 편리하게 만들면, 우리가 더 강해질 기회, 그래서 **우리가** 계속해서 나를 수 있게 할 기회를 스스로 저버리는 셈입니다.

유진 피터슨은 여섯 명의 손주들을—그들 삶의 다양한 시점에—신체적으로 또 감정적으로 날랐습니다. 그분은 우리 여럿에게 그랬듯이 손주들의 삶에도 함께하는 강하고 한결같은 존재였습니다. 그들을 산 위로 날랐고, 그들을 학창 시절 내내 날랐고, 그들이 두통에 시달릴 때도 날랐습니다.

오늘은 여섯 손주들이 그분을 나릅니다. 그리고 오늘이 지나갈 때 그들은 그 때문에 더 강해질 것입니다. 오늘 손주들이 그분을 최후의 안식처로 나를 때, 우리는 그들의 강렬한 사랑을 통해 힘든 일이 완수되는 모습을 지켜봅니다. 그런데 우리가 주의를 기울였다면, 유진 피터슨이 수십 년 동안 글 솜씨를 발휘했듯이, 우리 역시 하나님 나라의 시민이 되기에 더 알맞은 존재로 튼튼해졌음을 알게 될 것입니다.

지금 이 관은 유진 피터슨이었던 몸이라는 그릇을 담고 있습니다. **과거시제**를 사용한 것은 세례 받은 자들이 상속받을 부활의 신비로 말미암아 그분의 몸이 훨씬 더 영속적인 그 무엇으로 교체되었기 때문입니다. 사도 바울이 언젠가 말했듯이, 썩을 것이 썩지 아니함을 입었습니다. 죽을 것이 죽지 않은 것으로 바뀌었습니다. 한시적인 것이 영원한 것과 교환되었습니다.

관과 요람.

이것들은 한시적인 그릇입니다. 거의 모든 것이 그렇듯. 그렇지 않은 것은 단 하나밖에 없습니다.

우리는 천국이 어떤 모습인지 잘 모릅니다. 성경은 주로 도시 은유를 사용해 그곳이 거주할 만한 곳임을 나타냅니다. 시민들이 사는 곳 말입니다. 그러나 사도 요한은 그곳을 이 땅에 있는 우리가 아는 도시와는 다르게 묘사합니다. 먼저, 천국은 한계가 없고, 우편번호나 경계선에 구애받지 않으며, 울타리에 방해받지 않고, 담에 가로막히지 않는 도시입니다. 달리 말해, 그곳은 제한되지 않는 천국의 주인들을 위한 그릇입니다. 천국은 하나의 장소, 아니 하나의 실제로, 우리의 죽을 몸이 지닌 한계가 사라지고 우리가 지금은 부분적으로 아는 것이 완전히 실현되는 곳입니다. 말하자면, 완전한 사랑, 순전한 기쁨, 심오하고 영원한 평화가 이뤄지는 곳입니다.

천국은 도시 계획에 따라 만들어진 도시입니다. 이 새 예루살렘에 성전―어떤 종류의 교회라는 그릇이 없지요―이 없는 것은 하나님의 현존이 너무나 편만하고 모든 것과 모든 사람을 다함께 붙들고 있어서 더 이상 성전이 필요 없기 때문입니다.

그 도시를 강이 가로지르는데, 이는 만복이 자유로이 흐른다는 것을 의미합니다.

거기에는 그 잎사귀로 만국을 치유하기 위한 나무가 있습니다. 바로 지금 이 세상이 절실하게 필요로 하는 잎사귀 말입니다.

요컨대, 우리가 거울로 어렴풋이 보아 알고 있는 바는 천국이 모든 성도를 담기 위한 영광스러운 그릇이라는 것입니다.

생명이 제한 없이 방해 없이 자유로이 흐르는 곳.

만복이 더 이상 고여 있지 않고 세차게 흐르는 곳.

더 이상 눈물도 고통도 죽음도 없는 곳.

이전 것은 지나갔기에, 그리고 최고의 목수가 지은 도시이기에 더 이상 끼움쇠가 필요 없는 곳.

천국은 모든 성도를 위한 가장 완전하고 영구적인 그릇입니다.

만복의 근원이신 하나님을 찬양합시다.

아버지와 아들과 성령의 이름으로. 태초에 그랬고, 지금도 그렇고, 영원히 그럴 것처럼, 그곳은 끝이 없는 세계입니다. 아멘.

몬태나주 칼리스펠 제1장로교회에서

2018년 11월 3일

에릭 피터슨

개정판 서문

나는 1983년 복음 사역을 위해 안수 받은 지 25주년을 맞아 이 책을 썼다. 다시 25년이 지난 지금, 나는 사역 50주년에 개정판 서문을 쓴다. 사반세기가 지났지만 많은 면에서 별로 변한 게 없다. 내가 살고 일하고 있는 미국 문화는 근본적으로 전과 동일하다. 미국 방식과 철저히 대조되는 그리스도인의 삶을 이해하는 방법을 한때 제공했던 예레미야의 삶은 오히려 더 적실해졌다.

물론 교회 상황이 똑같은 것은 아니다. 미국 교회는 기독교적 감각을 잃어버린 듯하다. 지도자들은 갱신과 개혁의 전략을 제공하기 위해 앞으로 나아가고 있다. 사회학자들이 옳다면, 점점 더 많은 사람들이 교회에 실망하고 불만을 품고 있으며 교회는 점점 더 주변화되고 있다. 이러한 "시장 점유율" 상실을 놓고 교회가 보여 주는 가장 눈에 띄는 반응은 더 정교한 소비자 접근 방식, 더 효율적인 관리 기술을 개발하는 것이다. 사람들이 만족하지 않으면 더 나은 홍보와 더 세련된 광고로 사람들을 다시 불러 모으는 방법을 찾으려 한다. 새로운 브랜드로 교회를 다시 포장하려 한다. 미국인들이 세계 최고의 소비자가 된 이후 이들에게 소비자 관점으로 복음을 제시하고, 더 좋고 더 나으며 더 섹시한 것에 중독된 그들을 만족시킬 방법으로 복음을 재해석한다.

상당히 아이러니한 점은 복음이 더욱더 소비자 관점으로 제시될수록, 소비자는 더 많이 실망한다는 것이다. 복음은 소비 상품이 아니다. 그것은 우리가 우리의 '필요'라고 생각하는 것을 만족시키지 않는다. 예레미야의 삶은 미국식 '행복 추구'가 결코 아니다. 오히려 이것은 예레미야에 대한 하나님의 추구에 더 가깝다.

이 개정판을 읽는 데 영향을 주는 또 다른 변화가 있다. 나는 이 책 초판을 아들이자 "한 목회자의 아들"인 에릭에게 헌정했다. 당시 에릭은 목사가 될 것을 염두에 두고 신학교를 다니고 있었지만 선택은 열어 두었다. 결국 에릭은 목사가 되었다. 에릭은 1990년에 안수 받았고, 1997년 워싱턴주 스포케인 근방에서 새로운 회중을 대상으로 사역했다. 에릭이 목회자로 형성되는 중이었고 반소비주의적 회중을 양육하고 있었을 때, 우리는 편지와 전화를 교환하며 소통했다. 1960년대, 1970년대, 1980년대에 내가 교회를 인도했던 상황은 에릭이 1990년대와 21세기에 직면했던 것과는 매우 다르다는 사실에 우리는 서로 공감했다. 새로 형성된 하나님의 백성을 성장시키는 그 한두 해 동안 에릭은 발달과 관련된 문제에 관해 나에게 조언을 구했다. "아버지는 이 시점에 노딜했을 때 무엇을 하셨나요?" 긴 침묵 후에, 나는 답했다. "나는 우리 교회에서 그런 문제와 씨름하지 않았단다. 교회가 어떻게 교회의 중심과 정체성을 유지하는지에 대한 합의가 요즘에는 너무 흐릿해진 것 같다. 그냥 네가 그 문제를 해결해야 할 것 같구나."

그리고 에릭은 그렇게 했다. 물론 예수님을 따르는 우리 모두도 우리의 근본적이고 예언자적인 전통에 충실하도록 노력하면서 그렇게 해야 한다. 예레미야는 여전히 우리가 그렇게 해야 할 때 만나야 할 가장 최고의 대화 동반자 중 한 사람이다.

  이번 개정판에서 가장 눈에 띄는 변화는 성경 본문을 『메시지』로 바꾼 것인데, 『메시지』는 히브리어의 탄탄한 현실성을 미국이라는 지역 언어로 번역하려는 시도였다. 우리 자신이 예레미야의 삶을 살아내고자 할 때, 이것으로 인해 예레미야의 삶이 더 예언자적으로 우리를 사로잡기를 기대한다.

1
말들과 어떻게 경주하겠느냐?

예레미야야, 네가 사람들과의 경주에서도 이렇게 피곤해하면,
앞으로 말들과는 어떻게 경주하겠느냐?
평온한 시절에도 정신을 가누지 못하면,
앞으로 고난이, 홍수 때의 요단 강처럼 물밀듯 닥쳐올 때는 어떻게 하려느냐?

예레미야 12:5

나는 현대 사회가 노쇠한 상태에 있다는 점이 불만스럽다. 나를 매혹할 만한 굉장한 쾌락도 거의 없고, 황홀하게 할 만한 아름다움도 찾기 힘들며, 자극할 만한 에로틱한 것도 없고, 지적 호기심을 불러일으키거나 내가 도전하고픈 학파나 지적인 입장도 없으며, 시선을 사로잡거나 지성을 발휘할 만한 새로운 예술도 없고, 나를 자극하거나 흥분시킬 만한 정치적, 사회적, 혹은 종교적 운동도 없다. 나를 이끌어 줄 만한 자유인도 없는 상태다. 내게 영감을 줄 만한 성인(聖人)도 없다. 내게 깊은 인상을 남기거나 어려움을 함께할 만한 죄인도 없다. '현재 진행되고 있는' 생활 방식을 확증해 줄 만한 인간도 하나 없다. 이처럼 지루한 세상에서 지루함을 느끼지 않고 어슬렁거리기란 참으로 힘든 노릇이다.

나는 미래를, 바로 우리 코앞에 놓여 있는 서로 연결되고 구속된 현실, 이 놀랍고도 혼란스런 세상에서 하나님을 열정적으로 추구하고 사랑하는 소수의 겸손하고 성실한 자들에게 건다.[1]

윌리엄 맥나마라

그토록 많은 사람들이 어째서 그렇게 형편 없이 살아가고 있는지 참으로 알다가도 모를 일이다. 악하게 산다기보다는 허망하게 살아가는 모습 말이다. 비참하게 산다기보다는 미련하게 사는 모습. 우리 사회에서 두각을 나타내는 이들을 보면 흠모할 만한 면이 거의 없고 본받을 점은 더욱 없다. 주변에 유명 인사들은 있으나 성인saint은 전무한 형편이다. 유명 연예인들이, 불면증 환자처럼 지루함이란 질병에 걸린 전 국민을 즐겁게 해 주려고 애쓴다. 악명 높은 범죄자들이 겁먹은 순응주의자들의 공격성을 실행에 옮기고 있다. 성격 나쁜 유별난 운동선수들이 게으르고 냉담한 구경꾼을 대신해서 경기를 치른다. 아무런 목표도 없고 싫증 난 이들이 하잘것없는 소일거리와 쓰레기 같은 것에서 즐거움을 찾고 있다. 선한 일을 위한 모험이나 의로운 것을 추구하는 행위, 그 어느 것도 주요 뉴스거리로 취급되지 않는다.

톰 하워드는 현대인은 '서글픈 존재'라고 말한다. "애석하게도, 자율을 선언함으로써 주인 노릇을 하는 자유로운 인간이 창출된 것이 아니라, 시인과 극작가가 묘사한 대로 지루해하고 초조해하며 코를 훌쩍거리며 쓰라린 가슴을 품은 미치광이 같은 부류만 양산되었음을 알게 되었다."[2]

이런 상태는 이상한 현상을 연출했다. 즉 보잘것없는 인생을 살다가 스스로 중요한 인물이 되기 위해 사악한 행위를 저지르는 인간을 양산한 것이다. 암살자들과 납치범들이 저명 인사를 죽이거나 승객이 가득 찬 비행기를 위협함으로써 무명 신분에서 유명한 인물로 거대한 도약을 시도한다. 그런 의도가 성공하는 경우도 종종 있다. 대중매체는 그들의 말을 보도하고 그들의 행동을 시각적으로 보여 준다. 작가들은 서로 앞다투어 그들의 동기를 분석하고 심리학적으로 그들이 어떤 인물인지 알려 준다. 이와 같이 터무니없는 일이나 사악함에 대해 오늘날처럼 열렬히 보상해 주는 문화는 일찍이 없었다.

다른 한편, 성숙하고 온전하며 축복받은 인간이 된다는 것의 의미를 알려고 주위를 돌아보아도 눈에 띄는 것이 별로 없다. 어쩌면 그런 인물이 과거 못지않게 우리 주변에 있을지 모르지만 선뜻 골라내기란 쉽지 않다. 언론에서 그런 사람과 인터뷰를 하는 경우는 없다. 토크쇼에서도 그런 인물은 초대하지 않는다. 그들은 흠모의 대상이 되지 않는다. 존경의 대상도 아니다. 세상 풍조를 좌우하지도 않는다. 현금 가치는 더더구나 없다. 고결한 인격을 지녔다고 해서 오스카상을 수여하지도 않는다. 연말에 가장 훌륭하게 산 인물 10명을 뽑아 발표하는 것을 본 적도 없다.

온전함을 향한 목마름

그럼에도 우리에게는 온전함을 향한 도무지 억제할 수 없는 갈증과 의로움을 향한 굶주림이 있다. 날마다 유명 인사로 선전되는 엉터리들과 바보 같은 이들에게 진력이 나서 더 이상 못 견딜 때가 되면, 성경으로 눈을 돌려 혹시 우러러볼 만한 인물이 없나 하고 살피게 된다. 진정한 남성, 진정한 여성이 된다는 것은 무슨 뜻인가? 성숙하고 진실한 사람은 일상생활을 어떤 모습으로 영위하는가?

이 문제에 대해 도움을 얻고자 성경으로 눈을 돌리면 무척 놀라기 십상이다. 성경에 나오는 사람들의 모습을 보면서 충격을 받는 첫 번째 이유는, 실망스럽게도 그들 가운데서 영웅의 면모를 발견할 수 없다는 사실이다. 빛나는 도덕적 본보기도 찾아볼 수 없다. 전혀 나무랄 데 없는 덕스러운 모범도 발견할 수 없다. 이런 점은 특히 성경을 처음 접하는 이들에게 항상 충격으로 다가온다. 아브라함은 거짓말을 했고, 야곱은 속임수를 썼으며, 모세는 살인을 하고 불평을 늘어놓았고, 다윗은 간음을 저질렀으며, 베드로는 신성 모독적인 발언을 했다.

성경을 읽어 가노라면 저작 동기가 의심스러워지기 시작한다. 믿음의 삶의 대명사로 일컬어지는 위대하고도 중요한 인물들도 우리와 다를 바 없이 진흙으로 빚어졌다는 사실을 한결같이 보여 주려는 전략을 눈치채게 되는 것이다. 성경이 하나님에 관해 얘기할 때에는 아낌없이 풍부한 묘사를 하고 있지만, 사람들에 관한 정보를 제공하는 면에서는 인색하다는 점을 발견하게 된다. 성경은 영웅을 숭배하고픈 우리의 욕구를 채워 주기를 거부한다. 팬클럽에 가입하고픈 사춘기적 욕망에 영합하기를 거부한다. 내가 생각하기에 그 이유는 분명하다. 팬클럽은 간접적인 삶을 살도록 부추긴다. 사진과 유명한 언행록, 사인과 명소 방문을 통해 우리는 (스스로 생각하기에) 자신의 삶보다 더 멋지고 매력적인 인생을 산 인물과 관계를 맺게 된다. 무언가 이색적인 인물에 편승하여 자신의 평범한 모습으로부터 벗어나려고 하는 것이다.

그렇게 하는 이유는 자신이 별 볼일 없는 보통 사람에 불과하다고 확신하기 때문이다. 우리가 살고 있는 도시, 자라난 동네, 어쩔 수 없이 사귀게 된 친구들, 가정과 배우자 등 모든 것이 지극히 평범해 보인다. 그와 같은 배경과 인간관계에서는 도무지 특별한 것을 끌어낼 수 없으므로 누군가의 징표로 스스로를 둘러싼다. 우리는 자신보다 더 모험적으로 산 사람의 영상으로 공상 세계를 가득 채운다. 그리고 우리 주변에는 이와 같은 대리 인생의 불을 지피도록 연료를 제공해 주는 모험심 가득한 인물들이 존재한다. 이런 전반적인 상황을 들여다보면 참으로 서글프고 가련한 면이 엿보인다. 그럼에도 이런 현상이 만연해 있는 게 현실이다.

하지만 성경은 그런 식의 게임을 하지 않는다. 믿음의 삶은 아주 다른 면모를 갖고 있다. 각 사람은 특유의 독창적인 모험이 지닌 모든 요소를 발견하게 된다. 우리는 타인의 발걸음을 그대로 따라가서는 안 되며 그리스도와 더불어 누구와도 비교할 수 없는 사귐을 갖도록 부름받은 자들이다. 성경이 분명히 하고 있는 것은 어떤 믿음의 이야기라도 예외 없이 완전히 독창적인 이야기로 존재한다는 사실이다. 하나님의 창의성은 끝이 없기 때문이다. 그분이 피곤에 지쳐 더 이상 창조성을 발휘할 수 없게 된 나머지 대량 복제품에 의존하게 되는 경우란 있을 수 없다. 그분은 깨끗한 화판과 같은 각각의 인생에 과거에 한 번도 사용한 적이 없는 선과 색채, 어두움과 밝음, 짜임새와 균형을 사용하신다.

우리는 **어떤** 인생이 빚어질 수 있는지 그 가능성을 내다본다. 누구든 모든 사람은 활기 넘치는 삶, 죄로 물든 사회에서 제공하는 판에 박힌 모습과는 판이한 인생을 살 수 있다. 그런 인생은 자발성과 목적을 융합시키고 생기 없는 풍경에 청록의 풍성한 의미를 불어넣는다. 아울러 그런 인생이 **어떻게** 빚어질 수 있는지도 알게 된다. 즉 믿음의 삶에 뛰어들어 각 인생 가운데 하나님이 주도하시는 일에 참여하고 각 사건마다 하나님이 무슨 일을 하고 계시는지 탐구하게 되는 것이다. 우리가 성경 곳곳에서 만나게 되는 인물들은 하나님을 향해 강렬하게 살아가는 모습, 그들의 삶 구석구석이 철두철미하게 그들을 향한 하나님의 말씀 안에, 그들 가운데 일하시는 하나님의 행동 속에 포함되어 있는 모습이 너무나 뚜렷한 자들이다. 바로 이런 인물들이야말로 하나님이 말씀하는 것과 행하는 것에 동참하고 있음을 의식하는 사람들이며, 가장 인간적이며 가장 생명력 넘치는 이들이다. 이런 사람들은 우리 가운데 누구도 어느 한 날, 어느 한 시라도 "이처럼 가련하게 죽어가는 모습"으로 살아야 할 필요가 없음을 보여 주는 증거다.

인간의 형상

성경이 지닌 이 같은 양면적 특징—탁월성을 향해 열정을 품도록 촉구하는 역량과 더불어 이른바 인간의 성취 자체에 대해서는 무관심한 태도—은 특히 예레미야서를 대할 때 강력한 충격으로 다가온다.

클렌스 브룩스는 이렇게 썼다. "우리는 점점 더 비인간화되어 가는 세상에서 자신을 하나의 인간으로 인식하기 위하여, 즉 한낱 사물처럼 표류하는 존재가 아니라 책임 있는 도덕적 존재로 행동하기 위해서 인간의 형상을 찾고 있다."³ 내게는 예레미야가 바로 그런 '인간의 형상' 곧 탁월성이 구현된 인생이다. 이는 그리스인이 '아레테' *aretē*라고 불렀던 것이다. 예레미야의 경우에는 그 탁월성이 믿음의 삶에서, 자아보다 하나님에게 더 많은 관심을 기울이는 데서 나오는 것임이 분명하고, 어떤 위로나 존경 혹은 업적과는 거의 상관 없음이 분명하다. 한결같은 삶을 살았으나, 그의 이야기 속에서 인간적인 교만이나 출세 의식 혹은 개인적 성취를 전혀 찾아볼 수 없는 한 사람이 여기에 있다. 예레미야는 내게 충만한 삶을 살고 싶어 하는 열정을 불러일으킨다. 동시에 자기 자랑, 자기만족, 자아 수양을 통하여 그렇게 되려는 시도는 철저히 봉쇄한다.

    선善을 매력적인 모습으로 그려 내는 것은 무척 어려운 일이다. 그보다는 악한을 재미있게 묘사하는 것이 훨씬 쉽다. 우리 모두는 선한 경험보다 죄와 연관된 경험을 훨씬 많이 하기 때문에 작가도 선한 사람을 표현하는 것보다 악한 인간을 묘사하는 데 훨씬 더 많은 상상의 재료를 가진다. 소설피 시아 이문을 보면 가장 기어에 남는 인물은 악한이나 피해자 둘 중 하나다. 선한 인물, 덕스러운 사람은 다소 단조로운 모습으로 등장하기 마련이다. 그런데 예레미야는 아주 예외적이다. 내가 성인이 된 이래 오랫동안 그는 매력적인 인물로 다가왔다. 그의 복합적인 인물됨과 강렬한 면모가 줄곧 내 주의를 사로잡았다. 그의 성품 가운데 나를 매혹한 것은 선과 덕과 탁월함이다. 그는 최상의 삶을 산 사람이다. 그는 폭풍처럼 몰아치는 적대감과 무서운 의심의 소용돌이를 거치며 살았기 때문에 결코 온실에서 자란 경건의 소유자가 아니었다. 예레미야에게는 점잖은 체하는 모양이나 현실에 안주하는 자세 혹은 바보같이 순진한 모습을 조금도 찾아볼 수 없다. 그의 몸에 붙은 근육은 모조리 피곤에 지쳐 한계 상태에 도달했고, 그의 지성에 담긴 생각은 예외 없이 배척의 대상이 되었으며, 그의 마음에 느끼는 모든 감정은 절절이 조롱의 불길을 통과했기 때문이다. 예레미야의 선한 성품은 그저 '친절한' 사람에게서 볼 수 있는 그런 것이 아니었다. 그것은 오히려 **용맹**에 가까운 것이었다.

예레미야는 이처럼 개인적인 필요를 채워 주었다. 그러나 그는 목회적으로도 중요한 인물인데, 사실 개인적 관심사와 목회적 관심사는 서로 통하게 마련이다. 목사로서 나는 다른 이들이 최상의 삶을 살도록 격려하고 그렇게 살 수 있도록 안내하는 역할을 한다. 그런데 무심코 나의 자만심과 교만을 자극하는 일 없이 어떻게 그런 역할을 할 수 있을까? 탁월성을 갈구하는 욕망을 자극하되, 어떻게 하면 걸림돌이 되는 자를 팔꿈치로 밀쳐 내려는 이기적 속성을 부추기지 않으면서 그렇게 할 수 있을까? 오늘날 수많은 목소리들이 저마다 더 나은 삶을 사는 길을 제시한다고 야단이다. 물론 나는 그런 격려의 목소리를 환영한다. 하지만 그런 격려에 수반되는 권고가 계속 우리 사회에 악영향을 주고 있기에, 나는 이런 현상에 대해 강력히 반대한다. 그 권고란 우리가 자신의 욕망을 만족시킴으로써 완전한 인간성에 도달할 수 있다는 것이다. 그것은 수백만의 불행에 빠진 사람들에게 제시되어 온 처방책이었다.[4] 이런 문제와 관련된 성경의 권고는 아주 분명하다. "나의 뜻이 아니라 당신의 뜻이 이루어지이다." 그런데 어떻게 하면 사람들로 하여금 자신을 부인하게끔 인도하되 그것을 마치 형편없는 존재가 되라는 말로 오해하지 않도록 할 수 있을까? 사람들이 탁월성 면에서 자라 가고 이타적으로 살아가도록 격려하되 자기를 잃어버리는 동시에 자기를 발견하도록 하는 것은 어려운 목회 기술이다. 이것은 역설적이긴 하지만 불가능한 것은 아니다. 예레미야야말로 그것을 이룩한 사람들 가운데 가장 뛰어난 본보기다. 즉 자기 계발이 완전히 이루어진 동시에(그래서 무진장 매력적인) 완전히 이타적인 인물(그래서 분별력 있는 지혜를 갖춘)이다. 대화와 강의, 수련회와 설교 등 여러 면에서 예레미야는 지난 25년 동안 내게 훌륭한 모범이요 멘토였다.

최상의 삶을 추구함?

우리는 우리를 개미집 수준으로 격하시켜 그저 아무 생각 없이 끌어모으고 소비하는 일에 허둥거리도록 만드는 사회에 살고 있다. 따라서 이에 반격하는 행동을 취하는 것이 필수다. 예레미야가 바로 그런 반작용의 내명사다. 성숙하고 강인한, 잘 계발된 인물이자 믿음으로 산 사람이다. 여기서 나는 예레미야서에서 전기에 해당하는 부분을 골라내 오늘날 일상생활의 맥락에 비추어 개인적으로 그리고 목회적으로 묵상하고자 한다. 예레미야의 생애는 다른 어떤 예언자보다 더 많이 알려져 있으며, 그의 가르침보다 훨씬 더 중요한 것은 그의 삶이다.[5] 그러므로 내가 생각하기에, 사람들이 예수님을 설명하려고 할 때 전면에 내세우는 인물 중 하나가 예레미야라는 사실은 주목할 만하다(마 16:14). 나는 경건한 상상력을 동원하여 묵상하는 마음으로 이 성경 본문들을 정독함으로써, 최상의 것에 미치지 못하는 것에 대해서는 만족하지 못하게끔 자극을 주고 싶다. 우리 중 누구든지 최상의 삶을 살 수 있는 유일한 길은 하나님에 대한 철저한 믿음에 의거한 삶이라는 신선한 문헌 증거를 제공하고 싶다. 우리 모두 단조로운 도덕적 습관에서 깨어나고, 그저 하잘것없는 일로 바쁜 일과를 툭툭 털고 과감하게 최상의 삶을 살도록 도전받을 필요가 있다. 내게는 예레미야가 바로 그런 인물이다. 그는 내게만 그런 게 아니다. 지금까지 수없이 많은 그리스도인과 유대인들이 예레미야에게, 예레미야를 통해 나온 하나님의 말씀에 귀를 기울임으로써 탁월성을 추구하도록 자극을 받고 그 길로 인도되었다.

나는 대체로 연대기 순서에 따라 묵상할 본문을 골라 정리했다. 원래 예레미야는 연대기순으로 정리되어 있지 않으며, 전기보다 훨씬 더 많은 내용이 담겨 있다. 이것은 독자들이 내용의 전환에 대해 어리둥절해하고 주어진 대목의 배경을 알려고 안간힘을 쓰는 경우가 적지 않다는 말이다. 여기서 나는 이런 수수께끼를 풀거나 난제를 설명하려고 애쓰지 않았다. 또한 예레미야서를 읽는 데 엄청나게 큰 유익을 주는 배경 지식, 곧 당시의 복잡한 국제 관계상의 역사적 배경을 설명하려고도 하지 않았다. 그렇게 하려면 이와 다른 유의, 훨씬 더 많은 분량의 책을 써야 할 것이다. 예레미야에 대한 이해를 넓히고 본문 전체를 더 자세하게 공부하고 싶은 독자에게는 다음 세 권의 책을 추천한다. R. K. 해리슨의 『예레미야·예레미야 애가』는 예레미야의 세계와 본문에 대한 쉬운 개론서로서 좋다. 존 톰슨의 『예레미야서』는 상세한 설명을 담은 그다음 단계의 책이며, 존 브라이트의 『예레미야』는 예레미야와 그의 예언에 대한 가장 완벽한 연구서다.

말과의 경쟁

체코의 철학자로 1978년에 순교한 비테슬라브 가르다브스키는 예레미야를 '인간의 형상'으로 삼아, 물질적인 삶에 대해서는 모든 상세한 부분까지 조심스레 계획을 세웠지만 인생에서는 신비와 기적을 말살해 버리고 모든 자유를 앗아가 버린 사회에 대항해서 운동을 전개했다. 그는 자신의 저서 『하나님은 아직 죽지 않았다』에서 말하기를, 생명을 위협하는 끔찍한 대적은 죽음이나 고통도 아니며, 우리가 사회제도와 개인적 책략을 동원해 스스로를 보호하려고 그토록 안간힘을 쓰는 어떤 유의 재난도 아니라고 했다. 그 끔찍한 위협은 "죽음이 자연스럽게 하나의 필연으로 다가오기 전에, 즉 진정으로 죽음을 맞이하기도 전에 죽을지 모른다는 것이다. 진짜 공포는 바로 그와 같은 **때 이른** 죽음에 있는데, 이는 그 죽음 이후에도 상당한 세월 동안 생명이 계속되는 그런 죽음이다."[6]

예레미야의 생애를 보면 아주 기억할 만한 대목이 있다. 예레미야가 대적에 의해 점차 파괴되고 자기 연민에 빠져서 바로 그와 같은 때 이른 죽음에 스스로 굴복하려고 했던 때다. 그가 하나님으로부터 받은 특유의 소명을 버리고 그저 예루살렘의 한 주민으로 주저앉기 직전이었다. 바로 그 중요한 순간에 그는 다음과 같은 책망을 듣게 된다. "예레미야야, 네가 사람들과의 경주에서도 이렇게 피곤해하면, 앞으로 말들과는 어떻게 경주하겠느냐? 평온한 시절에도 정신을 가누지 못하면, 앞으로 고난이, 홍수 때의 요단 강처럼 물밀듯 닥쳐올 때는 어떻게 하려느냐?"(렘 12:5) 생화학자 에르빈 샤가프는 이것을 한층 현대화시켜서 질문했다. "당신이 성취하려는 것은 무엇인가? 더 많은 부? 더 값싼 음식? 더 행복한 삶, 더 오래 사는 것? 당신이 뒤쫓고 있는 이웃을 앞서는 것? 아니면 더 큰 지혜나 더 깊은 경건을 추구하는 것인가?"[7]

예레미야야, 그래 인생은 고해苦海와 같단다. 그래서 방해하는 첫 파도가 몰아칠 때 아예 기권하려는 것이니? 인생에는 하루 세 끼 식사와 밤에 잠자리를 구하는 것 이상의 것이 있음을 알게 되자 뒤로 물러갈 작정이냐? 수많은 사람들이 하나님의 영광을 위해 위험을 감수하는 것보다 자기 신변의 안전에 더 관심이 많은 것을 보는 순간 집으로 뛰어갈 생각이냐? 너는 조심조심 살 생각이냐, 용감하게 살 생각이냐? 나는 너를 최상의 삶을 살고, 의를 추구하고, 탁월성을 향해 계속 전진하라고 불렀다. 그래, 오히려 신경과민에 걸리는 편이 더 쉽다는 것을 나도 알고 있다. 기생충처럼 사는 편이 더 수월하다는 것, 보통 사람처럼 느긋하게 사는 편이 더 쉽다는 것도 안다. 그러나 더 쉬운 건 사실이지만 더 나은 삶은 아니야. 더 수월하긴 하지만 더 뜻깊은 삶은 아니지. 더 쉽긴 하지만 더 보람 있는 삶은 아니란다. 나는 네가 스스로 이룩할 수 있다고 생각하는 것보다 훨씬 더 고상한 목적을 가진 삶을 살라고 너를 불렀고, 네 소명을 이룰 수 있도록 능력을 공급하겠다고 약속하지 않았니. 그런데 이제 첫 번째 난관이 보이자마자 그만두려고 하다니. 이처럼 평범하기 그지없는 미지근하고 냉담한 군중과 경쟁하다가 피곤에 지쳐 나가떨어지면 도대체 진짜 경주가 시작되면 어떻게 할 작정이냐? 날렵하고 승부욕이 강한 탁월한 말들과 경주하는 것 말이다. 예레미야야, 네가 진정으로 원하는 게 무엇이냐, 이런 군중과 함께 발을 질질 끌면서 걷고 싶으냐, 아니면 말들과 함께 힘차게 경주하고 싶으냐?

물론 탁월성으로부터의 후퇴, 위험 부담에서의 회피, 믿음의 퇴보 등이 있을 수 있다. 우리가 스스로를 최소한으로("깃털 없는 두 발 동물") 정의하여 그 한도 내에서 안전하게 사는 것이 자신을 최대한으로("하나님보다 조금 못한 존재") 정의하며 모험적으로 사는 것보다 더 쉬운 법이다. 내가 생각하기에, 하나님의 질문에 예레미야가 자진해서 혹은 재빨리 대답했을 가능성은 희박하다. 이 세상의 냉소주의는 새로운 삶을 향한 희열에 찬 이상에 흙탕물을 튀겨 얼룩을 만들어 놓았다. 젊은 시절의 열광적인 기운은 더 이상 그를 끌고 갈 수 없었다. 그는 선택 가능한 대안들을 저울질해 보았다. 비용도 계산해 보았다. 망설이면서 이리저리 궁리도 해 보았다. 드디어 찾은 대답은 단순히 말로 하는 답변이 아니라 한 인생의 일대기라고 할 수 있는 것이다. 그의 삶이 바로 그의 대답이 되었다, "말들과 함께 달리겠습니다."

2

예레미야

베냐민 땅 아나돗의 제사장 가문 힐기야의 아들 예레미야의 메시지다.
아모스의 아들 요시야가 유다를 다스린 지 십삼 년째 되던 해에
하나님의 메시지가 그에게 임했다.

예레미야 1:1-2

이름에는 무엇이 담겨 있는가? 인류의 역사는 이름들 속에 담겨 있다. 객관적인 친구들은 그것을 이해하지 못하는데 그들은 숫자로 셀 수 있는 사물의 세계 속에서 움직이기 때문이다. 그들은 옛적의 위대한 이름들을 먼지와 잿더미로 축소시킨다. 이것을 그들은 과학적인 역사라고 부른다. 그러나 역사의 온전한 의미는 현재가 있기 전에 사람들이 살았으며 그들을 만나는 것이 중요하다는 증거에서 찾을 수밖에 없다.[1]

오이겐 로젠스톡-휘시

내가 기억하는 한, 어린 시절 내가 처음으로 되고 싶었던 인물은 인디언 잡는 전사였다. 나는 내가 태어나기 불과 두어 세대 전만 하더라도 온통 인디언의 세계였던 지역에서 자랐다. 우리 집에서 걸어서 20분만 가면 로키 산맥의 기슭에 닿을 수 있었다. 소년 시절을 통틀어서 토요일만 되면 거의 예외 없이 점심을 챙겨 종일 이 언덕 저 언덕을 돌아다니면서 숲과 시냇물을 탐험하고 위험한 인디언들과 결투를 벌이는 내 모습을 상상하곤 했다.

내가 그처럼 돌아다니는 모습을 보고 누군가 도대체 무엇을 하고 있느냐고 물었다면, 글쎄 설명할 수 있었을지 모르겠지만, 어쨌든 당시의 기분은 아직도 기억 속에 생생하게 남아 있다. 흔히 보호의 손길 아래 사는 단조로운 도시 생활과는 대조적으로 광야에서 모험을 즐기는 기분, 또한 당시만 해도 내가 들었던 유일한 인디언 이야기는 죄 없는 행인의 머리 가죽을 벗긴다는 그들의 악행이었으므로, 악에 대항해서 싸우는 선한 용사의 기분을 느꼈었다.

세상의 위대한 이야기는 모두 다음 두 가지 주제 중 하나를 중심으로 엮어 있다. 즉 『오디세이』처럼 탐험으로 일관된 인생이든가 『일리아드』처럼 전투로 일관된 이야기다. 오디세우스와 아킬레스의 이야기는 그 전형적인 형태라고 할 수 있다. 모든 사람의 어린 시절은 일종의 원재료와 같은데 그것이 은혜에 의해 성숙한 믿음의 삶을 엮어 내게 된다.

그 시절 토요일마다 신나게 놀 때 내가 알았던 '사실들'이 대부분 잘못된 허구였음을 나중에야 알게 되었다. 내가 탐험하고 있다고 생각했던 광야는 사실 북부 철도 회사의 소유지였고, 이미 뉴욕 시의 고층 빌딩 한 곳을 점하고 있는 간부들이 파괴시키기로 계획한 곳이었다. 살인을 자행하는 잔인한 인간으로 생각했던 인디언은 사실상 고상하고 관대한 사람들이며 그들이야말로 탐욕스러운 초기 정착자들에게 희생당한 피해자임을 후에 알게 되었다. 내가 알던 사실들은 잘못된 것이었다. 그렇지만 내가 체험한 것 중 옳은 것이 두 가지 있었다. 하나는, 내가 집과 학교에서, 거리와 골목에서 얻은 지식보다 현실은 더 크다는 점이고, 그 현실을 알기 위해 두루두루 탐험하는 것이 중요하다는 사실이었다. 다음으로, 인생은 선과 악의 싸움이라는 것과 그 싸움에는 가장 중요한 문제, 즉 선이 악을 이기고 축복이 악의를 극복하는 문제가 걸려 있다는 점이었다. 인생은 계속해서 현실을 더 알아 가는 탐험과 같다. 또한 인생은 그 현실을 타락시키거나 쇠하시키는 인간과 시블에 대항해서 싸우는 씨투의 연속이다.

수년간 그 언덕들을 돌아다녔지만 인디언이라고는 한 명도 발견하지 못했기 때문에 더 이상 인디언 전사는 필요치 않다는 사실을 비로소 깨달았다. 나는 그런 공상을 포기해야만 했고 때가 되자 주저 없이 그럴 수 있었는데, 길게 보면 현실이 공상보다 낫다는 점을 항상 터득하고 있었기 때문이었다. 동시에 나는 그에 수반되는 확신들, 곧 인생은 하나의 모험이고 또한 일종의 싸움이라는 확신도 갖다 버리라는 압력을 받았다. 하지만 이에 대해서는 그때나 지금이나 버릴 생각이 없다.

어떤 사람은 나이가 들면서 점차 오그라든다. 어린 시절에는 자신의 존재에 대해 그리고 앞으로 펼쳐질 인생에 대해 찬란한 생각을 품었다. 그러나 30년이 지난 후에는 그저 너절하고 공허한 것들을 감수하며 받아들이고 있는 모습을 본다. 이처럼 어린 시절의 대망이 성인의 빈혈증으로 변한 현상을 어떻게 설명할 수 있을까?

또 어떤 이들은 나이가 들면서 점점 더 커진다. 인생은 세월이 흐르면서 추락할 수밖에 없는 여정이 아니다. 어떤 사람의 경우에는 오히려 탁월성을 향해 상승 곡선을 그리기 때문이다. 예레미야의 경우가 그랬다. 예레미야는 약 60년을 산 사람이다. 그의 생애 내내 사그라들거나 움츠러드는 기색이 전혀 없었다. 언제나 그는 현실의 경계를 밖으로 밀어내면서 새로운 영역을 탐험했다. 아울러 언제나 위선자, 거짓된 자, 타락한 자들에게 도전하고 그들을 대항해 힘껏 싸웠다.

어떻게 그는 그럴 수 있었는가? 나는 어떻게 그럴 수 있겠는가? 어떻게 소년 시절의 환상을 내다 버리는 동시에 삶의 현실을 굳게 붙들 수 있을까? 어떻게 하면 유치한 생각은 벗어 버리고 당시에 포착했던 정확한 통찰, 즉 인생은 하나의 모험이고 삶은 전투라는 진리를 간직할 수 있을까?

이름 속에 담긴 것은 무엇인가?

예레미야서는 '예레미야'라는 한 개인의 이름으로 시작된다. 이어서 일곱 사람의 이름이 등장하는데, 힐기야, 베냐민, 요시야, 아몬, 유다, 여호야김, 시드기야가 그들이다. 개인의 이름이야말로 우리의 언어 표현에서 가장 중요한 부분이다. 예레미야서의 서막을 여는 일단의 이름은 예레미야의 특징을 가리키기에 가장 적합한 음정이다. 즉 천편일률적인 역할에 대비되는 개성적인 면, 흐릿한 군중에 대비되는 뚜렷한 개인, 전반적인 문화 풍토에 대비되는 독특한 정신 등과 같은 것 말이다. 인간됨의 의미를 가장 완벽하게, 가장 고차원적으로 보여 주는 이 기념비적인 책은 개인의 이름들로 서두를 장식하고 있는 것이다.

이름짓기는 본질에 초점을 맞추는 행위다. 모든 인생의 초기에 행해지는 이름을 짓는 행위는 굉장히 의미심장한 것이다. 우리에게 이름이 붙여진다. 그 순간부터 인생의 경로는 의를 추구하는 현실의 바다 위에서 줄거리가 짜여지게 된다. 유겐 로젠스톡-휴시는 이름짓기의 의미를 이렇게 파헤쳤다. "이름은 번써에 한 명사로서 우리가 사람이나 사물 혹은 가치관에 관해 말하는 것이 아니라 사람, 사물, 가치관을 겨냥해서 말하는 것이다.…이름은 한 개인에 대한 정확한 호칭으로서 상대방은 그 아래서 응답하게 된다. 언어의 본래 의미가 바로 이 사실에 있는데, 곧 사람들이 응답하게끔 사용될 수 있다는 점이다."[2]

사람이 태어나면 번호를 붙이는 것이 아니라 이름을 지어 준다.

이름이란 우리가 한 인간으로 인정되는 언어적 통로이다. 우리는 동물의 한 종으로 분류되지 않는다. 우리는 화학 물질의 복합체라는 딱지가 붙여지지도 않는다. 경제적인 잠재력으로 평가되어 현금 가치가 책정되는 것도 아니다. 우리에게는 이름이 지어진다. 어떤 이름이 부여되는지는 이름이 지어진다는 **사실**만큼 중요하지는 않다.

에왈드가 "가장 인간적인 예언자"[3]라고 부르는 예레미야는 한 인간으로서 인상적인 위업을 이룩했고 육십 평생에 걸쳐 그 인간다움을 생생하게 전개하며 살았다. 우리는 그 근원을 그의 이름에서, 그리고 그가 자기 이름과 다른 이들의 이름을 아주 진지하게 여긴 점에서 찾을 수 있다. "자신의 진정한 이름으로 불리는 것은 그렇게 불린 자가 진정한 자아가 되어 가는 과정의 일부다. 우리는 타인들로부터 이름을 받아야 하는데, 이것이 완전히 태어나는 과정의 일부다."[4] 예레미야는 이름을 부여받았으며 여러 이름에 둘러싸여 있다. 그는 하나의 역할로 축소되거나 사회학적 추세로 흡수되거나 어떤 역사적 위기 상황 속으로 던져 넣어진 것이 결코 아니었다. 그의 정체성과 중요성은 이름이 부여된 사건과 그 이름에 대한 본인의 반응으로부터 발전된 것이었다. 예레미야의 세계는 어떤 장면을 묘사하거나 시대의 문화를 개관함으로써가 아니라 여덟 사람의 이름을 언급하는 것으로부터 시작되고 있다.

개인의 이름을 떠나 추상적인 꼬리표, 도표, 통계 등으로 옮겨 가면 언제나 실재와 거리가 멀어지게 되고, 가장 최상의 것 곧 삶의 중심부를 다룰 수 있는 역량이 줄어들게 된다. 하지만 우리는 사방에서 그렇게 하라는 부추김을 받고 있다. 삶의 많은 영역에서 주민등록번호를 정확하게 전달하는 것이 인격의 온전성보다 더 중요하다. 여러 경제 부문들에서는 우리가 가진 직책이 일을 수행하는 능력보다 더 중요하다. 많은 경우 사람들이 갖고 있는 우리의 공적 이미지가 우리가 그들과 맺는 개인적 관계보다 더 중요하다. 우리가 인격성에서 비인격성으로, 직접성에서 간접성으로, 구체성에서 추상성으로 움직일 때마다 우리 존재는 움츠러들고 줄어들게 된다. 인간다움을 유지하려면 이에 대한 저항이 필요하다.

토머스 머턴은 "누구든 여권 사진처럼 정돈된 자신의 외적 정체성에 안주하는 것은 일종의 영적 재앙이다. 한 사람의 인생이 자기 손가락의 지문 속에 모두 담겨 있단 말인가?"[5]라고 경고했다. 그런데 대부분의 세상사에서 여권 사진은 신분 확인용으로 다른 것보다 선호되거나, 심지어 요구되는 경우가 많다.

나도 다른 나라를 여행하기 위한 준비 과정으로 여권을 신청한 적이 있다. 신청서와 함께 출생증명서를 제시했다. 서류를 접수하는 우체국 직원은 19년 동안 나와 개인적으로 알고 지낸 사람이었다. 그런데 그는 접수를 거부했다. 내가 제시한 출생증명서가 원본이 아니라 사본이기 때문이라고 했다. 그래서 원본을 가져갔더니 이번에는 양각으로 된 서류가 아니라고 또 거부했다. 나는 내가 태어난 주 정부에 편지를 써서 양각으로 된 증명서를 발급받았다. 그 모든 과정에서 내가 상대한 사람은 내 이름을 알 뿐 아니라 같은 동네에서 19년이나 살면서 내 삶을 지켜봐 온 사람이었다. 그러나 개인적이고 직접적인 지식이 비인격적 서류에 밀려 내동댕이쳐진 것이었다.

그런 절차가 초래된 경위를 재구성할 수 있다고 생각한다. 외국

스파이의 위험이 존재하고 있다. 정부는 나라를 안전하게 지킬 책임이 있다. 신분을 확인하는 데 우체국 직원의 개인적 충성심과 지식에 의존하는 것은 믿을 만한 일이 못 된다. 양각으로 된 출생증명서를 굳이 고집하는 이유는 문서 위조를 경계하기 위해서다.

    내 경우는 모든 절차가 낭패스럽기보다는 오히려 좀 웃기는 일종의 에피소드였다. 하지만 사소한 불편을 야기한 그 사건 자체는 우리의 인간성을 위협하는 중요한 위험을 드러내는 증상과 같은 것이다. 사람이 비인격적인 대우를 자주 그리고 권위적인 태도로 받게 되면 스스로에 대해서도 그런 식으로 생각하기 시작할 것이다. 내가 통계적인 표준에 어떻게 들어맞는지에 의거하여 스스로를 생각하고, 얼마나 쓸모 있는 존재인지 따지면서 자신을 평가하고, 타인이 나를 얼마나 원하는지 혹은 원하지 않는지에 따라 자기 가치를 측정하게 될 것이다. 그 같은 절차에 순응하다 보면 결국 나는 하나의 딱지에 의해 스스로를 규정하고, 하나의 역할로 끼워 맞춰지고, 주민등록번호의 차원에서 기능하게 된다. 우리 이름을 맨 앞에 놓기 위해서는 평생에 걸친 적극적인 노력이 필요하다. 이름은 경제 동향보다 훨씬 더 중요하고, 도시의 여러 위기보다 훨씬 더 중요하며, 우주 여행상의 획기적인 발전보다도 훨씬 더 중요하다. 이름이야말로 유일무이한 인간 피조물을 지칭하기 때문이다. 이름은 내가 이 사람이고 다른 누구도 아니라는 사실을 확인해 준다.

    어느 누구도 내가 하는 일을 보고 나라는 존재의 중요성을 가늠할 수 없다. 어느 누구도 내게 줄 봉급을 책정함으로 내 존재 가치를 결정할 수는 없다. 어느 누구도 내 학교 성적표를 조사해 봄으로써 내

머리에 무슨 생각이 담겨 있는지 알 수는 없다. 어느 누구도 나를 재어 보거나 달아 보거나 분석함으로써 나를 알 수는 없는 노릇이다. 내 이름을 불러라.

장래를 소망하는 모습

이름은 우리가 현재 누구인지, 즉 다른 것으로 대치할 수 없는 인간 존재를 지칭할 뿐더러 장래에 이루어질 우리의 모습을 내다보기도 한다. 이름은 우리를 불러 장차 이루어질 그런 존재가 되라고 요구한다. 성장과 발전으로 점철되는 한평생이 이름을 통해 공고된다. 이름은 그 어떤 것을 **의미한다**. 한 개인의 이름은 삭감할 수 없는 개인의 특성을 지목하는 것이며, 우리가 아직 미처 되지 못한 그런 인물이 되라고 요청하는 것이다.

이름의 의미는 학문적인 어원 연구나 내적 성찰을 통해서 발견되는 것이 아니다. 관료적인 승인에 의해 그 가치가 확증되는 것도 아니다. 또한 공허한 선전을 통해 이름의 의미가 격상되는 것도 분명 아니다. 이름의 의미는 사진에도, 문의시 가운데도, 명패 크기에도 있지 않다. 그것은 **관계** 가운데, 곧 하나님과의 관계 가운데 있다. 즉 예레미야에게 "하나님의 메시지가 그에게 임했을 때" 그는 자신의 진정한 그리고 영원한 존재를 깨닫게 된 것이다.

이름짓기는 장래를 소망하는 모습이다. 어떤 사람이나 어떤 특성을 좇아 아이에게 이름을 지어 줄 때, 우리는 그 아이가 장차 그런 인물—성인, 영웅, 존경받을 만한 인물 등—이 되기를 희망한다. 어떤 부모는 유명한 영화배우와 갑부의 이름을 따라 아무렇게나 자식의 이름을 짓는다. 무해하다고? 귀엽지 않느냐고? 그런데 우리는 자신에게 이미 규정된 정체성을 좇아가는 속성이 있다. 수많은 사람들이 특정 연예인의 천박한 연기와 갑부의 탐욕스러운 착취를 흉내 내며 살아가는데, 어떤 면에서는 그들 주변의 중요한 사람들이 그들에게 어떤 역할을 던져 주었고 환상을 심어 주었거나 아니면 그들에 대해 인간다운 미래를 소망하지 못했기 때문이다.

나는 갓난아이를 안고 세례를 줄 때 부모에게 "아기의 세례명이 무엇입니까?"라고 묻는데, 이는 "내가 안고 있는 이 아이가 누구입니까?"라고 묻는 것일 뿐 아니라 "부모님은 이 아이가 무엇이 되기를 원합니까? 이 생명을 향한 부모의 비전이 무엇입니까?" 하고 묻는 것이다. 조지 허버트는 16세기 잉글랜드에서 동료 목사들에게 세례 시에는 "헛된 이름이나 나태한 이름을 허락해서는 안 된다"고 가르쳤다.[6] 그는 이름짓기에 담긴 위력을 알았기 때문이다.

미시시피 주 욕나파타우파 카운티는 소설가 윌리엄 포크너가 우리 시대의 영적·도덕적 상태를 보여 주기 위해 가상으로 만든 지역이다. 거기에 살고 있는 사람들을 살펴보면 우리의 상상력이 강력하게 자극되는 걸 느끼는데, 그로써 인생 전반에 걸쳐서 우리가 성공함으로써(혹은 성공하지 못함으로써) 우리 가운데 일어나는 삶의 희극적·비극적 측면을 깨닫게 된다. 몽고메리 워드라는 이름을 가진 아이가 등장한다. 몽고메리 워드 스놉스.[7] 장차 성공적인 소비자가 되도록 길들여지는 아이에게 완벽하게 들어맞는 이름이다. 당신의 자식을 상품 구입과 소비를 중심으로 하는 삶, 곧 여유만 있으면 쇼핑

상가에서 시간을 보내고, 사나이다움을 상품 구입으로 증명하려는 식으로 길들이기를 원한다면, 이보다 더 안성맞춤인 이름은 없을 것이다. 몽고메리 워드 스놉스, 그는 바로 쇼핑을 새로운 형태의 예배 의식으로, 백화점을 새로운 성당으로, 광고물을 무오한 성경으로 삼고 있는 자들의 후견인이다.

믿음의 공동체가 해야 할 최우선 과제 중 하나는 우리가 장차 어떤 유의 삶을 살아야 하는지 일찍이 그리고 아주 분명하게 선포함으로써 우리로 하여금 인간됨의 완전한 의미에 시선을 고정하게 하는 것이다. 지금 이 순간 우리 가운데 완전한 존재는 아무도 없다. 다른 시간, 다른 어느 날엔가 우리는 변화되어 있을 것이다. 우리는 더욱 풍성한 존재가 되고 있든지 움츠러들고 있든지 둘 중 하나의 길을 걷고 있다. 우리 각자의 내면을 들여다보면 바로 이 순간에도 백만 가지의 화학적·전기적 상호작용이 일어나고 있다. 복잡한 도덕적 결정과 영적인 거래 관계가 이루어지고 있다. 우리는 어떤 존재가 되어 가고 있는가? 풍성한 존재로, 아니면 움츠러드는 방향으로?

요한은 초대 그리스도인 공동체에게 이렇게 썼다. "그러나 친구 여러분, 우리는 분명 하나님의 자녀입니다. 그것은 단지 시작일 뿐입니다. 우리의 끝이 어떻게 될지는 아무도 모릅니다. 다만 우리가 아는 것은, 그리스도께서 밝히 나타나실 때 우리도 그분과 같이 되리라는 것입니다"(요일 3:2). 우리는 지금은 자녀이지만, 장차 어른이 될 것이다. 현재 우리가 어떤 존재인지는 알 수 있다. 즉 하나님의 자녀인 것이다. 장차 우리가 어떤 존재가 될지 그 결과는 아직 알 수 없지만, 그 목표가 그리스도와 같이 되는 것, 혹은 바울의 말에 따르면 "충분히 성숙한 어른이 되고, 안팎으로 충분히 계발되어, 그리스도처럼 충만히 살게 하시려는 것"(엡 4:13)임은 알고 있다. 우리는 파멸의 길을 걷지 않는다. 우리는 무너져 내리지 않는다. 우리는 (어떤 존재가) **되어 가고 있는 것이다.**

윌리엄 스태포드는 인터뷰에서 "당신은 언제 시인이 되기로 결심했습니까?"라는 질문을 받은 적이 있다. 그는 그 질문 자체가 잘못되었다고 응답했다. 누구나 시인으로 태어난다는 것이다. 언어의 소리와 작동 방식을 발견하고 언어를 소중히 여기며 그것을 기뻐하는 사람은 모두 시인이라고 했다. 자신은 모든 이가 시작하는 일을 그저 계속해 왔을 뿐이라고 그는 말했다. "진짜 해야 할 질문은 다른 이들이 왜 그만두었냐는 것입니다."[8]

예레미야도 다른 모든 이가 시작했던 일을 계속해 왔는데, 바로 인간다운 존재가 되는 일이었다. 그는 중간에 그만두지 않았다. 60여 년에 걸쳐 그는 줄곧 자기 이름의 의미에 걸맞는 삶을 살았다. 예레미야의 정확한 뜻은 확실하지 않은데, "여호와가 높이신다"를 의미할 수도 있고 "여호와가 내던지신다"를 의미할 수도 있다. 확실한 것은 '여호와' 곧 하나님의 개인적인 이름이 그의 이름에 포함되어 있다는 점이다.

힐기야와 그 아내는 아들이 태어나는 날 장차 하나님이 그의 삶 가운데 행하실 사역을 내다보며 이름을 지어 주었다. 소망 가운데 그들은 장차 세월이 흘러 자기 아들을 통해 여호와가 높임을 받으실 것을 바라보았다. 예레미야, 곧 여호와가 높이 들리신다. 혹은 그들은 소망 가운데 장래에 자기 아들이 투창과 같은 하나님의 대변인이 되어 하나님의 공동체 속으로 내던져져서 신적인 심판과 자비로 이 기심이라는 방패를 뚫고 나갈 것을 내다보았다. 예레미야, 곧 여호와가 내던지신다. 둘 중 어느 것이든 하나님이 그 이름에 내포되어 있다는 점은 분명하다. 예레미야의 인생은 하나님의 활동과 깊이 얽혀 있었다. 예레미야의 부모는 그 아들의 존재를 인간적인 것과 신적인 것이 통합되는 영역으로 보았다. 하나님의 생명은 이런 저런(높이 드는 것? 내던지는 것?) 방식으로 이 아이 속에서 표출될 것이었다. 이름짓기는 변덕스러운 행위가 아니다. 그것은 장래를 상대로 하는 지레와 같다. 그리고 "소망은 꿈이 아니라 꿈을 현실화시키는 길이다"(L. J. 쉬넨스 추기경).

어느 아이도 한갓 아이에 불과한 경우는 없다. 아이들 각각은 하나님이 그를 통해 장차 영광스럽고 위대한 어떤 일을 하려는 의도를 두신 피조물이다. 아무도 그저 부모가 기부한 유전자들의 산물에 불과한 경우는 없다. 우리가 누구인지 그리고 장차 어떤 존재가 될 것인지는, 하나님이 누구신지 그리고 그분이 무슨 일을 하시는지와 밀접하게 얽혀 있다. 하나님의 사랑과 섭리와 구원은 우리의 신진대사와 혈액형과 지문과 더불어 실재하는 우리 존재에 내포되어 있다.

이스라엘 역사 전반에 걸쳐 대부분의 이름이 하나님의 이름과 혼합되어 있었다. 그 이름들은 각자가 성장한 다음 어떤 모습이 될 것인지를 내다보았다. '요시야'는 하나님이 치료하신다, '여호야김'은 여호와가 일으키신다, '시드기야'는 여호와는 의롭다, '예레미야'는 여호와가 높이신다 혹은 여호와가 내던지신다는 뜻이다. 이 가운데 어떤 이들은 자기 이름에 담긴 뜻대로 인생을 살았다. 예레미야와 요시야가 그랬다. 한편 여호야김과 시드기야는 자기 이름을 무안하게 하는 삶, 곧 이름에 담긴 위대한 약속을 서투르게 흉내 내는 데 그치는 인생을 살았다. 시드기야는 찬란한 이름을 가졌으나 그에 배신하는 삶을 살았다. 여호야김은 탁월한 이름을 가졌으나 그것을 저버리고 말았다.

예레미야가 슬그머니 속할 수 있었던 범주는 적어도 세 종류가 있었다. 당시의 종교적인 전문가에 속했던 예언자, 제사장, 현자가 그것이다. 이것들은 하나님의 일과 인간의 도리에 관심이 컸던 사람들이 맡을 수 있는 용인된 역할이었다. 예레미야는 쉽게 얻을 수 있었던 그런 역할을 모두 거부하고 유난스레 자기 이름에 담긴 정체성에 맞춰 살기로 고집하였다. 그러한 모습은 당시 여론의 기대에 부응하여 승승장구하는 삶을 살면서, "먹을 만한 음식이 무엇인가?"와 같은 (본질적인) 질문이 아니라 "남들은 무엇을 삼키고 있을까?"와 같은 질문에서 끌어모아 자기 메시지의 내용을 채우는 타락의 길을 걸었던 자들의 모습과 눈에 띄게 대조를 이루었다. 그의 유별난 고결함은 다른 이들이 천박한 안주의 삶을 살고 있다는 사실을 드러나게 했다. 그들은 도전을 받다 못해 격분하기에 이르렀다. "백성 가운데 어떤 자들이 말했다. '예레미야를 없앨 묘안을 짜내 보자. 우리에게는 엄연히 율법을 가르쳐 주는 제사장과 조언을 해주는 현인들과 하나님의 말씀을 전해 주는 예언자들이 있다. 그러니 어떻게든 그의 평판을 떨어뜨려, 모두들 그가 하는 말에 더 이상 신경 쓰지 않게 하자'"(렘 18:18). 제사장과 현자와 예언자들은 모두 예레미야의 유별성 때문에 전문인으로서의 자신의 권익에 위협을 느꼈던 것이다. 크게 당황한 그들은 그에게 모욕을 주기로 작당했다. 그들의 '율법'과 '지혜'와 '말씀'은 예레미야의 정직하고 열정적인 삶에 의해 경건의 탈을 쓴 거짓임이 노출될 위험에 처했던 것이다.

프랑스어에 '전문가적 변형'*déformation professionelle*이라는 표현이 있다. 이는 어떤 사람이 갖고 있는 역할, 이를테면 의사나 변호사의 역할 속에는 비뚤게 나갈 경향이 내재되어 있다는 것이다. 예언자와 제사장과 현자가 빠지기 쉬웠던 변형 현상은 하나님을 하나의 물건처럼 팔아먹고 이기심을 정당화하기 위해 하나님을 이용하는 것이었다. 얼마든지 손쉽게, 그리고 자주 그렇게 할 수 있다. 고의적인 의도가 없이도 그런 일이 일어난다.

내가 예견하지 못했던 것
바로 점진적인 날이었으니
의지가 점차 약해지고
광명이 스러져 가는…[9]

개인의 이름은 힐딩된 역할이 아니라 현실로 진입하는 우리의 신분증명서다. 그것이 또한 현실 가운데 우리가 계속해서 나아갈 방향이다. 우리 이름이 아닌 어떤 것—직책, 업무 내역, 직업, 역할 등—도 이름에는 미치지 못한다. 특유하게 창조된 우리 존재를 가리키는 이름, 그 개별적인 호칭을 떠나서는 환상으로 빠져들어 세상을 있는 그대로 접하지 못하고 보람 없이 무책임하게 살게 된다. 혹은 타인에게 떠밀려 천편일률적인 인생을 살므로써 내 존재를 만드신 하나님의 특유한 창조와 단절되고 광명이 점차 스러지면서 지루하기 그지없는 삶으로 전락한다.

　예레미야, 하나님의 이름과 활동에 연계된 이름. 예레미야에게 자신의 존재보다 더 중요한 것이 오직 하나 있었는데, 바로 하나님의 존재였다. 그는 하나님의 이름 안에서 싸웠고 하나님의 존재를 탐구했으며, 그 과정에서 성장하고 계발되었으며, 무르익고 영글어 갔다. 그는 항상 성장해 갔고, 항상 더 깊은 진리를 발견해 갔고, 하나님과 더욱 풍성한 만남을 가졌으며, 더욱 본연의 자신이 되어 갔고, 더욱 인간적인 모습으로 덧입혀져 갔다.

3

이전에

너를 모태에서 빚기 전부터 나는 이미 너를 알고 있었다.
네가 태어나 햇빛을 보기 전부터 이미 너에 대한 거룩한 계획을 세워 두었다.
나는 너를 뭇 민족에게 보낼 예언자로 세우려는 뜻을 품었다.

예레미야 1:5

그 어떤 과학이 그분의 삶의 구성 요소인 의지와 사랑을 발동케 하는 의식적인 권능의 기원과 본질과 성격을 인간에게 밝혀 줄 수 있는가? 저 기류를 작동시키는 것은 우리의 노력도, 우리 주변의 어떤 이의 노력도 아님이 분명하다. 그리고 그 기류의 쇠퇴를 방지하거나 그 광포한 흐름을 통제하는 것도 우리의 염려나 친구의 염려가 아님이 분명하다. 우리가 우리를 실어 나르고 있는 그 급류의 행적 중 일부를 세대를 거슬러 올라가서 추적해 내는 것은 물론 가능하다. 그리고 우리가 특정한 도덕적·물리적 훈련과 자극을 사용해서 급류가 우리에게 전달되는 틈새를 조정하거나 확장하는 것도 가능하다. 그러나 지리학이나 그 어떤 고안물도 이론상으로든 실제로든 생명의 근원을 동력화시키는 일에는 아무 쓸모가 없다, 내 자아는 나에 의해 형태가 갖추어진 면보다 내게 그냥 주어진 면이 훨씬 더 크다. 성경은 사람이 자기 키를 한 자도 더할 수 없다고 말한다. 사람이 자신의 사랑의 잠재력을 한 뼘이라도 늘리는 것은 더더욱 불가능하며, 자기의 지성과 마음의 숙성을 규제하는 근본적인 리듬을 한 박자 더 빨라지게 하는 것도 마찬가지로 불가능하다. 결국 심오한 삶, 샘솟는 삶, 새로 태어난 인생은 우리 이해를 완전히 초월하는 것이다.[1]

피에르 테이야르 드 샤르댕

나는 브룩클린의 한 제과점에 앉아 유대식 호밀 빵에 훈제 쇠고기를 얹은 샌드위치를 먹으면서 주인과 한담을 즐기고 있었다. 15분 정도 산만한 대화를 나누다가 서로 흥미를 끌지 못하고 있음을 감지하고는, 그 주인이 나의 정면에 자리잡고 앉더니 관심을 집중하는 자세를 취하고 말했다. "당신이 어디에서 왔는지 말하지 마세요.…어디 보자…당신은, 음…네브라스카에서 왔지요?"

"아닙니다. 저는 몬태나에서 왔는데요"라고 내가 말했다.

그는 실망한 기색을 하더니, "보통 그 정도까지 빗나가지는 않는데" 하고 말했다.

대화의 속도가 빨라졌다. 나는 그가 각 지방 사투리를 식별해 내는 능력에 대해 대단한 자부심을 지녔음을 알았다. 전국 각처에서 오는 사람들, 세계 곳곳에서 오는 사람들이 그 가게에 드나들었다. 그는 귀가 밝았다. 그래서 사람들의 발음을 듣고서 출신지를 파악하는 정교한 기술을 개발했던 것이다.

나는 그의 호기심의 대상이 되는 특권을 누렸다. 내가 기억하기로 가게 주인들의 한결같은 관심사는 내 주문을 제대로 받고 가격을 정확하게 알려 주는 것이 전부였다.

"뭘 드실랑가?"

"호밀 빵에다가 훈제 쇠고기요. 얼마인감요?"

"1불 75센트 주소."

그 때의 언어는 정보 전달의 통로요 쓸모 있는 도구였다. 그것이 제 몫을 다한 다음에는 거기서 끝나거나 잡담으로 빠지기 마련이었다. 그런데 그때 브룩클린에서의 얼마 안 되는 순간에, 누군가가 단순한 정보 교환 이상의 어떤 것을 나누기 위해 내 말에 귀를 기울여 주었다. 그 사람은 바로 **앎**을 구하고 있었던 것이다. 그는 내가 어디서 왔으며 그날 내가 그런 식으로 발음을 하게 된 과거의 내력을 알고 싶어 했다. 나는 허기가 져서 그저 돈을 벌게 해 주러 온 돈벌이 대상에 불과한 존재로 전락되지 않았다. 나는 지리적인 특성과 언어적인 특이성을 가진 존재였다. 내게는 생물학적 욕구와 경제적 잠재성 이상의 것이 있었고, 그에 대해 (혹은 그 가운데 일부에 대해) 그는 관심이 있었던 것이다.

오늘날과 같이 아주 특별하고 당장에 유용한 것이라야 사람들의 관심을 끄는 저널리즘의 시대에 타인이 그런 식으로 접근하는 데 나는 익숙해 있지 않다. 인간이 하나의 경제적 단위로 평가되고 시간이 돈인 상업주의 시대에 그처럼 여유롭게 타인을 보니 주는 데 익숙해 있지 않다. 하지만 바로 이런 유의 관심이 있을 때에만 나는 인간성의 여러 단층을 표현할 수 있고, 나라는 존재에 대해 그들이 지니는 복합적 의미를 표현할 수 있게 된다. **이전**에를 떠나서는 **지금**이 아무런 의미를 갖지 못한다. 지금은 나라는 존재의 얄팍한 한 조각에 불과하며, **이전**에 쌓인 두툼한 축적 없이는 결코 이해될 수 없다.

그래서 전기 작가들은 가족의 기록이 담긴 보관소를 찾는 것이다.

그래서 정신의학자는 억눌린 기억을 복구시키고 어린 시절의 인상에 대해 묻는 것이다. 그래서 연인들은 서로에 관해 모든 것을 알고자 사진첩을 샅샅이 뒤지곤 하는데, 하나씩 더 알아 갈 때마다 서로에 대한 이해가 더 깊어지고 그 결과 사랑도 깊어짐을 알기 때문이다. **이전에**는 가시적인 **지금**의 그루터기에 해당한다. 우리의 생애는 신문 기사처럼 읽힐 수 있는 것이 아니다. 그것은 등장 인물과 구성의 전개가 담긴 완본 소설이며 각 문단은 온전한 감상을 위해 필수 불가결한 대목이다.

완전히 계발된 예레미야의 열정적인 인간성의 배후에는 복잡다단한 배경이 있음을 알기 때문에 이제 그것을 검토하기로 하자. 그런데 우리에게는 밑천이 별로 없다. 우리가 가진 정보가 거의 없다는 말이다. 아무 설명도 없이 사실뿐인 세 가지 항목뿐이다. 아버지의 이름은 힐기야, 아버지의 직업은 제사장, 출생지는 아나돗, 이상 끝. 우리는 더 많은 것을 알고 싶다. 이 정도의 정보만 가지고 어떻게 예레미야의 인간성을 제대로 이해할 수 있겠는가? 아나돗의 사회적·경제적 상황을 알아야 정의를 향한 예레미야의 열정을 촉발시킨 초기의 영향을 추적할 수 있다. 그의 아버지가 수동형이었는지 독단형이었는지 알아야 그 아들의 복합적 감정이 얽힌 생애를 평가할 수 있을 것이다. 어머니가 과잉 보호형이었는지 여부와 언제 젖을 떼었는지를 알아야 이 예언자의 성년기에 나타난 놀라운 끈기를 설명할 수 있을 것이다. 그 지방의 현인들이 사용한 교수 방법을 알아야 예레미야의 설교와 가르침 가운데 독창적인 내용과 전통적인 내용을 구별할 수 있을 것이다. 이런 질문들은 한이 없다. 부족한 증거가 우리를 좌절케 한다. 우리에게 필요한 것은 기원전 7세기 당시의 사본을 획기적으로 발견하는 것이다. 아나돗, 일화가 담긴 사본들, 통계 자료와 편지들 등 예레미야가 태어난 당시의 세계를 재구성할 수 있는 원 자료들 말이다.

우리는 고고학적 발굴이 굉장한 성공을 거두기를 꿈꾼다. 다른 한편, 바로 앞에 우리가 가지고 있는 것이 훨씬 더 유용하다는 것이 판명되는데 그것은 다름 아닌 신학적 탐사 작업이다. 예레미야의 부모가 무슨 일을 하고 있었는지에 관해 듣는 대신 그의 하나님이 하고 계셨던 일을 듣는다. "너를 모태에서 빚기 전부터 나는 이미 너를 알고 있었다. 네가 태어나 햇빛을 보기 전부터 이미 너에게 대한 거룩한 계획을 세워 두었다. 나는 너를 뭇 민족에게 보낼 예언자로 세우려는 뜻을 품었다"(렘 1:5).

첫 번째 움직임

예레미야가 하나님을 알기 전에 하나님이 예레미야를 아셨다. "너를 모태에서 빚기 전부터 나는 이미 너를 알고 있었다." 이것은 지금까지 우리가 품고 있던 하나님에 관한 모든 생각을 뒤집어 놓는 사실이다. 우리는 하나님을 의문의 대상으로 생각한다. 하나님에 대해 호기심을 품는다. 하나님에 관해 여러 질문을 던진다. 하나님에 관한 책들을 읽는다. 하나님에 관해 밤 늦도록 지껄이기도 한다. 하나님의 사정을 살피려고 가끔 교회에 얼굴을 내밀기도 한다. 하나님에 대한 경외심을 키우려고 가끔씩 황혼에 넋을 잃거나 교향곡에 깊이 빠져들 때도 있다.

그러나 그런 것이 하나님과 함께하는 삶은 결코 아니다. 우리가 하나님에 관한 질문을 던지기 오래전에, 이미 하나님 편에서 우리에게 질문을 던지고 계셨다. 우리가 하나님이라는 주제에 대해 흥미를 갖기 오래전에, 이미 하나님은 우리를 가장 엄밀하고 집중적인 탐구의 대상으로 삼으셨다. 우리 마음속에 하나님이 중요한 존재일지도 모른다는 생각이 스치기도 전에, 하나님은 우리를 중요한 존재로 골라 내셨다. 우리가 모태에서 지어지기도 전에 하나님은 우리를 아셨다. 우리가 미처 알기도 전에 우리가 알려진 바 된 것이다.

이 같은 인식에는 실제적인 결과가 따른다. 그것은 우리가 더 이상 여기 저기 뛰어다니면서 인생의 해답을 찾느라 불안해하고 전전긍긍할 필요가 없다는 것이다. 우리의 인생은 풀어야 할 수수께끼 같은 것이 아니다. 오히려 우리가 하나님 앞에 가면 되는데, 그분은 우리를 아는 분이요 우리의 인생에 관한 진실을 밝혀 주시는 분이기 때문이다. 가장 근본적인 잘못은 하나님이 아니라 우리 자신에게서 시작하는 것이다. 하나님이야말로 인생의 모든 것이 흘러나오는 중심이다. 만일 우리가 자아를 중심으로 삼아 거기서부터 인생을 설계하고 구상하게 되면 결국 중심에서 벗어난 이심원적인 삶을 살게 될 것이다.

여기서 우리의 지혜로운 성찰은 모두 성경의 진리를 확증해 준다. 우리는 우리가 창조하지 않은 세상에 들어간다. 우리는 이미 우리에게 제공된 삶에 접목되어 성장해 간다. 우리는 우리 자신이 개입하기도 전에 이미 왕성한 활동 중에 있던 다른 의지 및 운명들과 복잡한 관계를 맺게 된다. 제대로 인생을 살려면 우리 이전에 시작되었고 우리가 아닌 다른 이에 의해 마무리될 그런 이야기의 중간 대목에 우리가 살고 있음을 알아야 한다. 이 다른 이는 하나님이다.

내 정체성은 내가 스스로를 이해하기 시작할 때 시작되는 게 아니다. 내가 스스로에 대해 품게 된 생각 이전에 이미 무언가가 있었는데, 그것은 바로 하나님이 내게 품으신 생각이다. 그것은 내가 생각하고 느끼는 그 모든 것이 본질상 하나의 응답임을 의미하며, 내가 응답하는 상대는 바로 하나님이다. 내가 화두를 여는 경우는 한 번도 없다. 내가 움직임을 시작하는 경우도 없다.

예레미야의 생애는 예레미야로부터 시작되지 않았다. 예레미야의 구원은 예레미야에게서 시작되지 않았다. 예레미야의 진리는 예레미야로부터 시작된 것이 아니다. 그의 존재 중 본질적인 부분이 이미 고대의 역사에 해당하는 그런 세상에 진입했다. 우리도 마찬가지다.

때로는 서너 명의 사람과 친밀하고 진지한 대화를 하고 있을 때 제삼자가 끼어들어 지난 두 시간 동안 나눈 대화 내용에 대해 전혀 무지한 채 그리고 지금까지 이루어진 섬세한 대화의 균형 감각을 감지하시도 못한 채, 느닷없이 이긴 저긴 얘기를 시작하고 어떤 입장을 두둔하고 질문을 던지는 등 황당한 일이 벌어질 때가 있다. 그런 일이 발생하면 나는 으레 이렇게 말하고 싶어진다. "잠시만 조용히 하고 있어! 여기서 일어나고 있는 정황을 파악할 때까지 가만히 앉아서 듣고만 있으라고. 네가 현재 진행되는 과정에 주파수를 맞추게 되면 우리 대화에 끼어드는 것은 얼마든지 환영해 주지."

하나님은 더 참을성이 많으신 분이다. 그분은 우리의 간섭을 용인하신다. 그래서 뒤로 거슬러 올라가서 옛 이야기에 우리를 끼워 맞추실 정도다. 그분은 그 중요한 정보를 계속 반복해서 말씀하신다. 하지만 만약 우리가 충분한 시간을 들여 사태의 추이를 파악하고, 우리 자신이 어디에 들어맞는지 알게 된다면 얼마나 더 좋겠는가! 인생이 끼어들어 적응해야 할 그 이야기는 우리가 방에 들어가는 순간, 이미 한참 진행되고 있던 이야기다. 그것은 다수의 목소리가 들리는, 흥미진진하고 빼어난 대화다. 그 목소리 배후에 있는 신분을 파악하고 거기에서 사용되고 있는 말의 전후맥락에 익숙해지는 것이 현명한 처사다. 그러고는 서서히 우리도 과감히 한 마디 던져보고, 소견도 피력해 보고, 한두 가지 질문도 해 보고, 심지어 감히 반대 의견을 표명해 보기도 한다. 그러면 머지않아 우리도 그 대화의 정규 참여자가 되는데, 대화가 점점 더 펼쳐지면서 우리는 앎의 대상이 되는 동시에 스스로에 대해 알아 가게 된다.

편 가르기

예레미야에 관한 배경 설명 중 두 번째 항목은 이것이다. "네가 태어나 햇빛을 보기 전부터 이미 너에게 대한 거룩한 계획을 세워 두었다." **거룩한 계획을 세워 두었다**(성별했다)는 말은 하나님 편으로 따로 세웠다는 뜻이다. 이는 인간은 톱니바퀴 같은 존재가 아니라는 의미다. 인격은, 주변 환경이 유행가 곡조에 따라 연주하는 피아노 건반과 같은 존재가 아니라는 의미다.[2] 우리는 하나님이 하시는 어떤 중요한 일을 위해 무작정 흘러가는 물결에서 택함을 받았다는 뜻이다.

그러면 하나님이 하시는 일이란 무엇인가? 그분은 구원의 일, 구출하는 일, 복을 내리는 일, 공급하는 일, 심판하는 일, 치유하는 일, 밝히 깨닫게 하는 일 등을 하고 계신다. 현재 영적인 전쟁 곧 전면적인 도덕 전쟁이 또한 진행되고 있다. 악과 잔인함, 불행과 질병이 존재하고 있다. 미신과 무지, 잔혹함과 고통도 존재한다. 이 모든 것을 상대로 한 전쟁을 하나님은 줄곧 활발하게 전개하고 계신다. 하나님은 사랑 편이고 미움의 적이다. 하나님은 희망 편이고 절망의 적이다. 하나님은 천국 편이고 지옥의 적이다. 우주 어느 곳에도 중립 지대는 없다. 어느 한 평의 공간이라도 전투가 벌어지지 않는 곳은 없다.

예레미야는 태어나기도 전에 이 전쟁에서 하나님 편으로 편입되었다. 그에게 몇 년간 사태를 둘러본 다음 어느 편에 설 것인지 마음을 정할 수 있는 그런 기회가 주어지지도 않았고, 아니 애초부터 어느 편을 들 것인지 여부를 정할 기회도 주어지지 않았다. 그는 이미 하나님 편에서 싸울 전투원으로 선택을 받았던 것이다. 그리고 우리 역시 마찬가지다. 어느 누구도 방관자로 현실에 진입하는 경우는 없다. 우리는 거룩하게 구별된 목적에 부합된 인생을 살기로 하든지 아니면 그로부터 변질하든지 둘 중 하나이니다. "잠깐! 난 아직 준비가 되지 않았어. 일을 좀 정리할 때까지 기다려 줘"[3]라고 말할 수 없다.

오랜 세월 동안 그리스도인은 서로 '성도'라고 불렀다. 그들이 얼마나 잘 살았든지 혹은 잘못 살았든지, 얼마나 노련하든지 미숙하든지 상관없이 모두가 성도였다. **성도**saint라는 말은 그들의 행위가 지닌 질이나 덕을 지칭한 것이 아니고 그들이 선택받아 살도록 되어 있는 인생의 종류, 곧 전장에서의 삶을 가리키는 것이었다. 그것은 어떤 굉장한 공로를 세운 후에 부여된 호칭이 아니라 그들이 누구 편에 있는지를 보여 주는 표시였다. **성도**라는 단어는 **성별되다**는 동사의 명사형으로서, 그것은 예레미야가 생물학적 형태를 갖추기도 전에 그에게 영적인 형태를 부여한 핵심 단어였다.

내가 초등학교 1학년이었을 때 우리 동네 아이들은 모두 나보다 나이가 많았다. 우리가 동네에서 게임을 할 때면 편 가르기를 했는데 나는 언제나 맨 마지막에 지목되는 인물이었다. 그런데 한 번은—어쩌면 한 번 이상이었을지도 모르지만 이 경우가 내 뇌리에 뚜렷이 각인되어 있다—다른 아이들은 모두 이 편 저 편으로 갈렸는데 나만 남아서 중간에 서 있는 신세가 되었다. 양쪽 대표가 누가 나를 선택할 차례인지를 놓고 서로 왈가왈부하고 있었다. 그때 내게 문득 떠오른 생각은 누구든 나를 택하면 불리해진다는 사실이었다. 말싸움이 더욱 격렬해지면서 나는 있으나마나 한 존재에서 해가 되는 존재로 전락해 갔다.

하지만 하나님과의 경우는 그렇지 않다. 없어도 되는 존재나 해가 되는 존재가 아니다. 나만이 채울 수 있는 구별된 자리가 있기 때문이다. 어느 누구도 나를 대신할 수 없다. 아무도 나를 대치할 수 없는 것이다. 내가 실제로 어떤 일에 쓸모 있는 존재가 되기도 전에 내가 하나님이 하시는 일에 유익한 존재라고 그분이 친히 정하신 것이다. 삶에서 차지하는 내 위치는 입학 시험 성적에 달려 있는 게 아니다. 내 자리는 내 성격 유형에 맞는 직업이 어떤 것인지에 좌우되는 것도 아니다.

하나님은 사랑으로 세상을 건지려고 일하고 계시며, 각 사람은 예레미야의 경우처럼 그분과 함께 그 일을 하도록 따로 세움을 받았다. 그분은 우리가 나중에 어떤 방향을 선택하는지를 보려고 기다리시지 않는다. 우리가 태어나기도 전에 우리를 자기 편으로 택하셨던 것이다. 즉 거룩하게 구별하셨다는 말이다.

내어주시는 분

예레미야가 나름대로 어떤 일을 하기도 전에 하나님이 그에게 해 주신 세 번째 일은 이것이다. "나는 너를 뭇 민족에게 보낼 예언자로 세우려는 뜻을 품었다." 여기서 **세우다(임명하다)**라는 말은 문자적으로는 '주었다'*nathan*라는 단어다. 즉 나는 너를 여러 민족에게 예언자로 **주었다**는 말이다. 하나님은 주시는 분이다. 그분은 관대하시다. 과분할 정도로 베푸시는 분이다. 예레미야 자신이 풍성해지기도 전에 그는 내어준 존재가 되었던 것이다.

그것이 하나님의 길이다. 그분은 자기 아들인 예수에 대해서도 그렇게 하셨다. 예수를 내어준 것이다. 하나님은 예수를 뭇 민족에게 주셨다. 그냥 전시하신 것이 아니다. 그렇다고 박물관에 보관하신 것도 아니다. 혹은 트로피를 늘어놓듯 자랑거리로 내놓은 것도 아니다. "하나님께서 이 세상을 얼마나 사랑하셨는지, 그분은 하나뿐인 아들을 우리에게 주셨다. 그것은 아무도 멸망하지 않고, 그를 믿는 사람은 누구나 온전하고 영원한 생명을 얻게 하시려는 것이다"(요 3:16).

그리고 그분은 예레미야를 내어주셨다. 내 귀에 예레미야가 반대하는 소리가 들리는 듯하다. "잠깐만요. 너무 빨리 저를 내어주지 마십시오. 저에게도 할 말이 있습니다. 저도 양도할 수 없는 권리가 있습니다. 저는 제 인생에 대한 몇 가지 결정을 스스로 내릴 생각입니다." 하나님의 반응을 한번 상상해 보라. "미안하지만, 네가 태어나기도 전에 이미 정한 것이란다. 이미 끝난 일이지. 네가 내어준 바 되었다는 사실 말이다."

어떤 일들은 우리의 선택 범위 안에 있지만 또 어떤 일은 그렇지 않다. 이 경우는 후자에 속한다. 우리가 태어난 이 세상의 성격도 그러하다. 하나님이 그것을 창조하셨다. 하나님이 그것을 지탱하신다. 주는 행위는 우주가 운행되는 방식에 해당한다. 주는 것이 존재의 짜임새 속에 깊이 스며 있다. 주는 것이 아니라 얻는 것에 입각해서 살려고 하는 것은 본성을 거스리는 행위다. 마치 중력의 법칙을 반하는 행위와 같다. 그 결과는 뼈가 부러지고 상처투성이가 되는 것뿐이다. 사실, 우리는 모든 삶이 주어진 것이며, 그 본질에 순응하는 길은 계속해서 주는 것임을 거부하는 자들이 비뚤어지고 일그러진 절름발이 인생을 사는 것을 본다.

매년 여름 나는 몬태나 호숫가에서 한동안 머물곤 하는데 호수의 한 기슭에는 바위 절벽이 우뚝 서 있다. 바위 전면 여기저기에 제비들이 둥지를 틀고 있는 모습을 볼 수 있다. 어느 여름에는 몇 주간 내내 제비들이 날쌘 동작으로 수면 바로 위에 있는 곤충들을 잡아다가 절벽 움푹한 곳으로 돌진하여 먼저 자기 배우자를 먹인 후 갓 태어난 새끼들을 먹이는 장면을 관찰한 적이 있다. 절벽 표면 갈라진 틈 가운데 한곳 근처에는 죽은 나뭇가지가 수면으로부터 약 120센티미터 위로 뻗어 있었다. 새끼 제비 세 마리가 그 가지 위에 나란히 앉아 있는 모습은 참으로 멋진 장면이었다. 부모 제비는 수면 위로 크게 돌면서 곤충을 잡아다가 어린 새끼들이 먹이를 받아 먹으려고 부리를 벌리고 있는 곳으로 돌아가는데, 그 입 모양이 커다란 동굴과 같았다.

  부모가 충분히 먹였다고 생각할 때까지 이런 활동이 두어 시간 계속되었다. 부모 제비 중 한 마리가 이제는 새끼들 곁에 자리를 잡더니 나뭇가지 끝 편으로 그들을 밀어내기 시작했다. 밀고 밀고 또 밀었다. 그러자 끝에 앉아 있던 새끼 한 마리가 가지에서 떨어졌다. 가지와 수면 사이는 120센티미터쯤 되었는데 그 어간에 날개가 움직이기 시작했고 스스로 보금자리로 날아갈 수 있게 되었다. 그러고는 둘째도 똑같이 했다. 셋째는 부모의 위협을 받아들이려 하지 않았다. 맨 마지막 순간에 가지를 잡고 있던 아귀가 느슨해지더니 몸이 아래쪽으로 거꾸로 매달렸고 이어서 다시 꽉 잡고는 절대 놓으려 하지 않았다. 부모는 인정사정이 없었다. 그들은 악착같이 가지를 움켜쥐고 있는 새끼의 발가락을 부리로 쪼아 댔고 그 불쌍한 새끼는 그대로 앉아서 당하는 고통보다 불안한 비행을 하는 게 낫다고 여길 지점까지 이르렀다. 드디어 움켜잡고 있던 발가락이 풀리더니 뻑뻑한 날개가 펄럭이기 시작했다. 성숙한 제비는 새끼가 미처 알지 못했던 사실—날 수 있다는 것—을 알고 있었는데, 어떤 일을 할 수 있도록 완벽하게 고안된 그 일을 하는 것은 결코 위험한 일이 아니라는 사실이다.

  새는 발이 있어서 걸을 수 있다. 새에게는 갈고리 모양의 발톱이 있어서 안전하게 가지를 움켜쥘 수 있다. 그들은 걸을 수도 있고 매달릴 수도 있다. 하지만 새의 특징은 어디까지나 **나는 것**이며, 그들이 날기까지는 멋지게 우아하게 최상의 삶을 살 수 없다.

우리의 경우는, 주는 것이 최상의 삶이다. 주는 행위야말로 우리가 태어날 때부터 우리를 감싸고 있는 공기와 같다. 우리의 탄생 이전부터 우리 내면에 고안되어 있었던 행위다. **주는 것**은 이 세상의 진면목에 해당한다. 하나님은 스스로를 주신다. 그분은 또한 존재하는 모든 것을 내어주시는 분이다. 우리 가운데 누구에 대해서도 예외를 허용하지 않으신다. 우리는 우리의 가족에게, 이웃에게, 친구들에게, 적에게 그리고 만국에 내어준 존재들인 것이다. 우리의 인생은 남을 위한 것이다. 그것이 바로 창조 세계가 작동하는 방식이다. 우리 중 어떤 이들은 스스로에게 꽉 붙잡힌 나머지 자기를 위해 살려고 안간힘을 쓴다. 우리는 마치 은행 계좌라는 죽은 가지에 의존해서 값진 생명을 부지하려고 애쓰면서, 이전에 써 본 적이 없는 날개 같은 주는 행위에 위험을 무릅쓰고 의지하기를 두려워하는, 참으로 애처롭고 초췌한 모습을 보인다. 우리는 한 번도 그렇게 살려고 시도해 본 적이 없기 때문에 관대하게 사는 것이 불가능하다고 생각한다. 그러나 그런 삶을 더 빨리 시작하면 할수록 더 좋다. 결국에는 생명을 내어놓아야 하며, 미루면 미룰수록 (독수리처럼) 공중에 높이 솟았다가 급강하해 먹이를 낚아채는 은혜의 삶을 살 수 있는 기간이 더 짧아지기 때문이다.

예레미야의 경우 자기가 태어난 아나돗의 막다른 골목에 죽치고 있을 수도 있었다. 아버지의 제사장직에 몸을 기댄 채 안주하며 살 수도 있었다. 당시의 지리멸렬한 문화적 관습에 순응할 수도 있었다.

3. 이전에

하지만 그렇게 하지 않았다. 그는 자신의 배경 곧 하나님이 이미 오래전에 자기를 내어주기로 하셨다는 것에 대해 듣고 그것을 믿었으며, 지명받은 사실에 걸맞게 주는 일을 수행했던 것이다.

존엄성과 설계

내가 수태되어 태어나기 전에 중요한 일이 많이 일어나는데 그로 인해 장차 내가 경험할 현실이 미리 정해진다. 그 현실이란, 내가 물에서 헤엄치는 물고기가 아니라 두 발로 걸어다니는 존재라는 생물학적 사실, 빙하기가 아니라 온난한 지역에 살게 된 지리적 사실, 내가 아플 때 마법사가 아니라 의사를 부를 수 있다는 과학적 사실, 봉건영토에서 농노로 사는 게 아니라 민주주의 국가에서 시민으로 살게 된 정치적 사실 등을 의미한다. 그러나 가장 중요한 것은 내가 수태되기 전, 내가 태어나기 전에 하나님이 하신 일이다. 그분이 나를 알고 계셨기 때문에 나는 결코 우연의 산물이 아니다. 그분이 나를 선택하셨기 때문에 나는 있으나마나 한 존재가 될 수 없다. 그분이 나를 주셨기 때문에 나는 소비자가 되어서는 안 된다.

우리 문화는 사람들의 무너진 자존심을 회복시켜 주기 위해 너는 굉장한 인물이라는 둥, 너는 최고라는 둥, 너는 스스로를 잘 대접해야 한다는 둥 여러 모양으로 자신감과 칭찬을 퍼부어 용기를 북돋우는 양상을 보이고 있다. 그 결과는 큰 사람이 되는 것이 아니고 오히려 왜소해지는 것이다. 보잘것없는 자아만 남게 된다. 그러면 자아를 치켜세우지 않으면서 나의 존재 가치를 발견하는 방법은 무엇인가?

어떻게 하면 자만에 근거하여 중요한 존재인 체하지 않고 진정 의미 있는 존재가 되며, 교만함 없이 자신감을 가지며, 엉뚱해 보이지 않으면서 존귀한 존재가 될 수 있는가?

예레미야가 모범적인 인물이다. 속 빈 강정처럼 실속 없는 존재가 아니라 존엄성과 설계에 깊이 근거하여 그처럼 훌륭하게 살아 낸 사람이 또 어디 있는가? 그는 자기 인생 **이전에** 있었던 놀라운 사실에 대한 깊은 묵상에 근거하여 살았으며, 그것을 **거슬러** 산 것이 아니라 그것을 **배경으로** 해서 멋진 삶을 살았던 것이다. 아나돗이 아니라 이것이 그의 출신 배경이며, 그의 억양이 그런 기원을 무심코 드러내는 것을 예민한 귀를 가진 자는 간파할 수 있다.

사실 이러한 종류의 깊이 기억된 의식을 계발하는 것은 무척 어려운 일이다. 우리의 동시대인들로부터는 도움을 받을 수 없는데 그들은 자기의 인간성이라는 의제를 이해하기 위해서 기껏해야 지난 모임의 의사록 이상을 거슬러 올라가는 경우가 매우 드물기 때문이다. 우리는 모든 것을 우리의 현재 정서와 가장 최근에 획득한 것에 비추어 생각하는 데 매우 익숙해져 있기 때문에 그 광대한 **이전에**를 생각해 내는 일은 혁신적인 것이다. 그러나 바람직한 인생을 살려면 그것이 필수적이다. 그렇지 않을 경우 우리는 그 찬란한 영광, 즉 하나님이 우리를 아시고 택하시고 내어주셨다는 영광스런 사실에 무지한 채 암중모색하듯 맥없는 인생을 살 수밖에 없다.

4
저는 아직 어린아이에 불과합니다

그러나 내가 말했다. "주 하나님! 저를 보십시오. 저는 아직 아무것도 모르는 어린아이에 불과합니다!"

하나님께서 내게 말씀하셨다. "어린아이에 불과하다니, 그런 소리 하지 마라. 너는 내가 가라고 하는 곳에 가면 된다. 내가 말하라고 하는 것을 말하면 된다. 전혀 두려워할 것 없다.…내가 너를 난공불락의 성으로, 꿈쩍도 않는 강철 기둥으로, 견고한 철벽으로 만들어 세울 것이다. 너는 이 시대의 문화와 유다의 왕과 제후들과 제사장과 지역 고관들에게 맞서는, 일인 방어 요새다."

예레미야 1:6-8, 18

"전 위험한 임무를 띠고 길을 떠날 위인은 못 돼요. 차라리 이 반지를 보지 않았더라면! 어째서 이 반지가 제 손에 들어온 거죠? 어째서 제가 선택된 걸까요?"
"그건 아무도 답할 수 없는 질문이라네. 한 가지 분명한 건, 남들이 갖지 못한 무슨 장점이 있기 때문이 아니라는 걸세. 힘이든 지혜든 말이야. 하지만 일단 선택된 이상 자넨 자네에게 있는 모든 힘과 용기와 지혜를 사용해야 할 걸세."[1]

J. R. R. 톨킨

하나님은 예레미야에게 도무지 할 수 없는 일을 하라고 요구하셨다. 당연히 그는 거절했다. 우리는 감당할 수 없음을 뻔히 알고 있는 일을 하라는 요청을 받을 경우, 그런 부탁을 수용하는 것은 어리석다는 것을 안다. 얼마 안 가서 모든 이를 당혹케 만들 것이기 때문이다.

예레미야가 거절한 일은 예언자가 되는 것이었다. 예언자의 특징은 상호 연계된 두 가지 확신에 있다. 첫째 확신은 하나님이 인격적이요 살아 계시며 실재하신다는 사실이다. 둘째 확신은 바로 지금 일어나고 있는 일, 곧 역사상 현 시점에 이 세상에서 진행되는 일이 중요하다는 사실이다. 예언자는 **하나님**에게 온통 사로잡힌 사람이요 **현재**에 침잠한 사람이다. 하나님은 선지자에게 이웃만큼이나 생생한 존재이고, 그 이웃은 하나님의 목적이 활동하는 소용돌이와 같은 존재다.

예언자의 일은 사람들에게 바르게 살라고, 인간답게 옳게 살라고 촉구하는 것이다. 하지만 그것은 어떤 말씀을 전하라는 부르심 이상의 것인데, 곧 그 메시지 그대로 살라는 부르심이다. 예언자는 자기가 말하는 대로 살아 내는 인물이 되어야 한다. 예언자는 그 메시지뿐 아니라 그 사람됨을 통해서 우리가 창조 의도에 걸맞게 살도록, 구원을 이루어 가며 살도록—우리가 본래의 설계에 맞는 존재가 되도록—도전을 가한다.

우리는 하나님과의 관계를 떠나서는 인간다운 존재가 될 수 없다. 우리가 동물같이 되어서 하나님을 의식하지 못할 수 있다. 우리가 광물질의 집합체가 되어서 하나님을 의식하지 못할 수도 있다. 인간은 그 본연의 존재가 되기 이전에 하나님과 관계를 맺는 것이 필수적이다. "스콜라 철학자들이 말했듯이, 당신이 진정 인간다운 존재가 되려면 단순한 인간적 수준을 넘어서야 한다."[2]

하나님과의 관계는 우리가 기본적인 성장을 이룩한 다음에 덧붙이는 어떤 것이 아니라 그 성장의 본질적인 핵심을 차지하는 것이다. 그 핵심을 제거해 보라. 그러면 인간됨은 전혀 찾아볼 수 없고 껍데기만 남게 될 것이며, 인간성의 실체는 사라지고 외형만 남게 될 것이다. 아울러 우리가 현재 시점에 실존하지 않을 경우에도 진정 인간다운 존재가 될 수 없는데, 현재야말로 하나님이 우리와 만나는 지점이기 때문이다. 우리가 현재에 속한 구체적인 사실들을 피하게 되면 인간성의 상당 부분을 버리는 셈이다. 쇠렌 키에르케고르는 우리가 당장의 현실을 소홀히 하는 행위를 풍자적으로 잘 묘사했는데, 그것은 마치 어떤 사람이 자기 자신과 동떨어진 할 일과 사업과 대의명분에 사로잡힌 나머지 어느 날 잠에서 깨어나 자신이 죽어 있는 것을 발견하는 것과 같다고 했다.[3]

예언자는 사람들에게 하나님이 누구인지, 그분이 어떤 분인지, 그분이 무슨 말씀을 하는지, 그분이 무슨 일을 하는지 등을 알려 주는 인물이다. 예언자는 안주의 잠을 자고 있는 우리를 깨워서 우리 존재 자체가 위대하고 놀라운 드라마임을 깨닫게 한 다음, 우리를 무대 위로 떠밀어 스스로 준비를 갖추었다고 생각하든 그렇지 않든 우리의 배역을 담당하도록 한다. 예언자는 우리의 완곡 어법을 배격하고 우리의 가면을 찢어 버림으로써 분노를 불러일으킨 다음, 우리의 무정한 태도와 이기적인 동기를 적나라하게 드러냄으로써 각자 그것을 있는 그대로 볼 수 있게 한다. 예언자는 모든 것과 모든 이를 의미심장하고 중요한 존재로 만드는데, 하나님이 그것을 혹은 그 사람을 만들었기에 중요한 존재이고, 하나님이 그것을 혹은 그 사람을 지금 활발하게 사용하고 있기 때문에 의미심장한 존재인 것이다. 예언자는 엉성한 삶 혹은 자기 중심적인 삶으로 일관하는 것을 어렵게 만드는 인물이다.

부적격자라고 호소하는 예레미야

눈에 보이진 않지만 엄연히 살아 있는 실재이신 하나님을 설득력 있게 제시하는 일보다 더 중요한 일이 있을까? 그리고 눈에 보이는 평범한 일상생활에 담긴 영원한 의미를 확실하게 드러내 보이는 일보다 더 중요한 일이 있을까? 그런데 중요하건 그렇지 않건 예레미야는 거절했다. 자격을 갖추지 못했다. 그는 학교에 다닐 때 하나님 관련 과목들의 성적이 좋지 못했다. 더구나 세상이 어떻게 돌아가는지를 알 만큼 세상을 충분히 산 것도 아니었다. "주 하나님! 저를 보십시오. 저는 아직 아무것도 모르는 어린아이에 불과합니다!"

우리는 하나님이 부르신 최상의 삶을 사는 것을 피하기 위해 부적격자라고 호소하는 데 익숙해져 있다. 그런 변명이 얼마나 식상한

지 모르겠다! 저는 아직 너무 어립니다, 저는 주부에 불과한 걸요, 저는 일개 평신도밖에 되지 않잖아요, 저는 서투른 설교자에 불과합니다, 제 학력은 겨우 중졸인걸요, 저는 시간이 부족합니다, 저는 훈련을 제대로 받지 못했습니다, 저는 자신감이 없어요, 혹은 성경의 전례처럼 "주님, 저는 정말 말을 잘하지 못합니다"(출 4:10) 등등. 우리에게 너무 무리한 걸 요구한다고, 도무지 감당할 수 없다고, 우리로서는 어쩔 수 없다고 하면서.

만일 우리가 스스로를 전적으로 정직하게 바라본다면, 우리는 언제나 부적격자다. 물론 항상 정직한 것은 아니다. 우리는 테스트를 받을 때 과장하고 속인다. 여기서 슬쩍 감추고 저기서 그럴듯하게 허세를 부린다. 자기 본연의 모습보다 더 신뢰할 만한 인물인 척한다.

> 우리가 속임수를 써서 궁지에서 벗어나는 법을 배우지 않았던들,
> 인류는 이 지점까지 도달하지 못했으리라.
> 아울러 우리의 행동을 보면
> 우리 본연의 모습보다 더 확신 있어 보인다.[4]

인생은 사실 우리에게 벅찬 것이다. 하나님을 의식하며 그분께 대한 반응으로 사는 인생, 우리와 함께하는 사람들을 세심하게 사랑하면서 사는 인생, 경외심을 품은 채 우리 주변의 세상에 대해 감사하면서 사는 삶은 솔직히 우리 역량을 넘어서는 것이다. 우리는 그렇게 지혜롭지도 못하고, 충분한 에너지가 있는 것도 아니며, 제대로 집중하는 법도 모른다. 우리는 냉담하고 변변치 못하며 초라한 존재

들이다. 물론 항상 그런 것은 아니다. 우리에게는 용솟음치는 사랑과 모험적인 믿음, 용기 있게 남을 돌보는 감동적인 일화도 있다. 하지만 그다음 순간에 우리는 나태함이나 탐욕으로 빠져든다. 금방 예전의 모습으로 되돌아가서 그럴듯한 소리를 지껄임으로써 다른 이들로 하여금 우리가 실제보다 더 나은 인물인 것처럼 착각하게 만든다. 때로는 심지어 우리 자신조차 스스로를 꽤나 괜찮은 인물로 생각하게끔 속이기까지 한다. 예레미야는 이 모든 것을 속속들이 알고 있었다. "사람의 마음이란 형편없이 시커멓고 기만적이어서, 아무도 풀 수 없는 퍼즐 같다"(렘 17:9).

하지만 가차없는 정직성은 언제나 우리의 부족함을 이유로 우리를 파산지경에 내버려 둘 것이다. 세상은 무서운 곳이다. 우리가 전혀 두려워하고 있지 않다면, 그건 단지 세상이 어떻게 돌아가고 있는지 모르는 것이다. 만일 우리가 자신에 대해 흐뭇해한다면, 우리에게 아주 높은 표준이 없든지 가장 중심적인 실재에 관해 기억상실증에 걸린 셈인데, "아무도 그냥 통과할 수 없"기(히 10:31) 때문이다. 파스칼은 "만일 당신이 두려워하고 있다면 두려워하지 말고, 만일 두려워하지 않고 있다면 두려워하라"고 말했다.[5]

우리가 할 수 있다고 생각하는 일과 하나님이 우리를 불러 시키시는 일 사이에는 엄청난 간격이 있다. 우리가 할 수 있는 일 혹은 하고 싶어 하는 일은 보잘것없는 것이다. 반면에 우리를 향한 하나님의 생각은 원대한 것이다. 하나님이 예언자가 되도록 예레미야를 부르신 것은 그분이 한 인격이 되도록 우리를 부르신 것과 비슷하다. 우리가 내세우는 변명거리는 무척 그럴듯하다. 그 내용이 종종 사실이긴 하지만 변명에 불과하다는 면에서는 다를 바 없으며, 우리 주님은 이렇게 말씀하시며 단호히 거부하신다. "어린아이에 불과하다니, 그런 소리 하지 마라. 너는 내가 가라고 하는 곳에 가면 된다. 내가 말하라고 하는 것을 말하면 된다. 전혀 두려워할 것 없다. 내가 바로 곁에서 너를 지켜 줄 것이다." "하나님께서 손을 내밀어 내 입에 대고 말씀하셨다. '보아라! 내가 방금 너의 입속에 나의 말을 넣어 주었다. 내가 손수 넣어 주었다! 내가 한 일을 보고 있느냐? 나는 네가 뭇 민족과 통치자들에게 가서 해야 할 일을 주었다. 오늘은 너에게 기념비적인 날이다! 네가 해야 할 일은 뽑아 허물어뜨리고, 찢고 부서뜨리고, 그러고 나서 다시 시작하는 것이다. 다시 세우고 심는 일이다'"(렘 1:9-10).

여기에 나오는 세 쌍의 동사들(**뽑다/허물다, 찢다/부서뜨리다, 세우다/심다**)은 모두 깊이 개입하는 행위를 표현하는 것이다. 믿음의 길로 들어서면 어떤 일이 우리에게 벅차다고 해서 피하는 게 아니라 명령을 받고 구비되었기에 그 일에 뛰어들게 된다. 우리의 느낌이 삶에 어느 정도 참여할지 결정하는 것이 아니고, 우리의 경험이 우리가 할 일이나 우리의 인물됨을 좌우하는 것도 아니다. 이 모든 것을 결정하는 분은 하나님이다. 하나님은 우리가 거기에 있기 때문에 위험하고 힘든 믿음의 삶에 들어서게 하는 것이 아니다. 하나님은 그분의 뜻에 따라 우리가 어떤 일을 하고 또한 어떤 인물이 되게끔 자격을 부여하기 위해서 우리를 선택하시는 것이다. "내가 방금 너희 입속에 나의 말을 넣어 주었다.…나는 네가 뭇 민족과 통치자들에게 가서 해야 할 일을 주었다. 오늘은 너에게 기념비적인 날이다!"

불과 여덟 절만 지나면 예레미야가 더 이상 부적격자가 아님을 볼 수 있다. "'내가 너를 무장시킬 테니 너는 주의하여 서 있거라. 내가 너를 난공불락의 성으로, 꿈쩍도 하지 않는 강철 기둥으로, 견고한 철벽으로 만들어 세울 것이다. 너는 이 시대의 문화와 유다 왕과 제후들과 제사장과 지역 고관들에게 맞서는, 일인 방어 요새다. 그들이 덤벼들겠으나, 네게 흠집 하나 내지 못할 것이다. 내가 너를 철두철미하게 엄호해 줄 것이다.' 하나님의 포고다"(렘 1:18-19). 예레미야에 관해 우리가 알고 있는 모든 지식을 종합해 보면 이런 현상이 실제로 일어났음이 분명하다. 이스라엘 전 역사에서 가장 혼란스럽고 어지러웠던 기간에 40년간 계속된 예레미야의 공적 사역 내내 그는 정말 난공불락의 존재였다. 내면적으로 그가 엄청난 번민에 휩싸인 경우는 상당히 많았지만, 정도에서 일탈한 적은 한 번도 없었다. 그는 무자비하게 조롱당하고 가혹하게 박해를 받았으나 곁길로 빗나간 적은 한 번도 없었다. 그에게 변질과 타협을 요구하는, 포기와 은닉을 강요하는 압력이 실로 엄청났다. 그러나 그는 결코 굴하지 않았다. 그는 진정 '견고한 철벽'이었던 것이다.

그러면 "주 하나님, 저를 보십시오. 저는 아직 아무것도 모르는 어린아이에 불과합니다!"라고 얼버무리듯 변명을 늘어놓던 예레미야가 어떻게 예언자의 직무를 수용하는 이른바 '강철 기둥' 같은 인물로 바뀌게 되었는가? 하나님이 그에게 두 개의 환상을 보여 주심으로써 그를 구비시키셨기 때문이다. 그 두 환상이 예레미야를 무기력한 부적격 상태에서 아드레날린으로 충전된 순종의 지점으로 이끌어 주었던 것이다.

살구나무 가지

첫 번째 환상은 살구나무 가지에 관한 것이었다. "'예레미야야, 지금 무엇이 보이느냐?' 내가 말했다. '지팡이가 하나 보입니다. 그것이 전부입니다.' 그러자 하나님께서 말씀하셨다. '잘 보았다! 내가 너의 지팡이가 되어 줄 것이다. 내가 네게 주는 말들이 다 이루어지게 할 것이다'"(렘 1:11-12).

살구나무는 팔레스틴에서 가장 먼저 꽃이 피는 나무 중 하나다. 그 나무는 잎이 나기 전에 꽃봉오리가 눈과 같이 하얗게 피어난다. 그 땅에 아직도 겨울의 찬기가 남아 있는데도 아무런 손질이나 강요도 없이 따스하게 피어나는 그 꽃은 봄의 약속과 함께 우리에게 놀라움을 안겨 준다. 매해 봄마다 거듭해서 일어나는 현상이다. 즉 잎사귀가 나오기 전에, 잔디가 푸른 빛을 띠기도 전에, 숲 속과 정원이 온통 만개한 꽃으로 가득 차는 것이다. 그 다음에 무슨 일이 일어나는지 우리는 알고 있다. 철새들이 날아와서 아름다운 노랫소리로 하늘을 가득 채우고, 푸른 잎들이 녹색의 거대한 현수막처럼 나무들을 멋지게 장식하며, 열매들이 조금씩 그 모습을 드러내기 시작한다. 꽃은 그 자체로 즐거움을 안겨 주고 보기에도 아름다우며 냄새도 향기롭다. 하지만 그 이상이다. 그것은 장래에 대한 기대요 약속이다. 마치 말이 그런 것처럼. "내가 네게 주는 말들이 다 이루어지게 할 것이다." 살구꽃과 같이 말도 약속이요, 이제 막 일어날 일에 대한 기대이다. 그것들이 무엇인가가 **된다**. "말씀이 육신이 **되었다**."

그 환상은 일종의 언어 유희로 더욱 뚜렷하게 부각된다. **살구나**

무라는 단어와 **보다**라는 단어는 히브리어에서 거의 동일하다. "예레미야야, 지금 무엇이 보이느냐?" 저는 '샤퀘드'shaqued(살구나무)를 보고 있습니다. "그래! 네가 바로 보았다, 나도 내 말이 이루어지는 것을 '쇼퀘드'하고shoqed(보고) 있기 때문이다. 나는 목자가 자기 양떼를 지켜보고 있는 것처럼 내 말을 지켜보고 있다. 네가 지금 듣고 있는 내 말 중 어느 하나도 빗나가지 않을 것이다. 한 마디도 실종되지 않을 것이다. 내가 하는 말마다 그대로 이루어지게 할 작정이다."

그것은 청각적인 동시에 시각적인 방법이었다. 시각적 영상이 청각적 언어 유희과 합쳐져서 예레미야로 하여금 소망을 품도록 훈련하는 데 사용된 것이다. 남은 생애 내내 봄마다 살구꽃, 곧 '샤퀘드'가 시야에 들어오면 '쇼퀘드'(보다)라는 소리가 기억나도록 기억 장치("내가 네게 주는 말들이 다 이루어지게 할 것이다")를 건드릴 것이고, 남은 생애 내내 일상의 단어인 '쇼퀘드'(보다)라는 말을 들을 때마다—그리고 그 말을 듣지 않고 지나가는 날이 그리 많지 않을 것인데—'샤퀘드'(살구나무)가 시각적 영상으로 떠올라 봄이 연상시키는 생명력의 약동과 원기 왕성한 분위기를 불러일으킬 것이다.

예언자든 보통 사람이든 이와 같이 우리를 지탱해 주는 일종의 환상이 없이는 믿음의 삶을 살아 낼 수 없는 법이다. 우리는 어떤 말이든 한갓 말에 불과한 것이 없음을 깊은 차원에서 확신하는 것이 필요하고, 그것을 주기적으로 우리에게 상기시켜 주는 무언가가 필요하다. 특히 하나님의 말씀은 입 발린 말에 불과한 경우가 없다. 그 말씀은 성취를 앞두고 있는 하나의 약속이다. 하나님은 자기가 발설한 것을 이루시는 분이다. 하나님은 자신이 말한 대로 행하시는 분이다.

끓는 솥

두 번째 환상은 끓는 솥에 관한 환상이었다. "하나님의 메시지가 다시 임했다. '이제 무엇이 보이느냐?' 내가 말했다. '끓는 솥이 하나 보이는데, 이쪽으로 기울어져 곧 쏟아질 것 같습니다'"(렘 1:13). 그 솥이 기울어져서 끓는 물이 남쪽으로 흘러넘치고 있었던 것이다. 아나돗 마을과 예루살렘 거리, 궁전 뜰이 그 물길에 바로 맞닿아 있었다.

이스라엘을 향해 쏟아져 내리는 그 끓는 물은 바로 침략 태세를 갖추고 있는 적군임이 밝혀진다(렘 1:14-16). 북쪽에 자리잡고 있던 나라들이 전쟁의 주전자를 끓이고 있었고, 곧 그 땅을 악―살인과 강간과 약탈―의 홍수로 뒤덮게 될 것이었다. 펄펄 끓는 환난이 지평선 저 너머에서 떠올라 이제 흥겨움에 젖어 있는 유다 언덕으로 흘러넘칠 것이었다. 무엄하고 안하무인격인 대적의 왕들과 사령관들이 바로 성문 앞과 성벽 주위에 진을 치게 될 것이다. 이 임박한 전쟁은 하나님의 심판과 연계되어 있다. 그 끓는 물이 온 땅을 씻어 버릴 것이다. G. K. 체스터턴은 "나는 뜨거운 물에 들어가는 것을 믿는다"고 말하면서 "그것이 당신을 깨끗하게 해 주기 때문"이라고 했다.[6] 이처럼 펄펄 끓는 심판이 도래하는 이유는 사람들이 하나님과의 사랑의 관계를 저버리고 그 자리를 하찮은 종교의식과 무가치한 우상숭배로 대치했기 때문이었다(렘 1:16). 그 전쟁은 그들이 현재 영위하고 있는 공허하고 혼란스러운, 더럽고 어리석은 삶에 끼어들어 참으로 본질적이고 영원한 것에 주목하게 만들 것이다. 생명과 죽음, 하나님과 인간, 믿음과 믿음직스러움, 언약과 순종 같은 것이 그에 속한다.

이 환상의 주제는 (살구나무 환상과 대조적으로) 부정적인 것이나 그 메시지는 긍정적인데, 그로 인해 초래되는 결과는 악을 **담는**contain 것이기 때문이다. 끓는 솥은 나침반 위의 특정한 지점에 놓여 있는 하나의 용기container다.

사실 예레미야든 백성이든 위험한 상황이 북쪽에서 점차 몰려오고 있음을 굳이 환상을 통해 볼 필요가 없었다. 그것은 모두가 아는 사실이었다.[7] 신바빌론 군대는 계속 전진하고 있었고 합리적인 지성을 가진 사람이라면 누구나 그것을 감지할 수 있었다. 그러나 그 악에 한계가 있음을 알기 위해서는 환상이 필요했다. 끓는 솥의 환상은 일종의 형이상학적 편집증으로 모든 이를 괴롭히고 있었던 악을 지명하여 부르고 그 위치를 파악하고 한계를 정했던 것이다.

우리가 훈련을 받지 않고 식견도 없을 경우, 악이 대기중에 확산되고 마치 안개와 같이 우리의 정서에도 파고들어 현실의 선명한 윤곽을 희미하게 만들고 그 불길한 회색빛 속으로 모든 것을 흡수해 버리게 된다. 그런 분위기에서는 우리는 소문을 들을 때마다 공포에 질리고, 소리만 들어도 펄쩍 뛰고, 초조하고 불안한 모습을 감출 수 없게 된다. 이 세상에 악이 존재하고 있음은 분명한 사실이다. 그것도 굉장히 많은 악이. 그리고 악은 무서운 존재다. 우리가 현실에 입각해서 두 눈을 크게 뜨고 살 때 많은 악을 목격할 수 있다. 모든 악을 목격하면서 어떻게 편안하게 쉴 수 있겠는가? 악에 대항하여 어떻게 우리가 목마른 낯선 자에게 냉수 한 잔을 주는 것과 같은 평범한 행동에 관여할 수 있겠는가? 환상이 대답을 제공해 준다. 즉 악이 전부가 아니고, 악이 무소부재한 존재가 아니라는 것이다. 그것에 이름이 붙여졌다. 그것은 시작이 있고 끝이 있다. 모든 이를 마비시키는 힘을 가진 악은 통제 불가능한 야생마 같은 악이 아니다. 그것은 신중하게 지시된 심판인데 그 지휘관은 바로 하나님이다. 끓는 솥은 악을 한군데로 그리고 한 가지 용도로 국한시킨다. 악에 대해 순진한 자세를 가져서는 안 된다. 현실을 직시해야만 한다. 그러나 악에 대해 겁을 먹어서도 안 된다. 그것은 하나님이 선을 이루시는 데 사용할 것이기 때문이다. 이것이야말로 좋은 소식, 곧 하나님이 나쁜 사람을 사용해서 선한 목적을 이루신다는 심히 좋은 소식이 아닌가! 심판이 지닌 커다란 역설은 악이 구원의 용광로에서 연료로 사용된다는 사실이다.

이런 유의 환상에 대한 식견이 없을 경우 우리는 균형 감각을 잃어버린 채 우리에게 닥치는 일에 대해 모험심과 열린 자세로 반응하지 못하게 된다. 신문은 성경의 각주에 불과하지 그 반대가 아니라는 점을 잊어버리게 되면, 결국 아침에 잠자리에서 일어나는 것을 두려워하게 될 것이다. 우리 중 너무나 많은 이들이 신문의 논설을 읽는 데 지나치게 많은 시간을 들이는 반면, 이 같은 예언적 환상에 대해서는 충분한 시간을 할애하지 않는 실정이다. 언론에서 얻을 것은 정치, 경제, 도덕 등에 관한 정보임에도 불구하고 우리는 모든 영역에 대한 해석을 그들에게 의존하고 있다. 이 세상의 의미는 하나님의 말씀을 통해 가장 정확하게 얻을 수 있는데도 말이다.

이 두 가지 환상, 곧 만개한 살구나무 가지 환상과 물이 끓고 있는 솥 환상은 예레미야에게 하버드와 예일 대학에 해당하는 것이었다. 단 하나의 영상으로 된 그 환상들은 그의 믿음의 망막 깊숙이 각

인되었다. 이 환상들로 말미암아 그는 하나님의 영광의 무대에서 그리고 인간의 죄로 인한 대참화 가운데서도 균형과 온전한 정신과 열정을 잃지 않을 수 있었다. 그 찬란한 영광 가운데 황홀경에 빠져 있었든 혹은 악이 풍기는 악취에 구역질을 느끼고 있었든 그는 현실을 단단히 붙들고 있었으며, 결코 자기 연민의 동굴로 기어 들어가지 않았고 주변의 꼴사나운 악에 대해 눈을 감은 적도 없으며, 사방에서 폭발하는 영광을 냉소적으로 거부한 적도 없었다.

첫 번째 환상은 예레미야에게 하나님의 말씀이 경이롭게 터져 나온다는 것과 그 경이감은 헛된 환영이 아님을 확신시켜 주었다. 두 번째 환상은 이 세상은 아주 위험한 곳이나 그 위험이 결정적인 파멸이 아님을 확신시켜 주었다.

우리가 하나님의 부르심에 합당한 존재―예언자, 인격체―가 되려면 그리고 부적격으로 인해 불구의 인생을 살지 않으려면, 이 두 가지 주제 곧 하나님과 세상에 대해 최우선적으로 알아야 하며 이와 관련하여 철저한 훈련을 받아야 한다. 두 주제 모두에서 첫인상과 표면적 양상은 우리를 기만할 수 있을 것이다. 우리는 하나님을 과소평가하고 악을 과대 평가한다. 우리는 하나님이 하고 계시는 일을 보지 못한 채 그분이 아무 일도 하시지 않는다고 결론짓는다. 악이 하고 있는 모든 행위를 눈으로 목격하면서 그것이 모든 사람을 장악하고 있다고 생각한다. 그 환상들은 외양을 뚫고 들어간다. 꽃이 만개한 살구나무와 끓는 솥으로 말미암아 우리는 뜨거운 희망을 품고 악에 위축되지 않은 채 언제까지나 살아가는 법을 배운다. 우리가 하나님의 형상을 좇아 살아가고, 모든 것 되시는 하나님에 대해 살아 있으며, 그분이 하시는 모든 일에 대해 열린 자세로 반응하고자 하면, 그분의 말씀을 신뢰하고 우리 눈에 보이지 않는 것을 신뢰해야 한다. 아울러 우리가 삶의 이모저모에 빠짐없이 주목하면서 흉한 날에도 반발하거나 두려워하거나 순응하지 않고 여전히 삶을 사랑하며 살고자 한다면, 이 세상의 엄청난 악을 그대로 직면하되 동시에 그것은 어디까지나 제한된 그리고 통제된 악임을 알아야 할 것이다.

환상으로 빚어진 인생

환상들은 효과가 있었는가? 오늘날은 어떤가? 예레미야의 인생이야말로 환상이 교육 커리큘럼의 역할을 해서 불안정했던 젊은이가 든든하고 성숙한 성인으로 성장하도록 했다는 증거다. 예레미야는 그 환상들에 의해 빚어진 것이지 당대의 유행이나 자아상에 의해 형성된 것이 아니었다. 그가 처절한 느낌을 가진 적이 적지 않았으며 가혹한 대우를 받은 적도 많았음을 우리는 알고 있다. 연약함을 절감한 적도 종종 있었으며 거의 절망에 빠진 적도 있었다. 하지만 그가 항상 강한 모습을 견지했던 것도 사실이다. 정서적으로는 자주 슬럼프에 빠졌지만 믿음이 언제나 그를 굳게 지켜 주었다.

그의 힘은 지극히 예민한 그의 영에 껍질을 입혀서 생긴 것이 아니었다. 예레미야는 생애 내내 엄청난 정서적 기복을 경험했다. 그의 영이 모든 것을 감지하고 있었던 것 같다. 그는 섬세하게 조율된 상태라 주변에서 일어나는 세세한 미동까지도 감지하고 그에 반응을 보이는 인물이었다. 동시에 그는 공격과 조롱, 핍박과 반대에는 전혀 아랑곳하지 않는 성격의 소유자였다.

   내구력과 민감성, 확고부동함과 감수성이 완벽하게 통합된 경우는 무척 드물다. 우리는 때로 예민한 사람이 자주 침착함을 잃어버리는 모습을 보곤 한다. 그들은 피를 보기만 해도 피를 막 흘리는 사람들이다. 잔인함이 판을 치는 세상에서 그들의 민감성은 손발을 묶어 버리는 역할을 한다. 이와 반대로 어떤 이들은 엄격한 도덕주의자로서 올곧은 태도로 딱딱하기 그지없는 입장을 견지한다. 자기들의 독단적인 주장에 대해 추호도 의심하는 법이 없다. 그러나 그들의 원칙은 머리를 부수고 살을 멍들게 하는 망치와 같다. 세상은 그런 사람들을 피해 멀리 우회한다. 그런 부류와 아주 오랫동안 함께하는 것은 무척 위험한 일이다. 우리 내면의 어떤 정신적 약점이나 도덕적 흔들림이 그들의 눈에 띄게 되면, 골치 아픈 일 없이 피할 수만 있어도 다행스러운 일이기 때문이다.

   하지만 예레미야는 그렇지 않았다. 그는 살구나무 가지로 교육을 받아 인격—하나님이든 사람이든—에 대한 내면의 반응이 무척 깊어지고 성숙되어 갔다. 또한 끓는 솥으로 교육을 받아, 비인간화를 야기하는 악을 다루는 면에서 그리고 탈인격화의 위협에 저항하는 외적인 역량 면에서 난공불락이 되었다. "난공불락의 성, 꿈쩍도 하지 않는 강철 기둥, 견고한 철벽." 이는 '아직 아무것도 모르는' 상태에서 시작한 자가 이룩한 결코 작지 않은 성취다.

5
거짓말을 믿지 마라

예레미야에게 임한 하나님의 메시지다. "하나님의 성전 문에 서서 이 메시지를 전하여라. '들어라, 하나님을 예배하러 이 문으로 들어오는 너희 모든 유다 백성들아, 만군의 하나님, 이스라엘의 하나님께서 너희에게 말씀하신다. 너희 행위를—사는 방식과 하는 일을—깨끗게 하여라. 그래야 내가 이 성전을 내 집으로 여기고, 너희와 함께 지낼 수 있다. 이곳에서 전하는 거짓말을 터럭만큼도 믿지 마라. 이곳은 하나님의 성전이다, 하나님의 성전이다, 하나님의 성전이다!'"

예레미야 7:1-4

오늘날 예수님께는 그분의 하늘 나라를 사랑하는 자는 많으나 그분의 십자가를 지고 가는 자는 적으며, 위안을 고대하는 자는 많으나 괴로움을 감망하는 자는 소수에 불과하다. 그분의 잔치에 동참하려는 자는 허다하나 금식에 함께할 자는 적다. 모든 이가 그분의 즐거움에 참여하고 싶어 하지만 그분을 위해 어떤 고난이라도 기꺼이 받으려는 자는 드물다. 떡을 떼는 데까지 예수님을 좇는 자는 많으나 고난의 잔을 마시는 데까지 이르는 자는 소수다. 그분의 기적을 경외하는 자는 많으나 십자가의 치욕에까지 그분을 따르는 자는 소수에 불과하다.[1]

토마스 아 켐피스

므낫세는 히브리 역사상 최악의 왕이었다.

그는 전적으로 부패한 정부를 주도하던 철두철미하게 악한 인간이었다. 그는 예루살렘에서 55년간 군림했는데 그 기간은 그야말로 캄캄하고 사악한 반세기였다.

그는 이방신을 섬기도록 부추겨, 온 백성이 성적인 방탕에 빠지게 했다. 또한 방방곡곡에 신전을 세우고 거기에 매춘부를 임명했다. 점쟁이와 마술사를 불러와서 백성들을 미신에 빠지게 하고 그들의 마술로 사람들을 조종하기도 했다. 인간이 저지를 수 있는 극도의 악을 행했던 것이다. 그의 야만적인 잔인성도 도무지 끝이 보이지 않을 정도였다. 더구나 새로운 악을 창출해 내는 능력도 한이 없는 것 같았다. 더러운 것을 추구하는 욕망도 만족할 줄 몰랐다. 어느 날 끔찍한 마법 의식을 거행하던 중 그는 자기 아들을 제단에 올려놓고 불살라 버렸다(왕하 21장).

한때 보이지 않는 하나님을 예배하기 위해 신의 형상이라고는 완전히 배제시킨 채 소박함과 거룩함으로 찬란하게 빛나던 그 웅대한 솔로몬 성전이, 이제는 마술사와 매춘부로 득실거렸다. 짐승과 괴물 모양으로 만들어진 우상들이 그 거룩한 곳을 더럽혔다. 정욕과 탐욕이 신격화되었고, 살인이 일상사가 되어 버렸다. 므낫세는 악취가 천지에 진동하는 전대미문의 진창으로 백성들을 끌어들였다. 성경 역사가는 다음과 같은 투박한 말로 므낫세를 평가했다. "그러나 백성은 이 말씀을 따르지 않았다. 므낫세는 그들을 그 길에서 벗어나게 했고, 일찍이 하나님께서 멸망시키신 이방 민족들의 악행을 넘어서는 악한 행위로 그들을 이끌었다"(왕하 21:9).[2]

예레미야가 태어난 때는 므낫세의 통치 기간 중 마지막 10년에 해당되는 시기였다. 그는 바로 그런 세계에서 걷기와 말하기, 놀기를 배웠던 것이다. 자식을 키우기에 그보다 더 열악한 환경은 상상할 수 없을 것이다. 한마디로 사회 전체가 슬럼이었다. "거짓말로 우리를 사냥하는 저 악한 자들, 거짓말로 이름을 떨치는 저 악인들에게서 우리를 지켜 주소서"(시 12:8).

55년간이나 계속된 악정의 결과, 믿음은 거의 잊혀진 것이나 다름없었다. 몇 안 되는 나이 많은 노인들만 옛적 예언자의 말씀과 진정한 예배 행위를 기억하고 있을 뿐이었다. 물론 거룩함에 관한 소문들이 속삭이듯 나돌고 있었다. 소수의 신실한 자가 몸을 숨긴 채 살아가고 있었다. 그러고는 므낫세가 죽었다. 그 아들 아몬이 왕위를 물려받았다. 백성들은 혹시나 세상이 달라질까 하고 지켜보았다. 그런 일은 일어나지 않았다. 악한 세월이 계속 이어졌다. 그러니 백성들은 더 이상 참을 수 없었다. 완전히 폭발할 지점에까지 이르렀던 것이다. 아몬은 살해를 당했고, 여덟 살 된 아들 요시야가 권좌에 앉게 되었다.

요시야의 개혁

이제 우리의 믿음의 선조인 이 백성들의 이야기에서 가장 괄목할 만한 장이 펼쳐지기 시작한다. 웬일인지 이 소년 왕의 내면에는 순수함과 타락하지 않은 정신이 깃들어 있어서 하나님이 그 땅에 새로운 삶을 불러일으키는 데 그를 사용하실 수 있었다.

요시야가 애초에 어떻게 시작하게 되었는지 참 의아한데, 그에게는 아무런 모델이 없었기 때문이다. 선善은 우리가 조사해 들어갈 수 없는 무척 깊은 차원에 그 기원을 두고 있다. 나는 시커먼 아스팔트로 된 대규모 주차장을 볼 때면 때로 므낫세와 요시야가 생각난다. 아스팔트는 보기 흉하고 삭막하기 짝이 없다. 싱싱했던 초록의 피조물이 굴삭기에 밀려 사라지고 이처럼 메마르고 단조로운 표면으로 변한 것이다. 거칠고 무지막지한 테크놀로지가 맘몬 신 숭배자들의 편의를 위해 섬세한 뉘앙스를 지닌 생명을 여지없이 말살해 버렸다. 그러나 오래지 않아 아스팔트에 금이 생기고 잔디와 야생초, 심지어는 나무의 싹마저 그 틈새로 밀고 나온다. 지하에 있던 생명의 세력이 죽음의 표면을 뚫고 나오는 것이다. 도로 수리공들은 표면을 매끄럽고 온전한 상태로 만들고자 틈새를 메우고 봉하는 일을 한다. 그들이 한두 계절 정도만 소홀히 해도 외견상 가냘퍼 보이지만 실은 무척 강인한 생명이 다시 그 기세를 떨치게 된다.

> 나는 미처 언급하지 않았던 세력
> 곧 심장을 쪼개고
> 포장 도로를 쳐들고 일어나는 세력을
> 논하고 있소이다—
> 고요에 묻힌 채 감추어졌던 세력

사람들과 초목들…³

므낫세는 거룩한 땅을 '소돔과 고모라' 같은 아스팔트로 뒤덮어 버렸다. 하지만 거룩함이 사라진 것은 아니었고 단지 보이지 않았을 뿐이다. 요시야는 그 암갈색을 뚫고 나오는 최초의 싹 중 하나였다. 타락한 부모도 억누를 수 없었고 사악한 환경도 근절할 수 없었던, 하나님을 향한 심오하고 직관적인 갈망에 이끌려 그는 이런 질문을 던졌다. 어떻게 하면 더 나은 통치 체제를 수립할 수 있을까? 왕으로서 쓰레기더미와 다름없는 예루살렘에 건강과 선을 회복시키려면 무엇을 해야 할까? 그는 어디에선가 시작하지 않으면 안 되었다. 그는 예배 처소를 시발점으로 삼았다.

백성의 삶은 그들이 드리는 예배만큼 선하게 마련이다. 예루살렘 성전은 백성의 삶에서 하나님이 중요함을 보여 주는 건축상의 증거였다. 인생을 이루는 모든 선이 성전 안에서 서로 교차되었다. 의미도 거기에서 수립되었다. 가치 또한 그곳에서 창출되었다. 예배는 삶을 규정한다. 예배가 타락하면 삶도 타락하게 된다. 57년에 걸쳐 성전 내의 정욕과 폭력이 그 나라의 거리와 가정과 마을로 침투해 들어갔다. 요시야는 성전을 청소하는 일부터 시작했다.

성전을 수리하고 복구하는 과정에서 힐기야 제사장은 오래된 책 한 권을 발견했다. 그 책을 요시야에게 가져가서 큰 소리로 읽었다. 그것은 신명기였다. 그 낭독이 주었을 충격을 한번 상상해 보라. 여기 요시야가 있다. 부친과 조부의 악에 진절머리가 나서 무언가 조치를 단행하기로 결심했으나 어떻게 해야 할지 모르는 상태에 있던 요시야. 그에게는 청사진도 지시도 자문도 없었다. 아버지와 할아버지로부터 물려받은 것이라고는 악이 창궐했던 57년의 세월뿐이었다. 그런데 이제 그의 손에 이 막강한 문서가 주어졌다. 하나님의 사랑과 그분에 대한 예배에 관한 내용, 무엇이 옳고 그른지에 대한 분명한 정의, 도덕적 결정을 내리고 합당한 예배를 드리는 방법에 대한 명확한 지침 등이 담긴 문서. 요시야의 귀에 그 낭독은 '양심의 청천벽력'[4]과 같은 소리였다.

어린 왕의 반응은 신속하고도 위엄 있었다. 그는 읽은 내용을 모두 즉시 실천에 옮겼다. 이제야 그는 참된 예배가 무엇인지 알게 되었고 잘못된 예배의 흔적을 모조리 없애 버렸다. 정부의 지원 아래 자행되던 부도덕이 말소되었다. 성전 내에 특별 처소를 갖고 있던 매춘부들도 쫓겨났다. 성전 구내에 버젓이 점포를 차려 놓았던 마법사와 점쟁이도 흩어 버렸다. 요시야는 전국에 사람들을 보내어 이 두루마리에서 발견된 내용을 선포하게 하였다. 옛 제단들이 부서지고 사람들은 믿음의 길을 배우게 되었다. 그것은 참으로 극적이고 훌륭한 개혁이었다. "과거 역사상 그처럼 전면적인 목적을 가지고 일관성 있게 집행된 개혁은 없었다!"[5]

반세기 동안 쌓였던 타락의 쓰레기들을 도시 밖으로, 그 땅 밖으로 치워 버렸던 것이다. 그곳은 일종의 종교적 동물원과 같은 상태였다. 예전의 예배 장소가 온갖 메스꺼운 욕망이 충족되고 잔인한 야망이 인가를 받는 장소로 변질되었다. 온갖 유의 욕구를 공인하는 의식과 신(혹은 여신)이 존재하고 있었다. 므낫세 아래서 종교는 윌리엄 제임스가 만든 유명한 문구, 곧 '발작적인 작은 자아'에 중심을 두고 있었다.[6] 종교는 자신이 하고 싶은 일이면 무엇이든 하도록 도와주는 초자연적 지지 장치였던 것이다. 돈을 버는 것, 풍년을 보증하는 것, 기분을 좋게 하는 것, 미워하는 사람을 죽이는 것, 이웃보다 앞질러 가는 것 등. 그런데 이제 요시야 아래에서는 종교가 거룩한 하나님 한 분만을 중심으로 삼게 되었다. 종교가 실상은 그렇지 못할 때가 많지만 마땅히 지녀야 할 모습으로 돌아온 것이다. 즉 삶의 의미를 발견케 하고, 사회 정의를 실현하고, 탁월함을 목표로 삼아 나아가게 하고, 언행이 일치하는 삶을 살도록 훈련시키고, 하나님의 사랑을 깨닫게 하고, 그에 대한 보답으로 그분을 사랑하는 법을 가르치는 등 본연의 역할을 되찾았다.

링사이드 좌석

예레미야는 이 개혁의 경기장에 설치된 링사이드 좌석에 앉아 있었다. 하지만 그가 그저 구경꾼으로 앉아 있었을 가능성은 아주 희박하다. 그는 방관자로 가만히 있을 그런 사람이 아니었다. 그는 적극적으로 뛰었다. 말씀을 전파함으로 개혁에 동참했다. 그가 한 설교의 단편들이 남아 있다.

"언덕들을 둘러보아라, 네가 섹스 행각을 벌이지 않은 곳이 어디 한 군데라도 있느냐? 너는 사람을 쫓는 사냥꾼처럼 야외에 텐트를 쳐 놓고 여러 신들에게 구애했다"고 그가 말했다(렘 3:2). 사람들은 자기들을 사랑해서 창조하신 그 하나님을 버렸고 무모한 방탕에 빠져 온갖 신들에게 자기를 넘겨주었다. 도덕적 오염은 환경 오염과 같은 방식으로 전개된다. 부주의한 삶이 낳은 쓰레기가 슬그머니 사상의 토양과 언어의 시냇물에 스며들어 사회의 모든 영역을 타락시킨다.

예레미야는 "너의 묵은 밭을 갈아라"(렘 4:3)고 호소했다. 미신과 우상숭배는 두꺼운 껍질을 만들어 우리로 하여금 하나님이 발하는 자비와 구원의 말씀에 둔감해지고 그것을 받아들이지 못하게 만든다. 땅을 갈아엎는 행위는 회개를 가리키는 비유로서, 하나님이 우리를 위해 갖고 계신 것을 받을 수 있도록 우리 마음의 땅을 준비하는 것이다.

예레미야는 이렇게 풍자적으로 혹평했다. "그런데 너는, 지금 무엇을 하느냐? 파티복을 차려입고, 보석으로 몸치장을 하고, 립스틱과 볼연지에 마스카라까지! 그런 꽃단장, 다 헛일이다. 너는 누구도 꾀지 못할 것이기 때문이다"(렘 4:30). 네가 화장을 한다고 네 운명을 바꿀 수 있다고 생각하느냐? 정작 변해야 할 것은 네 자신이다.

하지만 시종일관 예레미야는 희망의 메시지를 전했다. "갈림길에 서서 둘러보아라. 옛길, 이미 검증된 길이 어느 방향인지 묻고, 그 길로 가거라. 너희 영혼이 살 수 있는 바른 길을 찾아라"(렘 6:16). 선과 하나님에게로 이끄는 옛 길, 곧 분명한 표시가 있고 잘 다져진 길이 **실제로** 존재한다. 성경—이 경우에는 신명기 두루마리—이 그 길을 안내하고 있다. 그것을 무시할 경우 우리는 장애물에 걸려 넘어지게 된다. 예레미야의 설교는 이 분명하고 자명한 진리를 주장하는 면에서 지칠 줄 몰랐다. 즉 하나님이 우리 가운데 계시다는 것과 그분과 신실한 사랑의 관계를 맺을 수 있고 또 그런 관계를 맺으며 살아야 한다는 것이다.

피부만큼 얄팍한 개혁

드디어 개혁이 단행되었다. 왕이 명령으로 수행할 수 있는 모든 것이 이루어졌다. 악질적인 범죄가 중단되고, 미신적인 종교가 일제히 추방되었으며, 부도덕적인 예배 행위가 금지되었다. 그러나 악을 제거한다고 사람들이 선해지는 것은 아니다. 개혁의 깊이가 피부 두께 정도밖에 되지 않는다는 것을 예레미야가 인식하는 데는 오랜 시간이 걸리지 않았다. 외적인 변화는 엄청났지만 내면의 변화는 경미한 정도였다.

얼마 지나지 않아 예레미야가 예루살렘 성문에 서서 이상한 설교를 하고 있는 모습을 우리는 보게 된다. 이곳이 그야말로 감명 깊고 성공적인 개혁의 초점이 되었던 바로 그 성전이다. 우리가 기대한 것은 오히려 축하의 소리가 아니었던가? 그 장소를 깨끗이 청소하고, 마법사를 제거하고, 매춘부를 쫓아내고, 이제는 깡패의 습격이나 살해의 위험이 없는 안전한 거리로 만든 사람들의 업적을 칭송하는 소리 말이다. 그런데 그런 소리는 전혀 들을 수 없다. 모든 이들이 교회에 와서 새로운 베스트셀러로 각광받는 신명기가 명하는 대로 성전에 제물을 바친다. 주님에 대한 예배가 인기 절정이요 뜨겁기 짝이 없다. 군중은 온통 도취되어 있는 듯했다. "이곳은 하나님의 성전이다, 하나님의 성전이다, 하나님의 성전이다!"

그런데 예레미야는 무슨 말을 하고 있는가? "'이곳은 하나님의 성전이다, 하나님의 성전이다, 하나님의 성전이다!' 하고 속이는 말을 너희는 의지하지 말아라." 사람들은 거룩한 곳에 서서 당시의 종교적인 상투어를 내뱉었고 그러면 만사가 형통할 줄로 생각했다. 그들은 바른 장소에 있었고 바른 말을 했지만, 정작 **그들 자신**은 올바른 상태가 아니었다. 개혁은 필수적이었지만 충분치는 않았다. 종교는 어떤 제도나 장소 혹은 언변의 문제가 아니고, 삶과 사랑, 자비와 순종, 믿음의 열정을 가진 사람의 문제이기 때문이다.

예레미야가 백성이 므낫세의 타락상에서 벗어나 그들의 에너지를 사랑의 행위에 그리고 정의와 평화를 도모하는 데 사용하는 이른바 믿음의 삶을 살기를 기대하던 바로 그 시점에, 성전에 이르러서 발견한 것은 무엇이었는가? 사람들이 어리석게도 스스로 기쁨에 들떠서 "이곳은 하나님의 성전이다, 하나님의 성전이다, 하나님의 성전이다!" 하고 슬로건을 거듭 외치는 광경이었다. 예레미야는 분노에 휩싸였다.

장소는 물론 중요하다. 아니 굉장히 중요하다고 할 수 있다. 터전과 건물은 우리가 새로운 행동을 하고 참신한 노력을 기울이고자 스스로를 가다듬는 곳이다. 그러나 교회 안에 서서 찬송을 부른다고 우리가 거룩하게 되지 않는 것은 마치 외양간에 서서 말울음 소리를 낸다고 우리가 말이 되지 않는 것과 마찬가지다.

그리고 말도 중요하다. 아니 굉장히 중요하다고 할 수 있다. 우리가 말하는 내용과 방식은 내면의 가장 깊숙한 부분을 표현해 준다. 하지만 아무 생각 없이 그저 거룩한 말을 반복한다고 어떤 관계가 형성되지 않는 것은 "너를 사랑해"라는 말을 하루에 스무 번 한다고 해서 성숙한 연인이 되지 않는 것과 같다.

개혁이 성공했기에 그나마 이런 일이라도 벌어질 수 있었다. 성전이 이제는 분명히 주님의 성전이지 이방신을 모시는 신전이 아니다. 사람들은 성전에 와서 더 이상 부적을 사거나 매춘부를 방문하거나 점을 치려고 돈을 지불하지 않는다. 이제는 모세가 명한 바에 따라 예배를 드렸던 것이다. 그들은 바른 장소에서 바른 말을 했다. 그러나 예레미야는 그들의 현존과 그곳에서 하는 말을 거짓이라고 부른다.

거듭났다, 거듭났다, 거듭났다

예레미야의 이 설교는 우리에게 매우 중요하다. 특히 만사가 형통할 때, 교회가 칭송을 받고 예배당이 사람들로 차고 넘칠 때 더욱 중요하다. 외견상 멋지고 통계 수치상 성공적으로 보이므로 모든 것이 잘 돼 간다고 생각한다. 교회가 인기가 좋을 때 그리고 수백만 명이 "나는 거듭났다, 거듭났다, 거듭났다"라고 외칠 때보다 더 위험한 때는 없다.

예레미야도 누구 못지않게 바른 장소와 바른 말에 대해 관심이 많았다. 바로 이 개혁을 위해 그 자신이 열심히 싸우시 않았던가. 하지만 바른 장소와 바른 말은 믿음의 삶이 아니라 믿음의 삶을 위한 기회에 불과하다. 그것들은 타락한 자아를 위한 그럴듯한 겉치레로도 쉽게 이용될 수 있다. 예레미야가 비난한 것은 사람들이 하나님의 성전을 범죄자 소굴로 이용하는 바로 그런 행위였다(렘 7:11).

강도의 소굴은 시골 한적한 곳에서 무방비 상태의 연약한 여행객을 약탈하고 나서 숨기에 적합한 장소다. 이런 식으로 노략질을 일삼은 다음 강도들은 안전한 굴로 돌아가곤 한다. 이것이 예레미야가 비난한 내용이다. "그래, 너희들은 안전한 장소를 발견한 것이지. 그렇지 않아? 이 멋있고 깨끗한 성전 말이다. 너희들은 한 주간 내내 세상에서 너희가 하고 싶은 짓, 곧 다른 사람을 이용해 먹고 약한 자를 착취하고 너희 계략에 동조하지 않는 자를 저주하고 나서는 모든 것이 올바른 상태로 정돈되어 있고 보호받고 있는 이곳으로 모여드는 것이지." 650년이 흐른 후 예수님은 '봄맞이 대청소' 성전 설교를 하면서 예레미야서 본문을 사용하셨고(막 11:15-19) 바울도 디모데에게 "겉으로는 경건한 척하지만, 그들 속에는 짐승이 들어앉아 있는" 자들을 조심하라고 경고했다(딤후 3:5).

예레미야는 아주 구체적으로 죄상을 규탄한다. "생각해 보아라! 너희는 그렇게 강탈하고 살인하고 이웃의 아내와 간통하고 입만 열면 거짓말하며 우상숭배와 최신 유행 종교를 쫓아다니면서, 이 성전, 나를 예배하는 곳으로 구별된 이곳에 들어와 '우리는 안전하다!' 말할 수 있다고 생각하느냐?"(렘 7:9-10) 그들의 종교적 행태는 나무랄 데가 없었으나, 일상의 삶은 썩을 대로 썩어 있었던 것이다.

외양은 내면에 비해 개혁하기가 훨씬 더 쉽다. 좋은 교회에 다니고 바른 말을 하는 것이 일터와 가정에서 사람들과 부대끼면서 정의와 사랑의 삶을 사는 것보다 훨씬 더 쉽다. 일주일에 한 번 교회에 얼굴을 내밀고는 신나게 아멘을 외치는 것이 날마다 기도하고 성경을 묵상하는 삶, 그래서 가난과 불의, 굶주림과 전쟁에 대한 관심으로 이어지는 삶을 사는 것보다 한결 더 쉬운 법이다.

알맹이 없는 이미지

이런 짓을 고의로 일삼는 자들은 과연 이웃의 눈을 속일 뿐더러 하나님을 기만하여 자기들이 복을 받기를 기대하는 것인가? 그런 자들도 일부는 있을 터이나 대다수는 그렇지 않다고 생각한다. 그들이 어떻게든 교묘히 속이려 애쓴다고는 생각하지 않는다. 오히려 너무나 오랫동안 외모에 바탕을 두고 살아왔기 때문에 내적인 실재에 대한 감각을 잃어버렸을 것이다. 그들은 성공적인 개혁에 너무나 감명을 받은 나머지, 그것이 전부라고 생각했을 것이다. 현재 우리를 둘러싸고 있는 문화는 이미지가 전부이고 알맹이는 아무것도 아닌 것처럼 치부한다. 우리의 문화는 새로운 시작을 장기적인 후속 조치보다 훨씬 더 매력적으로 여긴다. 이미지는 중요하다. 시작도 중요하다. 하지만 알맹이가 없는 이미지는 거짓이다. 지속성이 없는 시작도 하나의 거짓에 불과하다.

예레미야는 자기 백성을 실로로 현장 체험 학습을 보냄으로써 이처럼 자명하지만 회피되고 있는 진실을 깨닫게 하기 위한 충격 요법을 사용했다. "전에 실로에 있던 그 상소, 선에 내가 내 백성을 만나던 그곳을 찾아가 보아라. 그곳이 지금 어떻게 폐허가 되었는지, 나의 백성 이스라엘이 악한 길로 갈 때에, 내가 그곳을 어떻게 만들었는지 잘 보아라"(렘 7:12).

실로는 히브리 역사에서 가장 유명한 성소 중 하나였다. 이스라엘 중앙에 있는 이곳은 일찍이 예배와 자문의 중심 처소 역할을 해 왔던 장소다. 이스라엘 백성이 이집트에서 구출되어 40년 간 광야에서 방황한 다음 여호수아가 그들을 이끌고 이 땅으로 들어왔을 때, 실로는 그들이 회합을 하고 장막을 세우고 열두 지파 사이에 땅을 나누었던 곳이다. 경외의 대상이었던 언약궤가 보관되어 있던 곳도 실로였다. 위대한 예언자 사무엘도 거기에서 자문의 말을 했었다. 실로는 참으로 훌륭한 시작의 상징이었다. 아주 영광스러운 이미지를 갖고 있었다. 그러나 이제 실로는 갈릴리에서 예루살렘으로 향해 가는 여행객이라면 누구나 볼 수 있듯이 잡초가 무성한 들판에 여기저기 돌무더기가 흩어져 있을 뿐이었다. 실로는 바른 장소였다. 실로는 바른 말을 하는 곳이었다. 하지만 바른 장소가 더 이상 하나님과 동행하지 않았을 때, 그리고 바른 말이 더 이상 사랑과 믿음을 표현하지 않았을 때 실로는 파괴되고 말았다.

그런 일이 실로에게 일어났다면 예루살렘에게도 일어날 수 있다. 아니 하나님을 예배하려고 사람들이 모이는 곳이면 어디에서든지 일어날 수 있는 것이다. 바른 장소에 있는 것만으로는 충분하지 않다. 바른 말을 하는 것으로도 충분치 않다. 우리가 어디로 가든지 24시간 하나님과 동행하고 우리가 하는 모든 말이 사랑과 믿음의 표현이 되기까지는 결코 충분하지 않다.

평생에 걸친 작업

결혼을 준비하는 과정에서 주례를 맡아 달라고 찾아오는 이들에게 내가 흔히 하는 말이 있다. "결혼식은 쉽지만 결혼생활은 힘들다"는 말이다. 예비 부부는 결혼식을 계획하고 싶어 하는 반면에, 나는 결혼생활을 계획하길 바란다. 그들은 신부 들러리가 서야 할 곳을 알고 싶어 하는 반면에, 나는 용서에 대한 계획을 세우기를 바란다. 그들은 결혼식 음악에 대해 의논하고 싶어 하는 반면, 나는 결혼관계상의 정서에 대해 얘기하고 싶어 한다. 나는 눈을 감고서도 20분 간 결혼식 주례를 할 수 있지만, 결혼생활을 제대로 영위하려면 언제나 두 눈을 크게 뜨고 정신을 바짝 차리지 않으면 안 된다.

결혼식은 중요하다. 참 아름답고 감동적이며 진한 감정이 배어 있는 행사다. 때때로 무척 값비싼 행사이기도 하다. 우리는 결혼식 때 눈물을 흘리기도 하고 웃기도 한다. 우리는 적시에 바른 장소에 있고 바른 말을 하려고 신경을 쓴다. 사람들이 서 있는 곳은 중요하다. 사람들이 옷을 입은 모습도 중요하다. 모든 세세한 사항—식장을 장식한 꽃과 촛불까지—이 기억할 만한 것들이다. 그래도 결혼식은 쉬운 것이다.

그러나 결혼생활은 복잡하고 힘겹다. 결혼생활을 통해 우리는 결혼식에서 구두로 맺은 언약과 헌신을 삶의 구석구석에서 실천에 옮기게 된다. 결혼생활을 통해 우리는 결혼식에서 선포된 바 신실한 사랑을 바탕으로 한 깊고도 풍성한 삶을 개발하게 된다. 결혼생활이 없다면 결혼식 행사는 사실 아무것도 아니다. 어떤 남자와 여자가 해마다 결혼기념일이 되면 결혼 예복을 다시 차려 입고 첫 번째 결혼식을 재현하면서 "나는 결혼했어, 나는 결혼했어, 나는 결혼했어"라고 외친다 해도, 날마다 주고받는 사랑이 없다면 그리고 지속적인 온유함, 경청하는 자세, 헌신적인 희생, 창의적인 축복이 동반되지 않는다면 아무런 의미가 없는 일이다.

요시야의 개혁은 결혼식과 같은 것이었다. 예레미야의 관심은 결혼생활에 있었다. 므낫세와의 인연을 끊고 백성들이 하나님과의 언약관계를 회복하도록 한 것은 위대한 업적이었다. 하지만 하나님의 사랑을 포용하고 그분의 길을 좇아 걷는 것은 평생에 걸친 작업이다. 백성들은 요시야의 개혁을 경축했으나, 예레미야의 설교는 무시했다. 예레미야가 일평생 세운 업적은 민중의 지리멸렬한 종교적인 모습에도 불구하고 그 증거의 메시지를 끈질기게 선포했다는 것과 그 예지가 조금도 둔해지지 않았다는 점이다.

6

토기장이의
집으로 가거라

하나님께서 예레미야에게 말씀하셨다. "당장 일어나 토기장이의 집으로 가거라! 거기 도착하면 네게 할 말을 일러 주겠다."

나는 토기장이 집에 갔고, 마침 토기장이가 물레를 돌리며 일하고 있었다. 그런데 가만히 보니, 토기장이는 자기가 만든 그릇이 마음에 들지 않으면 처음부터 다시 시작해, 그 진흙으로 다른 그릇을 만들었다.

예레미야 18:1-4

사실 나는 유추를 통해서 정신이 가장 풍성한 활동을 한다고 믿고 있고, 유비를 통해서 정신이 그 이해한 내용을 가장 깊이 활용한다고 믿는다. 아니면 적어도 여하튼 우리 사회처럼 고정된 성격을 갖고 있지 않고 계시에 대한 불완전한 이해에 바탕을 두고 돌아가는 사회에서 이것이 정신 노동을 고찰하는 적절한 방식이라 믿는다. 매가 다시 사냥꾼의 소리를 들을 수 있는 것, 사물이 다시금 하나로 모아질 수 있는 것, 그리고 다시금 중심부가 (모든 것을) 지탱할 수 있는 것 등은 모두 유비를 통해서 가능한 것이다.[1]

R. P. 블랙머

윌리 오사는 화가였는데 밤이면 뉴욕 웨스트 사이드에 있는 교회에서 청소부로 일하면서 아내와 어린 딸을 부양했다. 낮에는 그림을 그렸다. 독일 태생인 윌리는 전쟁 중에 자라나서 후에 미국인과 결혼했는데, 그녀는 당시 점령군 장교의 딸이었다. 내가 윌리를 알게 된 것은 신학생 시절 그 교회에서 전도사로 일하고 있을 때였다.

윌리는 종교에 관해 얘기하는 것을 좋아했고, 나는 미술에 관해 얘기하길 좋아했다. 그래서 우리는 친구가 되었다. 서로 잘 어울렸으며 긴 대화를 나누곤 했다. 한번은 그가 내 초상화를 그리기로 결심했다. 나는 일주일에 두어 번 시간을 내어 오후에 교회에 일하러 가는 길에 웨스트 92번가에 위치한 그의 집에 들러 초상화를 그리도록 30여 분 간 앉아 있곤 했다. 그는 내게 자기가 그리고 있는 그림을 도중에 보여 준 적이 한 번도 없었다. 하루 또 하루, 한 주 또 한 주, 나는 그가 그림을 그리는 동안 가만히 앉아 있기만 했다. 어느 날 그의 아내가 그 방에 들어와서는 거의 마무리되어 가는 초상화를 보더니 흥분해서 "크랑크, 크랑크"(아파 보여요, 아파 보인다구요) 하고 소리를 지르는 것이었다. 내 독일어 실력은 그녀가 말하는 내용을 겨우 알아들을 수 있는 정도였다. "젠장! 당신은 마치 송장을 그리고 있는 것 같군요!"

그는 "니히트 크랑크, 아버르 카이네 그나데 Nicht krank, aber keine Gnade" 하고 대답했다. 내용인즉, "그가 병든 게 아니야. 그에게서 사랑의 마음이 사라지고 자비가 바닥나면 이런 모습이 될 거야."

절반밖에 못 알아들었지만 그 초상화를 보지 않고도 윌리가 무슨 그림을 그리고 있는지 정확하게 짐작할 수 있었다. 우리는 종종 밤이 늦도록 기독교 신앙에 대해 논하기도 했다. 그는 교회를 싫어했다. 그리스도인은 모두 위선자라고 생각했다. 하지만 나에 대해서는 친구 관계상 예외로 간주했다. 그가 과거에 알던 그리스도인은 모두 나치와 협력을 했고 그들을 축복했다고 한다. 그가 알던 그리스도인들은 수용소에서 죽은 600만 유대인의 죽음과 화장에 책임이 있었다. 그가 알던 그리스도인들은 그가 사랑했던 독일을 이교도적인 전쟁 기계로 바꾸어 놓았다. 윌리의 경험으로 보면, **그리스도인**이란 단어가 국가 교회에 속한 신자들, 곧 세례를 받고 성찬에 참여하면서 자기 나라를 인류 역사상 전례 없는 엄청난 규모의 대학살로 몰아넣는 동안 줄곧 모차르트를 연주했던 이들을 연상케 했던 것이다.

그의 논점은 교회가 사람들로부터 정신과 도덕을 짜낸 나머지 그들을 판료 체제─라벨이 얼굴을 대신하고 규율이 관계보다 우선하는 곳─내에서 기능하는 존재로 축소시켰다는 것이다. 나는 그와 다른 면을 주장하곤 했다. 그러면 그는 무척 격렬해졌다. 윌리의 영어는 그런대로 괜찮았으나 유창한 편은 아니었다. 그는 흥분할 때면 독일어를 사용했다. "그러나 교회에는 자비가 없어요, 카이네 그나데, 긍휼도 없구요." 그는 내게 절대로 목사가 되어서는 안 된다고 했다. 내가 목사가 될 경우 20년 후에는 그저 눈이 퀭한 사무원 같은 인물,

책상에서 하는 일 외에는 아무 쓸모 없는 존재로 전락하리라는 것이었다.

그것이 내가 모르는 중에 그가 날마다 그리고 있었던 그림이다. 한마디로 예언자적 경고를 담은 그림이었다. 당시 그는 내 실제 모습을 그린 것이 아니라 내가 계속 기독교를 고집할 경우 장차 되어 갈 모습이라고 그가 확신한 것을 초상화에 담았던 것이다.

나는 그 초상화를 지금도 갖고 있다. 벽장 속에 보관하고 있다가 가끔 한 번씩 꺼내어 보곤 한다. 눈동자는 맥이 빠진 채 텅 비어 있다. 얼굴은 수척하고 창백한 모습이다. 그가 그린 것이 분명히 실현되리라고 확신한 적은 한 번도 없지만―그랬다면 나는 목사가 되지 않았을 것이다―그렇게 될 가능성이 있음은 알고 있었다. 내가 윌리오사를 만나기 전부터 알고 있었던 것이다. 나는 성경을 읽음으로써 그리고 내 주변을 돌아봄으로써 그것을 알게 되었다. 하지만 그의 예술적 상상력은 말로 하는 어떤 경고보다 훨씬 더 생생한 초상화를 창조했다. 예술가는 어떤 일이 발생하기 전에 그것을 우리에게 보여 준다. 예술가는 가시적인 것과 비가시적인 것을 연결하는 눈과 더불어 우리가 산만한 상태에서 여기 조금 저기 조금 단면밖에 보지 못하는 것의 완전한 모습을 보여 주는 기술을 갖고 있다. 그래서 나는 먼저 그 초상화를 보고 이어서 거울을 들여다보고는 서로를 비교한다.

상상의 대가

예레미야는 예술적 상상력을 갖고 있었다. 그것은 인류 역사상 가장 강력한 상상력 중 하나였다. 예언자적 소명에 사용된 그 상상력은 우리로 하여금 하나님의 실존 및 삶의 본질에 맞닿도록 해 준다. 예레미야의 상상은 우리 주변 곳곳에 스며 있는 하나님의 실재에 눈을 뜨게 하며, 삶을 내면으로부터 볼 수 있게 하고, 우리가 하고 있는 일 그리고 하나님이 우리 안에서 하고 계신 일이 무엇인지를 반드시 검토하게 만든다.

하나님의 지시에 깨어 있고 민감했던 예레미야는 이런 명령을 받았다. "당장 일어나 토기장이의 집으로 가거라! 거기 도착하면 네게 할 말을 일러 주겠다." 예레미야를 통해서 하나님이 하시고자 하는 일은 이런 것이다. 어떻게 하면 이 백성이 처한 바로 그곳에서 나를 진지하게 대하게 할 수 있을까? 어떻게 하면 내가 바로 지금 그들의 삶에서 그리고 그들의 역사에서 조용하고 보이지 않게, 하지만 분명하고 영구적으로 하고 있는 일을 그들이 보게 할 수 있을까? 어떻게 하면 그들이 현재 하고 있는 일과 10년 후, 20년 후 그들의 모습 사이의 연관성을 보게 할 수 있을까? 어떻게 하면 내가 아브라함과 모세와 다윗에게 한 일과 그들의 현재 모습 사이의 연속성을 보게 할 수 있을까? 어떻게 하면 지금 여기에서 그들이 자아 중심에서 벗어나 나의 영광스러운 뜻 가운데로 들어오도록 할 수 있을까? "토기장이의 집으로 가거라!"

위대한 상상의 대가들은 무에서 어떤 것을 꾸며 내는 것이 아니라 바로 우리 눈앞에 있는 것에 주의를 기울이도록 한다. 그러고는 우리가 그 전체적인 그림을 보게끔 훈련시킨다. 즉 이런저런 단면만을 보는 것이 아니라 모든 연결 부분과 더불어 전체적인 맥락 가운데 온전한 그림을 보도록 하는 것이다. 그들은 가시적인 것과 비가시적인 것, **이것**과 **저것**을 연계시킨다. 우리 주변에 언제나 있지만 우리가 곧잘 간과하고 있는 것을 보도록 돕는다. 그들의 도움으로 우리는 그것을 평범한 것이 아니라 놀라운 것으로, 진부한 것이 아니라 경이로운 것으로 보게 된다. 이런 이유 때문에 상상은 믿음의 삶을 북돋우는 데 필수 불가결한 사역 중 하나다. 믿음은 일상에서 뛰쳐나오는 것이 아니라 일상의 깊은 곳으로 뛰어드는 것이기 때문이다.

"토기장이의 집으로 가거라!" 구두 만드는 가게로 내려가라. 푸줏간으로 내려가라. 야채 가게로 내려가라. 필수적이고 일상적인 일이 진행되고 있는 곳으로 내려가라. 우리 동네였다면 그분은 자기 예언자를 주유소에 보냈을 것이다. 7세기 이스라엘만 하더라도 토기장이의 집은 각 동네마다 일정하게 자리잡고 있었다. 토기장이는 일종의 장인이었는데 모든 이가 그 집을 알고 있었고, 그의 작업은 모든 사람들에게 익히 알려져 있었으며, 그가 하는 일은 일상생활을 유지하는 데 꼭 필요한 것이었다.

"나는 토기장이 집에 갔고, 마침 토기장이가 물레를 돌리며 일하고 있었다." 예레미야는 토기장이가 일하는 모습을 지켜보았다. 그는 아무 형체도 없는 진흙을 물레 위에 올려놓고 일하고 있었다. 물레를 돌리면서 숙련된 손가락을 이용해서 진흙으로 모양을 빚어낸다. 여기에 조금, 저기에 조금 더 압력을 가하다 보니 그 형체 없던 진흙덩이에서 하나의 그릇이 빚어지기 시작한다.

토기 제조가 얼마나 중요한지 당신은 알고 있는가? 토기 발명은 혁명을 촉발시켰다. 토기 제조가 이루어지기 전에는 유목 민족들밖에 없었는데 그들은 짐승 떼를 따라 여기저기 먹이가 있는 곳을 유랑하면서 가뭄과 기근에 시달리곤 했다. 무엇인가를 개발할 시간도 없었고 어떤 것에 대해 깊이 성찰할 여유도 없었다. 그야말로 그날 벌어 그날 먹는 하루살이 같은 삶이었다. 그런데 토기 발명은 저장과 운반을 가능케 했다. 그리고 한 장소에서 한동안 묵는 것이 가능해졌는데 이듬해 겨울에 먹을 곡식 저장과 물 운반이 가능해졌기 때문이다. 아울러 요리도 가능하게 되었고 상품을 실어 나를 수도 있게 되었다. 토기 발명은 혁명의 신호였으며 그 혁명을 우리는 문명이라고 부른다. 이른바 신석기 문명.[2]

만약 우리에게 물건을 보관할 수 있는 용기가 없다면 생활이 어떻게 변할지 한번 상상해 보라. 항아리와 냄비, 그릇과 접시, 물통과 물병, 깡통과 통, 종이 상자와 종이 봉지, 곡식 창고와 기름 저장 탱크 등이 없다면. 생활 규모는 우리가 한 번에 손에 담을 수 있는 것으로 하루 하루를 근근이 이어갈 수 있을 정도로 축소될 것이다. 토기 제조는 공동체의 발달도 가능하게 했다. 삶은 당장의 것, 긴급한 것을 넘어 더 넓게 확장되었다.

토기 발명이 미친 실질적인 영향은 굉장한 것이었다. 하지만 그에 못지않게 중요한 것이 또 하나 있다. 어느 누구라도 **그저** 진흙 항아리에 **불과한** 진흙 항아리를 만드는 것은 도무지 불가능했다. 모든 항아리는 예외 없이 하나의 예술 형식이다. 토기장이가 새로운 비율을 발견하고 보기 좋게 곡선의 배합을 바꾸어 감에 따라 토기의 모양은 항상 변하게 마련이다. 토기 중에서 유용성뿐 아니라 아름다움을 갖추지 못한 것은 없다. 토기는 예술적으로 모양을 빚고, 설계하고, 칠하고, 유약을 바르고, 불에 굽는 과정 등을 통해 만들어진다. 그것은 생활에 아주 유용한 것인 동시에 아주 아름다운 것에 속한다.

예레미야의 시대만 하더라도 토기 한 점을 그저 미관상 장식 선반에 올려놓는 일은 없었다. 텅 빈 선반에 무언가 우아한 멋을 풍기기 위해 사용하는 경우 말이다. 하지만 이에 못지않게 중요한 사실은, 아무도 토기를 단지 쓸모 있다는 이유만으로 사용한 것도 아니라는 점이다. 그 속에는 예술가의 손길이 항상 담겨 있었다.

우리로서는 이 같은 결합에 담긴 깊은 의미를 이해하기 어려운데, 우리는 전혀 다른 세계에 살고 있기 때문이다. 우리는 보통 유용성과 아름다움을, 필요성과 우아함을 분리시키곤 한다. 우리는 갈색 종이 봉투에 물건을 담아오는데, 아무도 그 모양이나 색깔 혹은 디자인에 신경을 쓰지 않는다. 그저 우리가 산 식료품을 집으로 가져오는 데 사용할 수 있으면 그만이다. 다른 한편 우리는 집안의 벽을 장식하기 위해서 미술품을 사들인다. 아무 특색도 없는 사무실용 건물을 짓고 필요한 일을 하려고 보기 흉한 공장을 짓고는, 아름다운 작품을 보관하기 위해선 박물관을 짓는다. 그런데 역사를 돌이켜보면 이런 일을 더 잘해 낸 시대, 필요성과 멋이 통합되었던 때, 사실상 이 두 가지를 분리시켜 생각하는 것이 불가능했던 시대가 있었다. 예레미야의 경우도 이렇게 생각했음이 틀림없다. 당시에는 갈색 종이 봉투도, 박물관도 없었지만 토기가 있었다. 도처에 널려 있었다. 참으로 쓸모 있고 아름다운 것. 유용성 면에서 꼭 필요한 동시에 예술성 면에서 우아했으며, 이 두 요소를 분리시키는 것은 생각도 할 수 없었다.

예레미야가 진흙덩이와 물레를 가진 이 토기장이 앞에 서자 그의 상상력이 가동되기 시작했다. 예레미야는 살아오는 내내 토기장이가 일하는 모습을 보아 왔지만 오늘은 무언가 다른 것을 보았다. 즉 하나님이 자기 영광을 위하여 한 백성을 빚어내는 모습을 본 것이다. 하나님의 백성. 하나님의 형상으로 창조된 인격들. 필요한 존재, 아니 필요할 뿐더러 제각기 아름답기도 한 존재. 아름다운 존재, 아니 아름다울 뿐더러 제각기 필요하기도 한 존재. 각 인간은 필요성과 자유를 어우른 분리 불가능한 연합체다. 하나님이 하시는 일의 일익을 담당하는 면에서 유용하지 않은 인간은 없다. 그리고 특별한 선과 색깔과 모양 면에서 다른 누구와도 차별되는, 독특하지 않은 인간도 없다. 이 모든 것이 토기장이의 집에서 예레미야에게 선명하게 다가왔다. 즉 그저 한 덩어리에 불과하던 진흙이 토기장이의 손에서 어떤 목적을 위해 모양이 갖춰지고 그에 따라 장차 완제품—칠하고 굽고 유약을 바르는 과정을 거친 후—으로서 갖게 될 특성 곧 독특하게 설계된 독자성과 폭넓은 유용성 실현이라는 엄연한 사실을 깨달은 것이다. 하나님은 자기의 영원한 목적을 위해 우리를 빚으시는데, 바로 여기에서 그 일을 시작하신다. 우리가 만들어질 때 사용된 흙과 우리가 그것을 따라 만들어진 하나님의 형상은 완선히 동일한 것이다.

망가진 항아리

그러고 나서 그 항아리가 망가졌다. "토기장이가 진흙으로 만들고 있던 그릇이 그의 손에서 망가졌다."

예레미야는 이 점을 모두 알고 있었다. 그는 망가진 그릇들, 곧 창조주의 손길을 거부하는 불순하고 흠 많은 사람들에 대해 알고 있었다. 그는 쓸모 없는 사람들과 매일 어깨를 부대끼면서 살았다. 불완전해서 물이 새어 나오는 인생, 포도주든 물이든 담을 수 없는 인생, 균형을 잃고 흔들리거나 한쪽으로 쓰러져 버리는 인생, 불안정하고 신뢰할 수 없는 인생 등. 예레미야는 이를 죄, 반역, 자기 의지, 방황 등 다른 단어로 묘사하기도 했다. 하지만 이에 대해 그처럼 확연한 이미지를 본 적은 일찍이 없었다.

예레미야는 계속 관찰했다. 이제 토기장이는 어떻게 할 것인가? 물레를 발로 차 버리고 뾰루퉁해질 것인가? 진흙을 고양이에게 던져 버리고 시장에 가서 다른 상표가 붙은 물건을 살 것인가? 둘 다 아니다. "그는 그 진흙으로 다른 그릇을 빚었다." 하나님은 반죽을 하고 치대고, 밀고 당기신다. 인내심을 갖고 노련하게 그 창조의 활동을 처음부터 다시 시작하신다. 조지 허버트는 다른 이미지를 사용해서 이와 똑같은 것을 표현했다. "폭풍은 그분의 예술의 승리다."[3]

희망과 경고

희망과 경고가 이 메시지에서 서로 손잡고 있다. "나는 그가 자기 진흙을 다루는 방식으로 너희 이스라엘 백성을 다룬다"(렘 18:6). 그분은 두 가지 방향으로 이를 연장시킨다. "그 민족이 내가 경고한 죄악에서 돌아오기만 하면 나는 그들에게 내리려고 생각한 재앙을 거둔다"(렘 18:8). 다른 한편으로는, "그러나 그들이 내게 협력하지 않고 내 말을 듣지 않으면, 생각을 바꾸어 그들에 대한 계획을 취소해 버릴 것이다"(렘 18:10). 어떤 불길한 예고도 반드시 멸망의 길로 귀결되고 마는 고정불변의 것은 아니다. 어떤 장밋빛 약속도 나태한 방탕에 빠져도 좋다는 면허가 아니다. "진흙은 토기장이의 의도를 좌절시켜 그 생각을 바꾸게 만들 **가능성이 있다.** 마치 진흙의 품질에 따라 토기장이가 그것의 용도를 결정하듯이, 백성의 질에 따라 하나님이 그들을 어떻게 사용하실지를 결정한다."[4]

그 백성은 응답하기를 거부하고 자기들을 빚어 가시는 하나님의 목적에 기꺼이 참여하고 개입하기를 거절한다. "아니, 왜? 어째서 우리가 그래야 하지? 우리는 지금껏 살아온 대로 살 거야. 재앙이야 오든 말든"(렘 18:12). 백성은 자기들이 옴짝달싹할 수 없는 상황인 고로 그저 주어진 현실에서 최선을 (혹은 최악을) 다할 수밖에 없다고 느끼고 있는가? 예레미야는 그들의 숙명론에 동의하지 않을 것이다. 그는 계속해서 메시지를 전한다. 계속해서 정면으로 도전한다. 토기장이 집의 방문과 토기 제조에 관한 설교는 백성들의 삶을 유용하고 아름답게 빚어 가시는 자비로운 하나님에게 그들이 제대로 반응하도록 촉구하는 방편이다. 그런 상황에서는 그분의 심판마저도 자비의 손길로 보일 것이다.

그 백성은 고집불통의 완강한 불신으로 인해 그들의 상상을 뛰어넘는 악을 경험하게 될 터이고, 결국 예루살렘의 멸망과 바빌론으로의 포로 압송으로 절정에 이르겠지만 결코 버림받지는 않을 것이다.

토기장이 하나님

이것은 예레미야의 설교 중 가장 강력한 설교에 속한다. 그 이미지는 도처에 있는 믿음의 사람들의 관심을 사로잡았다. 그것이 상당한 영향력을 발휘할 수 있었던 이유로 예레미야가 그것을 전파하기 전에 친히 그것을 체험했다는 점을 빼놓을 수 없을 것이다. 어떤 상상의 행위든지—예언적이든 혹은 예술적이든—내면의 삶에서 흘러나오는 것이 아니면 강력한 힘을 발휘할 수 없다. 특히 이 경우는 예레미야의 내면에서 오랜 세월 작동하고 있던 것이었다. 예레미야가 하나님에게서 맨 처음 들었던 것은 "너를 모태에서 빚기 전부터 나는 이미 너를 알고 있었다"(렘 1:5)는 말씀이었다. 여기서 **빚었다**는 동사는 '야짜르'yatzar이다. 이제 예레미야가 백성들에게 그들과 하나님의 관계를 깨닫게 하기 위해 그 앞에 내어놓을 이미지를 준비하는 과정에서 서 있게 된 현장은 '요쩨르'yotzer 곧 토기장이의 집이다. 예레미야가 자신의 생애에 대해 맨 처음 깨닫게 된 계기가 '야짜르'라는 단어였는데, 이제는 이 단어가 백성들로 하여금 자기들의 삶을 깨닫게 하는 데 사용되고 있다. 하나님이 과거에는 예레미야를 빚으셨는데 이제는 그 백성을 빚는 중이다. 하나님은 토기장이, 곧 '요쩨르'로서 진흙덩이인 예레미야를 그리고 또 다른 덩이인 그 백성을 물레로 빚고 계신 것이다. 그분은 그들을 짓고('야짜르') 계신다. 예레미야는 자기가 친히 체험한 것을 백성들에게 전하고 있다.

모든 진리는 개인적으로 그것을 체험한 후에야 완전해지고 참된 진리가 될 수 있다. 이 진리 곧 하나님이 우리를 빚으신다는 진리, 우리가 하나님에 의해 빚어진다는 진리는 처음부터 예레미야의 진리였다. 그는 그 진리를 속속들이 체험했다. 그는 태어나기도 전에 토기장이인 그분의 물레 위에 얹혀 있었다. 그 어떤 단어도 이 단어만큼 예레미야에게 큰 의미를 부여할 수는 없었다. 바로 하나님에 의해 **빚어졌다**는 것. 예레미야는 자기 인생을 하나님이 창조한 작품으로 경험했던 것이다. 그는 되는 대로 축적된 세포덩어리가 아니라, 노련한 사랑의 손길로 빚어진 존재였던 것이다. 그는 잠재적인 물질, 곧 행운의 때를 기다렸다가 자신의 의지를 주장함으로써 스스로 중요한 인생을 만들어 낼 수 있는 그런 존재가 아니었다. 그는 하나님의 목적을 위해 지음받은 존재, 즉 그분에 의해 이미 중요한 존재가 되어 있었던 것이다.

믿음의 삶은 실로 물리적인 성격을 띠고 있다. 그리스도인이 된다는 것은 다분히 육신의 문제, 곧 공간과 시간과 사물에 속한 문제다. 그것은 토기장이의 물레에 던져져서 모양이 빚어지되 우리의 존재 전체가 무언가 유용하고 아름다운 존재로 만들어지는 것을 뜻한다. 그리고 우리가 쓸모 없거나 아름답지 못할 때에는 다시 빚어지게 된다. 고통스러우나 그만 한 가치가 있는 과정이다.

윌리 오사의 초상화는 만일 내가 자비로운 하나님을 믿는 믿음에서 표류하거나 그 믿음을 부인할 경우 도달하게 될 모습을 보여 준다. 예레미야의 토기장이는 내가 인생을 그 자비로운 창조주 하나님께 드릴 때 되어질 모습을 보여 준다. 우리의 인생은 문명의 출현을 가능하게 하는 그 토기가 되는데, 이를 예레미야는 '하나님의 백성'이라 불렀고, 예수님은 '하나님 나라'로, 아우구스티누스는 '하나님의 도성'이라 불렀다. 그것은 더 이상 각자가 자기만을 위하여 달려가고 뒤쳐진 자는 귀신이 잡아가는 그런 곳이 아니다. 우리는 그릇들, 하이데거의 말을 빌리자면 '존재의 영역들'이며 그 안에서 사랑과 구원과 자비가 보존되고 나뉘게 된다. 이제 모든 것이 서로 연결되고 의미가 통하게 된다. 창조의 형상과 구원의 형상, 하나님의 빚으시는 손길과 내 인생의 형상이 말이다.

7
바스홀이
예레미야를 때리다

임멜의 아들 제사장 바스홀은 하나님의 성전에서 지도급 제사장이었다. 그는 예레미야가 하는 이 설교를 듣고 예언자 예레미야를 채찍질했다. 그러고 나서 그를 하나님의 성전 위쪽 '베냐민 문' 옆 창고에 가두었다. 다음 날 바스홀이 와서 그를 풀어 주자, 예레미야가 그에게 말했다. "하나님께서 당신에게 새 이름을 지어 주셨소. 이제 당신 이름은 바스홀이 아니라 '사면초가'요.

예레미야 20:1-3

흔히 예상하는 것과는 달리, 나는 당시에는 특히 비참하고 고통스럽게 보였던 경험을 아주 흡족한 마음으로 되돌아보곤 한다. 진정 내가 100퍼센트 진실하게 말할 수 있는 것은 이 세상에서 75 평생을 살면서 배운 모든 것, 내 존재를 참으로 일깨우고 삶을 향상시켰던 모든 것은 흔구의 실바비는 도달점이었든 행복을 통해서 얻은 것이 아니라 고통을 통해서 얻은 것이다. 달리 말하면, 만일 혹시라도 어떤 약이나 여타 의학적 기술로 이 현세의 삶에서 고통을 제거하는 게 가능하다면…그 결과는 인생을 즐겁게 만드는 것이 아니라 너무나 진부하고 하찮게 만들어 도무지 견딜 수 없게 할 것이다. 물론 십자가가 의미하는 바가 이것이다. 그리고 나를 그리스도에게 가차없이 부른 것은 그 어떤 것보다도 바로 십자가였다.[1]

말콤 머거리지

목사 안수를 받은 후 내가 처음으로 받은 임무는 나를 거의 초주검에 이르게 했다. 나는 교외에 있는 크고 부유한 교회에 부목사로 청빙을 받았다. 나는 그처럼 눈에 보이게 승승장구하는 기관에 속하게 된 것이 기뻤다. 거기서 사역한 지 얼마 지나지 않아서 몇 사람이 나를 찾아와서는 성경 공부를 인도해 달라고 부탁했다. "좋습니다, 제가 가장 하고 싶은 일이죠" 하고 흔쾌히 수락했다. 우리는 매주 월요일 저녁에 모였다. 많은 수는 아니었지만—여덟아홉 명 정도였는데—예수님이 정족수로 잡은 두세 명의 세 배나 되었다. 그들은 배우려고 열심히 참석했고 나도 열정으로 가득 차 있었다. 몇 주가 지나자 내 상관이었던 담임 목사님이 나를 부르더니 월요일 저녁마다 무슨 일을 하고 있느냐고 물으셨다. 그래서 말씀을 드렸다. 몇 명이나 모이느냐고 물으셨고 나는 있는 그대로 말씀드렸다. 그러자 그만두라고 말씀하시는 것이었다.

"이유가 뭡니까?" 하고 내가 물었다.

"비용-수익 면에서 비효율적이기 때문이오. 당신의 시간을 투자하기엔 인원이 너무 적소."

그러고 나서 내가 어떻게 시간 관리를 해야 하는지 말씀하셨다. 성공적인 교회 운영의 원리에 관한 교육이었다. 다수가 중요하고 개인은 소모품이라는 것, 긍정적인 것을 언제나 강조해야 하고 부정적인 것은 억눌러야 한다는 것 등. 사람들에게 너무 큰 기대를 하지 말고, 내 임무는 그들이 스스로에 대해 그리고 교회에 대해 기분 좋게 느끼게 하는 것이라는 등. 하나님과 죄와 같은 추상적인 개념에 대해 너무 많이 말하지 말고 실제적인 문제들을 다루라는 것. 우리 교회에는 공들여서 만든 음악 프로그램이 있었는데, 많은 비용을 들여 훌륭하게 운영되고 있었다. 설교 시간은 7분밖에 되지 않았고, 그것은 테일러 신부(멜빌의 『모비딕』에 나오는 메플 신부의 모델이었던 보스턴에 거주하는 항해사 겸 설교자)가 지난 세기의 초월론자들과 관련해서 불평했던 그런 유의 설교였다. 내용인즉, 어떤 사람이 설교를 들어도 회심하지 않는 것은 탈지 우유를 마셔도 취하지 않는 것과 같다는 것이다.[2]

내가 있을 곳이 못 된다는 사실이 금방 확실해졌다. 나는 거기서 내가 할 역할이 목회 사역이라고 생각했다. 즉 성경 말씀을 선포하고 해석하는 일, 교인들이 기도의 삶을 살도록 인도하는 일, 믿음을 격려하는 일, 특별한 필요가 있을 때 그리스도의 자비와 용서를 내변하는 일, 사람들이 가정과 지역 사회와 일터에서 그리스도의 제자답게 살도록 훈련하는 일 등. 그런데 사실 나는 교회의 운영을 돕도록 그것도 최대한 효율적으로 돕도록 고용된 일꾼이었다. 이 역동적인 조직의 응원단장 역할, 회원을 모집하는 일, 특정 행사에 내 존엄한 직분을 빌려주는 일, 유명한 종교 기관으로서의 이미지를 선전하는 일 등이 거기에 포함되어 있었다.

나는 원만하게 처리할 수 있는 범위 내에서 신속히 그곳을 빠져나왔다. 당시에는 그저 내가 운이 없어서 그런 일이 일어났다고 생각했다. 그런데 나중에 알고 보니 그런 일이 결코 드물지 않았다. 이처럼 상반되는 기대와 그로부터 야기되는 갈등은 종교 역사에서 하나의 주요한 주제다.

서로 상반되는 기대

어떤 이들은 더 나은 삶을 사는 법을 찾기 위해서, 자신에 대해 기분 좋게 느끼기 위해서, 만사를 더 잘되게 하기 위해서 교회에 나온다. 그들은 그런 일이 일어나도록 의식을 정하고 설교자를 고용한다. 다른 이들은 하나님이 자기를 구원하고 통치하시길 원해서 교회로 발길을 옮긴다. 그들은 현재 자신이 통제하는 생활을 떠나 하나님이 통제하시는 불확실한 삶으로 뛰어들면 온갖 시험과 고난과 희생이 따른다는 사실을 그대로 수용한다. 일단의 사람들은 종교를 성공적이고 행복한 삶을 위한 도구로 여긴 나머지 성공에 방해가 되거나 행복에 걸림돌이 되는 것이면 어느 것도 용납하지 않는다. 또 다른 무리의 사람들은 종교를 상처입고 허물 많은 인간이 하나님과 관계를 맺음으로 온전하게 되는 길로 본다. 그래서 그 관계를 깊게 하고 증진하기 위해서라면 그 어떤 대가(조롱, 고통, 배척, 자기 부인)도 수용한다.

전자는 자기가 원하는 것을 증진시키는 길인 반면, 후자는 하나님이 원하시는 존재가 되기 위해 스스로 헌신하는 길이다. 언제 어디서나 이 두 가지 상반되는 기대가 존재하고 있음이 분명하다. 이는 예레미야의 경험에서 확연하게 나타나고 있는데, 어느 날 예루살렘에서 발생한 소란스럽고 극적인 충돌에서 그 실상이 환히 드러난다.

인기 좋은 설교자

예레미야의 생애 동안 굉장한 종교적 부흥이 있었다. 요시야 왕이 시작한 개혁의 바람은 전국을 깨끗이 청소했고 하나님의 진리를 널리 전파했으며 그분에 대한 예배를 도처에서 일어나게 했다. 예레미야는 개혁의 선봉에 선 설교자 중 하나였다. 사람들이 성전으로 몰려드는 모습을 보고 그도 무척 기뻤을 것이 분명하다. 성경이 다시금 전파되고 널리 알려지는 현상을 보고 기뻐할 수밖에 없었을 것이다.

그러나 당시에 예루살렘에서 가장 인기가 높았던 설교자는 바스훌이었던 것 같다. 바스훌은 예루살렘 성전에서 선견자의 대표로서 명망 높은 인물이었다. 당신이 당시 번영하던 종교적 조직체 곧 성전의 우두머리로 앉은 그의 모습을 보았다면 벅찬 감동을 억누를 수 없었을 것이다. 그가 지닌 열정은 충격적이었다. 그가 팔을 뻗어 축복하면 가장 작은 자로부터 큰 자에 이르기까지 모두가 그 복의 대상이라고 느꼈다. 모든 이가 그의 메시지를 듣기 좋아했다. 그는 긍정적인데다가 적극적이었으며 자신만만한 인물이었다. 모든 것에서 최상의 것을 끌어내는 탁월한 능력이 있었다. 그는 성경을 뒤져서 가장 캄캄한 시대를 대낮같이 밝혀 줄 본문을 찾아내는 역량도 지니고 있었다.

인생살이는 힘겨운 여정이다. 잘못 빗나가는 일도 무척 많다. 주의 깊게 계획을 세우지만 그래도 잘못되는 경우가 많다. 앞으로 전진하려고 애쓰지만 설명이 불가능한 어떤 일이 발생해서 결국 제자리에 풀썩 주저앉게 된다. 이런 저런 사고들. 날씨. 인생사의 보편적인 심술이랄까. 머피의 법칙. 그런 와중에서도 어떤 이들은 이 모든 상황을 더 나아 보이게 만드는 기술을 지니고 있다. 이 음울한 분위기를 한꺼번에 쫓아내는 목소리가 그들에게 있다. 그들은 전염성 강한 미소를 짓는다. 그들은 만사가 잘될 것이라고 장담하고 우리는 그들을 믿는다.

가끔씩 이런 유의 소식을 주워들을 수 있는 장소가 있다는 것, 또한 이런 역할을 수행할 사람이 주위에 있다는 것은 보통 행운이 아니다. 성전과 같은 장소, 바스훌과 같은 인물 말이다. 그는 매사에 긍정적인 면을 보았다. 현실을 보되 염려를 완화시키고 두려움을 제거하는 방향으로 해석했다. 바스훌은 국가적인 자산이었다. 그의 주변에는 그를 닮으려는 수많은 사람들이 있었는데, 민족 정신을 적당하게 마사지해서 긴장을 풀어 주는 법을 전공한 예언자와 제사장과 선생들이었다. 플래너리 오코너는 그들의 후손격인 20세기의 한 인물에 대해 이렇게 묘사했다. "그는 목사와 안마사를 섞어 놓은 인물이다."[3] 그들이 즐겨 사용하는 단어는 평화였다. "만사가 형통할 것이다. 하나님이 우리 가운데 그분의 목적을 이루어 가고 있기 때문이다. 우리는 하나님의 백성이며 그분은 우리를 통해 지구상의 모든 민족에게 복 주실 것이다." 그들은 찬란했던 과거의 영광을 드높였다. 민족의 해방자 모세, 가나안 정복자 여호수아, 이스라엘의 감미로운 시인 다윗, 지혜와 부로 명성이 높은 솔로몬 등. 그러한 피가 그들의 혈통에 흐르고 있는 한, 그들이야말로 신성 불가침한 선택받은 자들이라고 생각했다.

물론 몇 가지 문제가 있는 건 사실이었다. 극심한 범죄량, 부정 부패에 관한 치욕스러운 보도, 빈부 격차의 심화 등. 그리고 백성의 종교 생활이 공식적으로는 정화되었지만 시골 구석구석에서는 풍작을 비는 오랜 이교 의식이 여전히 행해지고 있다는 것은 공공연한 비밀이었다["죄의 증거는 명명백백하다. 수풀이 우거진 곳마다, 웬만한 언덕마다 서 있는, 음란한 종교 제단과 산당이 그것들이다"(렘 17:2-3)]. 개혁 운동이 이룩한 것은 기껏해야 치욕스러운 행위는 눈에 띄지 않게 하고 교회 출석을 다시금 활성화시킨 것이었다.

그러나 그것이 바스훌의 적극적인 사고 방식을 꺾지는 못했다. 백성들은 그를 좋아했다. 그들은 성전에 몰려들어 그의 낭랑한 목소리를 듣고 다시 확신을 얻고 싶어 했으며, 눈부신 미소를 보고 위로를 얻기 원했다. "하나님은 여러분을 사랑하십니다.…평화, 평화로다, 평화로다."

평화를 외치되 평화가 없는 현실

그런데 예루살렘에 바스훌에게 감동을 받지 않은 사람이 한 명 있었다. 예레미야는 도저히 그를 참을 수 없었다. 그는 분노에 가득 차서 이렇게 외쳤다. "예언자든 제사장이든, 누구 할 것 없이 모두가 말을 비틀고 진실을 조작한다. 내 사랑하는 딸, 내 백성이 망가졌다. 아주 결딴나 버렸다! 그런데도 그들은 반창고나 붙여 주면서, "별일 아니다. 괜찮다"고 말한다. 그러나 절대 괜찮지 않다!"(렘 8:10-11)

예언자의 임무는 사태를 적당하게 얼버무리는 것이 아니라 바로잡는 것이다. 종교의 역할은 사람들을 기분 좋게 느끼게 하는 것이 아니라 그들을 선하게 만드는 것이다. 사랑? 그렇다, 하나님은 우리를 사랑하신다. 그러나 그분의 사랑은 열정적이며 신실하고 헌신된 사랑이 되돌아오길 고대한다. 하나님은 그저 먹이를 주고 쓰다듬을 수 있는 애완 동물을 원하시는 게 아니라, 진정한 인격을 지니고 그분에게 반응할 수 있는 성숙하고 자유로운 인간을 원하신다. 그렇게 되려면 정직함과 진실이 있어야 한다. 자아를 그 상좌에서 끌어내려야 한다. 순수한 마음과 순전한 지성, 죄의 고백과 믿음에 대한 헌신이 있어야 한다.

그리고 평화? 그렇다, 하나님은 평화를 주신다. 그러나 그것은 불쾌감을 주는 모든 것을 피함으로써 만인과 원만하게 지내는 그런 평화가 아니다. 그것은 고통스런 주제를 놓고 얘기하거나 쓰라린 부위를 건드리는 것을 거부함으로써 오는 그런 평화가 아니다. 그것은 기도하는 법을 배움으로써 어렵게 얻는 그런 평화다. 거기에는 무찔러야 할 악이 있고, 쓰러뜨려야 할 냉담함이 있으며, 도전해야 할 둔감함이 있고, 정면으로 맞닥뜨려야 할 야망이 있다. 우리 주변에는 남에게 짓밟히고 인권이 침해되고 상처 받고 멸시당하는 부모와 자식들, 청소년과 성인들이 즐비하다. 이런 불행에 등을 돌린 채 평화를 전하는 설교는 잔혹극에 불과할 뿐이다.

성공 자체에는 아무 문제가 없고, 갈채도 잘못된 것이 아니다. 어떤 설교자에게 많은 청중이 몰린다고 그가 배신자라는 증거는 아니며, 교회당이 가득 찬다고 얄팍함이 입증되는 것도 아니다. 그와 반대로, 어떤 사람이 자기가 한 말로 인해 핍박을 받아 사회에서 쫓겨난다고 해서 그것이 온전한 인격을 보증해 주는 표시인 것도 아니다.

사실은 위험한 사기꾼일지도 모른다. 또한 가난이 용기를 겸비한 참 인격을 증명해 준다고 주장할 수도 없다. 어쩌면 무능함의 표시일 수도 있다. 잘못된 것은 바로 어떤 말과 행위의 가치를 그 대중성으로 평가하는 것이다. 수치스러운 일은 박수 갈채를 받는 것만 인정하는 처사다. 참으로 불행한 현상은 유명 인사만이 진짜라고 추정하는 것이다.

진리가 광범위한 청중을 끌어들일 때가 있고 또 그렇지 못할 때도 있다. 예수님의 경우 어느 날은 5,000명의 회중이 운집했다가 다음날은 불과 네 명의 여인과 따분해하는 두 명의 군인만을 대상으로 말씀하셨다. 그분의 메시지는 양일에 걸쳐 동일했다. 우리는 진리에 의거해 사는 법을 배워야지, 우리의 기분이나 세상의 여론, 최근의 통계 조사가 알려 주는 통상적인 도덕률, 광고에서 말하는 가장 만족스런 생활 방식 등에 의거해서 살아서는 안 된다. 우리가 성경적 믿음으로 훈련될 때 전문가의 말, 학자의 말, 여론 조사가의 말, 정치인의 말, 목사의 말 등을 가볍게 여길 수 있다. 우리가 하나님의 말씀을 경청하도록 훈련될 때, 하나님이 그리스도 안에서 우리에게 계시하는 것에 비추어 모든 것을 시험할 수 있고, 하나님의 뜻과 관련하여 삶을 점검함으로써 모든 의미와 가치를 발견할 수 있다.

전제 군주 같은 자아

예레미야의 임무는 거짓에 도전하고 진리를 말하는 것이었다. 우리는 왜 그처럼 쉽게 거짓을 삼키는 것일까? 진리를 받아들이는 것이 왜 그토록 어려울까? 그것은 우리가 흥정하는 길을 찾고 있기 때문이다. 우리는 지름길을 찾고 싶어 한다. 하지만 쉬운 길은 없다. 오직 한 길만 있을 뿐이다. 우리가 완전한 인간이 되고자 한다면 하나님과 관계를 맺으려 할 것이다. 우리는 우리를 인간 이하의 존재로 축소시키는 전제 군주 같은 자아로부터 구출되어야 할 것이다. 자기중심적인 삶을 과감히 노출시키고 하나님 중심의 삶이 진리의 길임을 선포해야 할 것이다.

예레미야는 백성이 자화자찬의 거울 앞에서 의기양양해하며 성전 주위를 거들먹거리며 돌아다니는 게 아니라, 하나님을 경배하는—순전한 심령으로 고양된—삶을 살기를 원했다. 그는 도시의 지도자들 몇 사람과 회담을 갖고자 계획했다. 그는 그들을 데리고 성전에서 남쪽으로 300미터가량 떨어진 도벳 지역의 힌놈의 골짜기로 갔다. 그곳은 과거에 어린아이를 제물로 바치던 곳인데 당시에도 여전히 제사를 몰래 행하고 있었다. 그 도시의 쓰레기 하치장이기도 했다. 냄새가 코를 찌르는 곳이었다.

예레미야는 물 항아리를 하나 들고 있었다. 그는 자기가 우려하는 바를 지도자들에게 얘기했다. 하나님은 그들을 향해 광대한 사랑과 거룩한 목적을 갖고 계시다고 말했다. 지금까지 너무나 많이 외쳤던 메시지, 곧 사람들의 삶을 바꾸어 놓지 못한다면 개혁은 아무 소용이 없다는 메시지를 전했다. 가난에 처한 사람들의 처지를 돌보지 않고 그들의 삶의 질에 무관심하면서 성전의 놋쇠 기물을 윤이 나게 닦아 봐야 아무런 유익이 없다. 신명기에 스며 있는 사랑의 정신을 무시한다면 그 책에 기록된 명령에 문자적으로 순종해 봐야 소용이 없다. 우리가 싫어하는 사람들을 찌꺼기같이 취급한다면 위대한 종교적 전통에 대해 열정을 품는 것도 부질없는 짓이다. 종교적인 예식과 의식을 떠받드는 것이 우리를 기분 좋게 해 줄지라도 그 기분이 선한 행위로 연결되지 않는다면 결코 아무 소용이 없다. 진리는 내면을 향해 있다. 그러므로 우리가 입으로 고백하는 것을 우리 자신의 내면에서 체험해야 한다. 진리는 사회적 성격을 띠고 있다. 따라서 우리가 고백하는 바를 다른 사람들과 나누어야 한다. 통계는 하나의 우스갯거리다. 대중적인 인기는 일종의 연막이다. 진정 중요한 것은 하나님뿐이다.

예레미야는 과거의 무서운 사실을 상기시키는 이 장소에 지도자들과 함께 서서 그들이 가진 종교를 비난했다. 사랑과 믿음으로 살라고 부르신 하나님을 그들이 저버리고 있는 바로 그 순간에도 무엇을 하든 형통할 것이라고 확신을 주는 그런 유의 종교 말이다. 예레미야는 그들이 주변 세상으로부터 종교를 빌려왔다는 사실, 정욕을 충족시키기 위해 종교적 의식을 만들었다는 사실, 재정적인 번영을 위해 종교적 형식을 나누어 준다는 사실 등을 비난했다. 예레미야는 짧게 강연을 한 다음 토기 항아리를 땅에 던져 깨뜨렸다. "만군의 하나님께서 말씀하신다. 사람이 질그릇을 아주 못쓰게 산산조각 내듯이, 내가 이 백성과 이 도성을 아주 박살낼 것이다. 더 이상 자리가 남지 않을 때까지"(렘 19:11).

사방에서 엄습하는 공포

발 없는 말이 순식간에 천 리를 간다. 예레미야가 성전으로 돌아올 즈음에는 이미 도시가 시끄러운 상태였다. 물론 바스훌의 귀에도 소식이 들어갔다. 바스훌은 성전 선견자의 대표로서 성공적인 사역을 계속 전개할 책임이 있었다. 예레미야와 같은 인물은 아무런 도움이 되지 않았다. 바스훌은 그를 체포해서 성전 북쪽에 있던 차꼬에 채웠다. 예레미야는 치욕을 당했으나 위협을 느끼지는 않았다. 그는 이전과 다름없이 바스훌에게 빈틈없이 대응했다. 예레미야를 차꼬에 채워 가둘 수는 있었으나 잠잠케 하지는 못했다. 그는 바스훌을 향해 소리쳤다. "하나님께서 당신에게 새 이름을 지어 주셨소. 이제 당신 이름은 바스훌이 아니라 '사면초가'요. 하나님께서 이렇게 말씀하셨소. '이제 너는 네 자신과 주변 사람들 모두에게 위험한 존재다. 네 친구들은 모두 전쟁터에 끌려가, 네가 지켜보는 앞에서 죽임을 당할 것이다. 그뿐 아니라, 나는 유다 백성 전부를 바빌론 왕에게 넘겨주어, 그가 원하는 대로 하게 내버려 둘 것이다 바빌론 왕은 그들을 포로로 끌고 가서 마음 내키는 대로 죽일 것이다. 왕국 보물 보관소에 있는 보물은 물론이고, 이 도성 안에 있는 것들 중 조금이라도 값나가는 것은 내가 무엇이든 원수에게 넘겨줄 것이다. 그들이 그 모든 재산과 소유물을 싹쓸이하여 바빌론으로 가져갈 것이다"(렘 20:3-5).

이것이 예레미야가 그 말을 처음으로 사용한 경우는 아니다. 얼마나 빈번히 그 어구를 사용했던지, 그 말을 들으면 그가 연상될 정도였다. 우리는 각각 다른 세 편의 설교에서 그것을 언급한 것을 본다

(렘 6:25; 46:5; 49:29). 바스훌에게 이렇게 꼬리표를 붙인 것은 어쩔 수 없는 상황에서였다. 바스훌은 영예로운 성전의 총감독으로서 화려한 의식을 집전하는 등 군중의 칭송을 받는 인물이었다. 반면에 예레미야는 차꼬에 채워져 있었다. 조롱의 대상이었던 것이다. 그날 백성들이 예레미야를 지나쳐 성전으로 나아갈 때 누군가 그가 자주 사용했던 그 어구를 집어다가 도리어 조롱 삼아 그에게 별명으로 붙여 주었다. 금세 군중이 예레미야를 조롱하면서 이렇게 외쳐대고 있었다. "이제 당신 이름은 바스훌이 아니라 '사면초가'요."[4]

예레미야의 치욕은 그야말로 총체적이었다. 차꼬에 채워져 조소의 대상이 되었을뿐더러 '오래된 사면초가'란 별명까지 붙여져 비웃음을 받았다. 고난을 계기로 다듬어진 단어, 자기 백성이 처한 위험천만한 처지를 표현하고자 만든 단어가 이제는 멸시의 슬로건이 되고 만 것이다. '사면초가', 사방에서 엄습하는 공포라. '사면초가', 스스로 천벌을 받은 늙은이!

놋 성벽

차꼬를 두려워하지 않는 자. 비아냥거림을 당해도 위협을 느끼지 않는 자. 치욕이나 낭패, 위험이나 고통, 실패나 의심이 와도 단념하지 않는 자. 그야말로 "난공불락의 성, 꿈쩍도 하지 않는 강철 기둥, 견고한 철벽"임이 틀림없다!

그런 것을 굳이 좋아할 필요는 없다. 예레미야도 그걸 좋아하지 않았다. 그는 바스훌을 향해 소리를 질렀고, 그다음에는 하나님을 향해 소리질렀다. 자기가 당하고 있는 일에 대해 분노하고 상처를 받았으며 당황해하기까지 했다(렘 20:7-10). 그는 그 가운데 어떤 것도 좋아하지 않았지만, 그걸 두려워하지 않은 이유는 자기 생애에서 가장 중요한 것이 하나님이었기 때문이다. 안락함이나 칭송이나 안전이 아니라 오직 살아 계신 하나님이 제일이었던 것이다. 그가 두려워했던 것은 경이감이 없는 예배, 헌신이 따르지 않는 종교였다. 그는 자기가 원하는 것을 얻고 하나님이 원하는 것을 놓치는 것을 두려워하였다. 이것이야말로 오늘날에도 우리가 유일하게 두려워해야 할 점이다.

우리는 우리에게 주어진 짧고 귀한 인생, 영원에 맞닿은 생애를 과연 어떻게 보낼 것인가? 예레미야처럼 인간미가 넘치는 동시에 하나님을 열렬히 섬기는 데 사용할 것인가, 아니면 술독에서 탕진해 버릴 것인가?

8
낫지 않는
나의 상처

하나님, 주께서는 저를 아십니다!
제가 무슨 일을 하고 있는지 기억해 주십시오!…
저는 웃고 떠들며 즐기는 저들 무리에
한 번도 섞인 적이 없습니다.
저는 다만 주께서 이끄시는 대로 저의 길을 갔습니다.
주께서 저를 분으로 가득 채우셨고, 그들의 죄를 볼 때마다
제 안에서 분이 끓어올랐습니다.
그러나 이 떠나지 않은 고통은 왜입니까?
어찌하여 이 상처는 나아질 가망 없이 점점 심해져만 가는지요?
하나님, 주님은 그저 신기루입니다.
멀리서 보면 아름다운 오아시스지만, 실제로는 아무것도 아닙니다!

예레미야 15:15, 17-18

하나님에 관해 이야기하는 것보다 하나님께 이야기하는 것이 언제나 더 낫다고 느꼈다. 그러한 종교적인 대화들, 거기에는 언제나 자기를 인정하는 느낌이 있기 마련이다.[1]

리지외의 테레사

위대한 인물이 호기심을 불러일으킨다는 사실은 논란의 여지가 없다. 그런 인물들의 내면은 어떠할까? 아무도 보지 않을 때 그들은 무엇을 할까? 사적인 생활에서는 무슨 일이 일어나고 있을까? 가십과 고백, 내밀한 정보를 향한 우리의 욕구는 도무지 만족할 줄을 모른다. 신문 전면에 실리는 어떤 정치인의 발언을 읽는 사람이 하나라면, 그가 전날 밤 누구와 저녁을 먹었는지를 맛있게 묘사하는 가십란을 읽는 사람은 스무 명이 넘는다. 우리는 그 사람이 **정말** 어떤 인간인지 알고 싶어 하는 것이다. 우리는 공적인 이미지, 외형적인 사건, 외적인 행사에 만족하지 못한다. 우리는 그런 장면 배후에 심중에서 일어나는 일을 보여 주는 것이면 아무리 하찮은 것이라도 달려들어 움켜잡는다.

그런데 이런 호기심이 속 좁은 소인배의 속성에서 나오는 경우가 종종 있는데, 이는 사람들을 자신과 같은 크기로 깎아내려 자기 자신의 왜소함을 무마하기 위해서다. 이것은 해리 스택 설리반이 그토록 불명예스럽게 여겼던 천박한 태도에 지나지 않는다. "내가 두더지집 정도밖에 될 수 없다면, 하나님에 의해 산이 생기는 일은 없을 것이다." 하지만 위대한 인물의 개인적인 세세한 사항들을 알고 싶어 하는 열렬한 관심에는 건전한 측면도 있다. 그것은 근본적으로 우리와 다른 인간과 연대 관계를 맺어 주는, 인간을 위한 본능적인 추구이기 때문이다.

예레미야의 진정한 면모는 어떠했는가? 그는 홀로 있을 때 무엇을 했을까? 아무도 보는 이 없을 때 혼자서 어떻게 행동했을까? 자기 말을 들을 청중이 아무도 없을 때 어떻게 처신했는가? 예루살렘의 종교 지도자들과 충돌을 일삼지 않았을 때에는 무엇을 했을까? 천둥 같은 예언으로 백성들과 맞서고 있지 않았을 때에는 무엇을 하고 있었을까? 성전의 관리들과 부딪치고 현 상태를 뒤집어엎지 않고 있을 때에는 무슨 일을 하고 있었을까? 언론의 전면을 장식하고 있지 않을 때에는 무엇을 했던 것인가?

기도하는 예언자

이런 질문들에 대해 단 하나의 단도직입적이고 명쾌한 대답을 할 수 있다. 그는 기도했다. 예레미야서에는 '고백적'이라는 제목을 붙일 수 있는 단락이 일곱 개 나온다.[2] 이 단락들은 각각 예레미야가 1인칭으로 말하는 대목이다. 그는 자신의 마음을 연다. 바깥에서 불꽃이 튀는 동안 자신의 내면에서 일어나는 것을 드러내고 있다. 우리는 이처럼 가장 내밀한 노출에 접하여 숨을 죽이게 된다. 보통 우리가 흠모하는 위대한 사람들의 일기, 편지, 테이프 등을 접할 수 있는 기회가 생겨 그 내용을 알게 되면 무척 실망하고 심지어 환멸을 느끼는 경우가 많다. 내면 생활이 완전히 노출되었을 때 살아남을 수 있는 유명 인사가 과연 얼마나 될까?[3]

예레미야의 내적인 삶은 이 고백들에서 드러난다. 우리는 놀라움을 금치 못하지만 환멸을 느끼지는 않는다. 예레미야는 공적인 주목에서 벗어나 있을 때 하나님과 뜨거운 관계를 맺고 있었다. 그는 기도했다. 예레미야의 내밀한 삶은 기도 생활이다. 높이 치솟은 예레미야의 인간성 깊숙한 저변에는 기도가 있었다.

예레미야를 몰래 들여다본다고 해도 몇몇 친구끼리 하나님에 관한 이야기를 왁자지껄 주고받는 그런 회합은 보이지 않는다. 하나님은 이야기의 소재가 되는 인물이나 사물이 아니다. 또한 예레미야가 도서관에 앉아 하나님에 대해 연구하는 모습도 볼 수 없다. 그는 바빌로니아인의 믿음을 분석하기 위해 거기서 가져온 자료들을 탐구한 것이 아니다. 이집트인의 불멸성 개념을 배우기 위해 그들의 장례 관습을 검토한 것도 아니다. 하나님은 연구의 대상이 되는 어떤 관념이 아니다. 우리는 예레미야가 펜과 종이를 갖고 책상에 앉아 날카로운 지성과 박학다식한 지력을 사용하여 하나님에 관한 의문("도대체 어떻게 선한 하나님이 악한 시대를 허락할 수 있을까?")에 대답하려고 애쓰는 모습을 찾아볼 수 없다. 하나님은 우리가 해결해야 할 어떤 문제가 아니다.

우리가 발견하는 것은 예레미야가 **기도하는** 모습이다. 하나님께 나아가 아뢰고 하나님의 말씀을 듣는 예레미야. 기도는 우리가 하나님을 살아 있는 인격으로 여기고 그분께 나아가는 행위로서, 하나님은 우리가 대화의 소재로 삼는 **사물**이 아니고 우리가 직접 말씀 아뢰는 **인격적 대상**이기 때문이다. 기도는 우리에게 관심을 기울이는 분께 우리의 관심을 집중하는 것이다. 그것은 하나님을 자아의 중심이자, 우리의 주님이요 구원자로 여기고 그분께 나아가기로 결심하는 것이며 그와 같은 나아감 속에 우리의 삶 전체가 모아지고 표출되는 것이다. 기도는 개인적인 언어가 최고의 수준으로 끌어올려지는 것이다. 이처럼 예레미야의 고백을 담은 일곱 개의 단락은 그가 **나**와 **당신**이란 언어로 말하는 가장 꾸밈 없는 사적인 모습을 담고 있다.

친밀함을 담은 기도

거의 누구나 신의 존재를 믿고 있으며 막연한 대상을 향해 가끔씩 이런 저런 말을 무심코 던지곤 한다. 그러나 기도는 이것과 전혀 다른 것이다. 당신이 너무나 함께 있고 싶어 하던 어떤 사람―친구, 연인, 당신에게 중요한 어떤 인물―과 저녁 식사를 하고 있다고 가정해 보라. 그곳은 멋진 음식점인데 당신에게 일종의 사생활을 보장해 주기 위해 모든 것이 잘 준비되어 있다. 식탁 위에만 조명이 적당하게 비치고 그 밖의 장소는 어두운 그림자에 싸여 있다. 그 방에는 다른 사람들도 있고 움직임도 있지만 당신의 친밀한 순간을 방해하지는 않는다. 대화가 오고 간다. 의미심장한 침묵의 순간도 있다. 가끔씩 웨이터가 식탁 옆으로 온다. 당신은 그에게 질문을 하기도 하고, 주문도 하며, 컵에다 물을 더 따라 달라고 요청하기도 하고, 야채가 시들었다고 다시 돌려보내기도 하며, 그의 정성스런 서비스에 감사를 표하고 팁을 식탁에 올려놓는다. 당신은 음식점에서 나왔지만 저녁을 함께 먹었던 그 사람과 여전히 같이 있으며, 거리에 나와서는 사적인 대화보다는 주제 없이 편안히 이야기를 주고받는다.

이것이 기도를 묘사하는 그림이다. 우리가 친밀한 교제를 나누기 위해 따로 시간을 떼어놓는 대상, 곧 이처럼 가장 깊고 가장 사적인 대화를 나누는 상대가 바로 하나님인 것이다. 그와 같은 순간에 세상은 완전히 사라지는 것이 아니라 변두리에서 그림자 속에 가리워 있다. 기도는 그저 단조롭고 철저한 홀로 있음이 아니다. 비록 주의 깊게 보호되고 정교하게 마련된 친밀함이긴 하지만 말이다. 기도는 하나님께 직접 귀를 기울이고 그분께 직접 말씀드리고자 하는 소원이며, 그러기 위해서 시간을 떼어놓고 준비를 갖추는 것이다. 그것은 살아 계신 하나님이 내게 엄청나게 중요한 분이며, 우리 사이에 오가는 관계는 나의 전적인 주의를 요구하고 있다는 확신에서 나온다.

그런데 우리가 아주 자주 빠지는 기도의 모습을 풍자적으로 묘사하면 이렇다. 세부적인 사항은 마찬가지지만 다른 점이 두 가지 있다. 식탁 건너편에 있는 사람은 신격화된 자아이고 웨이터는 하나님이다. 이 웨이터 하나님은 필수 요소이긴 하지만 변두리에 있는 존재에 불과하다. 그분 없이는 저녁 식사 자체가 불가능하지만 식사에 참여하는 친밀한 당사자는 아니다. 그는 우리가 주문을 하고, 불평도 늘어놓고, 어쩌면 마지막에 감사를 표시하기도 하는 대상일 뿐이다. 당신이 몰두하고 있는 대상은 다름 아닌 당신 자신이다. 당신의 기분, 생각, 관심사, 만족감 혹은 불만족감 등. 당신이 음식점을 떠날 즈음에는 다음에 그곳을 다시 찾을 때까지 웨이터의 존재는 잊어버린다. 만일 당신이 그곳에 정기적으로 간다면 웨이터의 이름 정도는 기억할 수도 있다.

예레미야의 고백은 이런 풍자적인 내용이 아니라 진실된 것으로서 하나님에게만 온전히 초점을 맞춘 것이다. 즉 산만하지 않고 집중해서 하나님에게만 몰두하는 모습이다. 이것이 예레미야에게서 발견되는 강력하고 매력적인 이미지를 설명해 준다. 여기에 예레미야의 인상적인 모습, 곧 매우 강렬하고 흐트러짐 없는 인격의 근원이 있는 것이다.

예레미야와 하나님 사이의 친밀한 교제에서는 무슨 일이 일어나고 있을까? 그가 은밀한 가운데 누구와 함께 무슨 말을 하고 있는지 우리는 알고 있다. 예레미야 15장에 나오는 고백이 좋은 본보기다. 여기에서 우리 중 어떤 이들은 또 한 번 놀라게 될 것이다. 기도에 대해 잘 알지 못하는 사람들은 흔히 기도란 용납하고 위로하는 것이요, 기도하는 사람은 이 우주 가운데 평온한 상태에 있는 자라고 생각하기 때문이다. 하지만 예레미야는 기도 중에 두려움과 외로움, 상처와 분노를 안고 있다.

하나님, 주께서는 저를 아십니다!
제가 무슨 일을 하고 있는지 기억해 주십시오! (렘 15:15)

예레미야는 두려움에 싸여 있었다. 저주를 받고 추적을 당한 나머지, 안전한 곳이라고는 아무 데도 없었다. 그의 생명을 취하려는 음모, 신체적인 구타, 잔인한 감금 등 그가 당한 모든 고통이 이 기도 중에 들어 있다. 그는 자기가 겪고 있는 체험을 하나님께 아뢰고 있는 것이다. 그가 그런 고난을 수용한 것도 아니고 좋아하지도 않았음이 분명하다. "하나님, 당신이 나를 이 지경에 몰아넣으셨으니 이제는 벗어나게 해 주소서!"

계속해서 그는 자신이 느끼는 위기감과 하나님의 고의적인 참을성을 대조시킨다.

저를 비방하는 자들에 맞서 제 편이 되어 주십시오.
그들이 저를 파멸시키려고 할 때 막아 주십시오. (렘 15:15)

존 브라이트는 이를 더욱 명료하게 이렇게 번역한다. "당신의 참을성 때문에 저를 죽이지는 말아 주십시오! 생각해 보십시오! 당신을 위해서 제가 학대를 받고 있습니다." 이것이 의미하는 바는 이런 내용이다. "저를 핍박하는 자들에게 너무 관대하신 나머지 그들이 저를 죽일 여유를 갖게 하지 마십시오."[4] 이 문장에는 절박감이 배어 있다. 예레미야는 서두르지 않고 계산된 행보를 유지하는 하나님과 더 이상 시간이 없어 전전긍긍하는 자신을 조화시키려고 씨름하고 있는 것이다. 하나님의 맷돌은 천천히 돌아가는데 핍박의 엔진은 너무나 빠르게 작동하고 있다. 우리의 강박적인 시간표가 하나님의 여유로운 섭리와 충돌하고 있다. 우리는 하나님께 그분이 하실 일뿐 아니라 언제 그 일을 하셔야 하는지도 알려 주고 있는 셈이다. 우리는 그분을 진지하게 대하지만―그렇지 않다면 무엇 때문에 기도하겠는가?―실은 자기 자신을 더 진지하게 여기고 있는 것인데, 그분께 우리를 위해 반드시 해야 할 일과 그 일을 할 시점까지 정확하게 지시하고 있기 때문이다.

외로움

이어서 예레미야는 자신의 외로움을 아뢴다.

> 주의 말씀이 나타나자, 저는 그것들을 받아먹었습니다. 통째로 삼켰습니다.
> 얼마나 만족스러웠던지요!
> 오 하나님, 만군의 하나님.
> 제가 주의 것임이 얼마나 기쁜지요!
> 저는 웃고 떠들며 즐기는 저들 무리에
> 한 번도 섞인 적이 없습니다.
> 저는 다만 주께서 이끄시는 대로
> 저의 길을 갔습니다.
> 주께서 저를 분으로 가득 채우셨고,
> 그들의 죄를 볼 때마다
> 제 안에서 분이 끓어올랐습니다. (렘 15:16-17)

애초부터 예레미야는 하나님의 말씀을 열정적으로 받아들였다. 이 대목의 배경에는 성전에서 신명기 두루마리를 발견한 일과 이를 예레미야가 환영한 것, 그리고 요시야 개혁 명령의 대변인으로서 말씀을 전파한 사역 등이 있을 것이다. 그것은 기쁨이 넘치는 사역이었지만 외로운 일이었다. 여러 해를 고독하게 살아야 했다. 흥겹게 떠들어대는 다수는 넓은 길로 갔지만 예레미야는 외로운 성찰이 수반된 좁은 길로 가면서 하나님 말씀의 뜻을 발견하고 그 생생한 진실성을 전파했다. 예레미야는 진리의 말씀을 들었기 때문에 근본적으로 그것을 말로만 떠들어댈 수 없었다. 그는 그 진리대로 **살았고** 그 이후에 그것을 말했다. 그렇게 살다 보면 기쁨도 따른다. 그는 아무 조건 없이 이 길로 헌신했는데, 그것은 그 어떤 인간의 말보다 하나님의 말씀을 더욱 진지하게 여기는 인생 길을 의미했다. 그런데 이 길로 뛰어들어 보니 아무도 그와 함께하는 자가 없음을 알게 되었다. 홀홀 단신이었다. 그러면 어떻게 해야 할까? 다른 이들이 따라오기로 결심할 때까지 연회장으로 돌아가야 할까? 그렇게 할 수는 없었다. 이미 마음을 다짐한 터였다. 그가 하나님의 진리를 맛본 이상 잡담과 소문으로 요리한 밋밋한 음식으로 되돌아갈 수는 없었다. 그것은 어차피 고독한 과업일 수밖에 없었다.

상처

그는 이어서 자신의 상처를 놓고 기도한다.

> 그러나 이 떠나지 않은 고통은 왜입니까?
> 어찌하여 이 상처는
> 나아질 가망 없이 점점 심해져만 가는지요? (렘 15:18)

사람들의 죄, 악인의 잔혹함, 평범한 사람들의 기막히는 무관심 등이 모든 것이 예레미야의 마음에 깊은 상처로 다가왔다. 그가 상처를 받은 것은 그만큼 관심이 있기 때문이었다. 그는 하나님을 위해 말씀을 전파하기로, 이처럼 변덕스러운 백성에게 그 영원한 사랑을 전하기로 작정한 터였다. 이제 그는 그 존재 깊숙한 곳에서 보답 없는 사랑이 주는 온갖 고통스런 상처를 절감하게 된 것이다. 또한 하나님의 메시지와 너무나 철저히 하나가 된 나머지 골수에 사무치도록 배척감을 느껴야 했다. 그들의 신성모독은 그에게 칼질을 해 댔고, 그들의 거친 반역은 그를 상처투성이로 만들었으며, 그들의 무심한 의식은 아물지 않은 상처에 소금을 뿌렸다. 게다가 상처는 아물 기미가 보이지 않는데, 유일한 치료책은 백성이 회개하고 하나님을 믿게 되는 것이었기 때문이다. 그와 같은 일이 일어날 가능성은 없어 보였다.

분노

기도가 더욱 강렬해진다. 이제는 상처에서 눈을 돌려 무엄할 정도로 자신의 분노를 터뜨린다.

> 하나님, 주님은 그저 신기루입니다.
> 멀리서 보면 아름다운 오아시스지만, 실제로는 아무것도 아닙니다.
> (렘 15:18)

그는 하나님을 책망하고 있다. 한때 그는 하나님이 '생수의 근원'(렘 2:13)이라고 전파했었지만, 이제는 그분을 '속이는 시냇물'이라고 비난하고 있다. 즉 사막 지대에 가면 물이 흐르는 것처럼 보이는 강바닥이 실제로 강둑에 도달해 보면 말라 있음을 알게 되는 그런 경우다. 비가 온 뒤에야 물이 흐르기 때문에 그 어간에는 의지할 수 없는 시내를 일컫는다. 사실 그가 하고 있는 말은 이런 것이다. "하나님, 당신은 저를 속였습니다. 약속을 하시고도 지키지 않았습니다."

예레미야는 기도 중에 결코 겁을 먹지 않았다. 나중에 분노를 터뜨릴 때에는 더욱 대담하게 비난을 퍼부었다. "주님, 주께서 나를 유혹하셨으므로 내가 주께 넘어갔습니다. 당신이 나를 붙잡고 억눌러 이기셨습니다"(렘 20:7, 브라이트 사역). 좀 투박하지만 문자적으로 번역하면 이렇다. "먼저 당신이 나를 유혹한 다음 나를 강간했습니다." 당신이 매혹적인 말로 나를 꾄 다음 강제로 나를 붙잡고는 당신의 뜻에 굴복시켰습니다.[5] 우리의 분노는 믿음의 척도가 될 수 있다. 신자는 하나님과 논쟁하는 반면, 회의론자는 서로 논쟁을 일삼는다.

이것이 기도하는 예레미야의 모습이다. 두려움, 외로움, 상처, 분노에 휩싸인 모습. 의외인가? 난공불락의 예레미야가 그렇게 기도한다고? 우리 모두도 이런 것을 체험한다. 살아 있는 사람 치고 이런 문제를 겪지 않는 사람은 없다. 그런데 우리도 그런 것을 놓고 기도하는가? 예레미야는 그것을 붙들고 기도했다. 그가 몸소 체험하고 생각했던 모든 것을, 그를 아시고 살아 계신 구원의 하나님과의 관계 속에서 조망했던 것이다. 그리고 이 모든 것을 하나님과의 관계 속에 두는 순간, 어떤 일이 발생하기 시작한다.

회개

예레미야가 말하는 것은 중단되지만 기도는 계속되는데, 우리 편에서 끝을 내더라도 기도는 끝나지 않기 때문이다. 기도에서 하나님은 청중에 불과한 게 아니라 파트너이시다. 예레미야는 솔직하게 아뢴 다음 이제는 기대하는 마음으로 귀를 기울인다.

> 하나님께서 내게 이렇게 대답하셨다.
> "그 말을 거두어라. 그러면 내가 너를 다시 맞아들여,
> 내 앞에 우뚝 서게 하겠다." (렘 15:19)

거두다/회개하다. 이 단어는 예레미야의 설교에 등장하는 가장 중요한 단어 가운데 하나다. 그가 이제까지 백성들에게 전했던 메시지가 이제 그 자신에게 전달되고 있다. 그가 고통을 토로할 때 자기 연민의 빛이 어렸던 것일까? 하나님은 이렇게 응답하신다. "그 두려움, 그 외로움, 그 상처, 그 분노, 그래, 예레미야야 내가 충분히 이해한다. 하지만 네가 그 속에 마냥 빠져 있게 하지 않겠다. 그 가운데 파묻히지는 말아라. 그로부터 벗어나라. 회개하거라. 네가 (그런 투의 말에서) 돌이키면 내가 너에게 예언자의 직분을 돌려주마(회복시켜 주마)." 이 단락은 처음부터 끝까지 **거두다/회개하다**라는 단어로 언어유희를 계속하고 있다.

기도에서 예레미야의 역할은 솔직하고 인격적으로 접근하는 것이었다. 그가 상대하는 분은 바로 **하나님**이기 때문이다. 인격적인 관계에서 우선적인 요건은 있는 그대로의 모습을 드러내는 것이다. 가면을 벗어 던지고. 가식을 멀리한 채. "하나님, **저**예요, **저**예요, **저**란 말이에요." 예레미야의 기도는 경건하지도 않고, 근사하지도 않으며,

온당하지도 않다. 그는 자기가 느끼는 대로 두려움과 외로움, 상처 받은 느낌과 분노를 표현한다. 그것으로 충분하다. 기도에서 **하나님의 역할**은 회복시키고 구원하는 것이다. 하나님 앞에서 기도하면 우리는 변할 수밖에 없다. 두려움과 외로움, 고통과 비난이 거기에 있지만, 그곳에 그대로 머물러 있지는 않는다. 예레미야는 무릎을 꿇은 채 스스로에 대해 어느 정도(온통 그런 것이 아니라) 동정심을 느끼고 있었다. 하나님도 우리의 고통을 공감하시지만 우리의 자기 연민을 마냥 내버려 두시지는 않는다. 마치 예레미야가 백성들에 대해 가혹했던 것처럼 하나님도 예레미야를 가혹하게 대하신다. "회개하거라. 그런 유의 느낌은 파괴적이니 냉큼 돌이켜라. 그러면 내가 너를 회복시켜 줄 것이고, 너는 똑바로 서서 나의 존전에서 다시 섬길 채비를 갖추게 될 것이다."

우선순위 바로잡기

하나님의 응답은 계속된다.

> 말을 참되고 바르게 하여라. 천박한 푸념이 되지 않게 하여라.
> 그래야, 너는 나를 대변하여 말하는 자가 될 수 있다.
> 그들에게 맞추느라 말을 바꾸지 말고,
> 너의 말이 그들을 바꾸게 하여라. (렘 15:19)

예레미야의 메시지가 아무것도 달성하지 못했으므로 그가 실의에 빠진 것은 충분히 이해할 만하다. 그의 선포는 헛되이 끝났다. 그가 받은 것이라고는 핍박과 질책으로 인한 고통뿐이었다. 그렇다면 어조를 바꾸어 사람들이 듣고 싶어 하는 쓰레기 같은 메시지를 내뱉어야 할 것인가? 하나님은 오히려 결의를 다지고 계신다. 너의 소명에 충실하라. 너는 내 대변자가 될 것이다. "그들로 너에게 오게 하라. 네가 그들에게 가서는 안 된다"(브라이트 사역). 예레미야는 사람들이 하는 말에 관심을 가지고 있었지만, 그것이 그의 관심사가 되어서는 안 되었다. 그의 관심사는 바로 **하나님**이다.

우선순위는 기도 가운데 바로잡힌다. 세상에서 하나님이 첫째 자리를 차지하고 있는지 아니면 둘째 자리를 차지하고 있는지에 따라 모든 것이 달라진다. 여기서는 누가 상좌를 차지하고 있는가? 하나님인가 백성들인가? 만일 하나님이 상좌에 앉아 계시다면 그 모든 불평은 힘겨운 과업에 수반되는 일부분일 뿐이다. 다만 그 과업이 충분한 가치가 있는 일인지 아닌지가 문제다. 나는 진정 나의 생애를 통해 무엇을 하기 원하는가? 다른 이들을 사랑하는 것인가 아니면 그들에게 듣기 좋은 말을 하는 것인가, 다른 이들을 즐겁게 하는 것인가 아니면 하나님을 기쁘시게 하는 것인가?

우선순위를 정하는 것은 단 한 번으로 끝나는 일이 아니다. 그것은 자주 재정립되어야 한다. 좌우의 균형은 변하게 마련이다. 상황도 바뀐다. 기분도 기복이 있다. 그럼에도 사실상 내가 최우선적으로 관계를 유지해야 할 대상이 여전히 하나님인가, 아닌가? 기도야말로 바로 그 우선순위가 재정립되는 장소다.

갱신

예레미야의 경청이 계속된다. 그는 이런 내용을 듣는다.

> "나는 너를 누구도 무너뜨리지 못할 강철벽,
> 두꺼운 강철로 만들어진 벽이 되게 할 것이다.
> 그들이 너를 공격한다 해도,
> 네게 흠집 하나 내지 못할 것이다.
> 내가 너의 편에 서서, 너를 지키며 구원해 줄 것이기 때문이다."
> 하나님의 포고다.
> "내가 너를 사악한 자들의 손아귀에서 건질 것이다.
> 무자비한 자들의 수중에서 빼낼 것이다." (렘 15:20-21)

그는 이 말씀을 젊은날에도 들은 적이 있다(렘 1:18-19). 당시에 하신 말씀을 하나님은 지금도 그대로 말씀하신다. 그 약속이 지금도 유효한 것이다.

그냥 기억하는 것만으로는 불충분하다. 그것을 다시 **들어야** 한다. 기도는 우리가 그것을 다시 듣게 되는 통로다. 암송 구절들을 품고 다니는 것만으로는 불충분하다. 날마다 낭랑한 하나님의 음성을 접해야 한다. 기도가 바로 그런 만남이다. 상황은 변하게 마련이다. 하나님도 변하시는가? 우리는 기도한다. 귀를 기울인다. 하나님은 말씀을 다시 발하시고—그것도 똑같은 말씀을!—우리는 우리의 헌신을 재다짐하고 새롭게 한다.

동의어에 가까운 두 단어가 이 단락을 마무리하고 있다. 너를 지**키며 구원해** 줄 것이다. "구원의 그림에는 여러 가지 면모가 있는데 각 동사는 각기 다른 측면을 강조한다."[7] 하나님의 부르심과 예레미야의 헌신 사이의 생생한 관계가 다시금 확증되고 있다. 둘 사이의 인격적 관계, 언약적 관계가 수많은 스트레스에 시달리면서 수백 번 의문에 던져졌었다. 월터 리프만이 '현대성의 산성'acids of modernity이라 불렀던 것이 우리의 삶과 하나님의 목적을 이어 주는 근육과 힘줄을 갉아먹는다.[8] 삶은 역동적으로 움직이고, 변화하고 성장한다. 세상은 도전을 가하고 공격을 퍼붓는다. 하나님의 말씀은 변하지 않고 내 소명도 변하지 않지만, 양자간의 관계는 계속해서 공격을 받고 있으며 따라서 계속 새롭게 갱신되어야 한다. 결의는 반드시 필요하지만 그것만으로는 불충분하다. 기도를 통해 하나님은 그런 갱신을 불러일으키신다. 기도는 우리가 어떤 새로운 것을 배우는 곳이 아니라, 하나님이 우리가 헌신하고 있는 믿음을 새롭게 하시는 통로다.

경주

마라톤은 가장 끈질긴 노력을 요하는 스포츠 경기 중 하나다. 보스턴 마라톤은 세계 최상급 선수들이 참가하는 유명한 대회다. 이 대회의 승자는 자동으로 우리 시대의 가장 위대한 선수의 반열에 합류된다. 1980년 봄 로지 루이츠는 결승선을 가른 첫 번째 여성이었다. 그녀는 요란한 박수 갈채를 받으며 머리에 월계관을 쓰는 영광을 누렸다.

그녀는 육상계에 전혀 알려지지 않은 무명 선수였다. 정말 믿기 어려운 위업이었다! 그 유명한 보스턴 마라톤에 처녀 출전해서 승리를 엮어 내다니! 그때 누군가가 그녀의 다리를 유심히 관찰했는데, 축 쳐진 살에다가 셀룰라이트투성이(물, 지방, 노폐물로 된 물질로서 둔부나 대퇴부 등에 멍울지는 것-역주)였다. 사람들은 의문을 제기했다. 그녀가 42.195킬로미터를 완주하는 모습을 본 사람이 아무도 없었다. 진실이 밝혀졌다. 그녀는 마지막 1.6킬로미터를 남겨 놓은 지점에서 경주에 뛰어들었던 것이다.

즉각 로지에 대한 관심이 폭발적으로 일어났다. 결국에는 발각될 것이 뻔한데 왜 그런 짓을 했을까? 운동 경기는 가짜가 통하지 않는다. 그런데도 그녀는 자기가 사기꾼임을 인정하지 않았다. 오히려 다른 마라톤 대회에 출전해 자기의 능력을 입증하겠다고 거듭 말했을 뿐이다. 그러나 한 번도 출전하지 않았다. 여러 사람들이 그녀와 인터뷰를 하면서 그녀의 인간성에서 어떤 실마리를 찾으려 했다. 그중 한 사람은 그녀가 정말 자기가 보스턴 마라톤을 완주했고 승리했다고 믿고 있다는 결론을 내렸다. 그녀는 반사회적 이상성격자로 판정되었다. 그녀는 자연스레 확신에 차서 거짓말을 했으며, 양심의 가책, 옳고 그름에 대한 현실적 감각, 용인 가능한 행위와 불가능한 행위에 대한 판단력 등이 결여되어 있었던 것이다. 겉으로는 총명하고 지성적인 정상인처럼 보였다. 그러나 그녀의 사회적 행위에 일관성을 부여할 윤리 의식이 없었다.

로지에 관해 읽으면서 나는 내가 아는 이들 중 그처럼 결승점에는 도달하고 싶어 하지만 교묘하게 경주를 피하는 사람들을 생각해 보았다. 그들은 일요일에 만면에 웃음을 띠고 교회에 나타나서 경축하는 분위기에 참여하지만, 그 지점에 이르는 혹은 그 지점에서 흘러나오는 삶의 실체는 없다. 그들은 가끔씩 공공연하게 떠들썩한 사랑과 자선 행위에 관여한다. 우리는 강한 인상을 받지만 한편 놀라기도 하는데 그들은 예전에 그런 일에 참여한 경력이 전혀 없기 때문이다. 도무지 알 수 없는 노릇이다. 의심스러울 경우 그들에게 유리한 방향으로 해석해 주기로 한다. 그 후 그것이 순간적으로 이목을 끄는 행위였음이 드러난다. 그런 행위의 전후에 실질적인 삶이 전혀 따르지 않는 것이다. 그런 자들은 그럴듯해 보이고 확신도 있어 보인다. 그러나 결국 그들은 경주에 참가하지도 않으며, 시련의 때에 믿음을 견지하지도 않고, 외롭고 화가 나며 상처 받았을 때 기도하지도 않는다. 그들은 종교에서 **참된** 것이 무엇인지 알지 못한다. 그런 유의 사람에게 어울리는 병명은 **반종교적 이상성격**religiopath이리라.

그 누구도 승리의 포즈를 취하는 것으로 예레미야와 같이 인간적인 사람이 될 수는 없다. 우리가 선망하는 온전한 인격과 영적인 민감성을 그가 이룩할 수 있었던 것은 끈질기게 계속된 숨은 기도 생활 덕분이었다. 은밀한 중에 우리가 하는 일이, 공공연하게 드러나는 우리의 모습을 좌우한다. 기도가 바로 신성하고 심오한 인간성을 가진 삶을 엮어 내는 비밀스런 사역이다.

9

이십삼 년 동안
아침부터 밤늦게까지

유다 왕 아몬의 아들 요시야 십삼 년부터 오늘에 이르기까지―이십삼 년 동안!―내게 하나님의 말씀이 임했고, 나는 이른 아침부터 밤늦게까지 매일 그 것을 너희에게 전했다. 그런데 너희는 그 말을 한 마디도 귀 기울여 듣지 않았다! 하나님께서는 나뿐 아니라 끈질긴 예언자들을 쉼 없이 보내셨지만, 너희는 전혀 귀 기울이지 않았다. 예언자들은 너희에게 말했다. "돌아서라. 지금 당장, 한 사람도 빠짐없이! 너희 길과 악한 행실에서 돌아서라. 하나님이 너희와 너희 조상에게 준 땅, 너희에게 영원히 주려고 한 그 땅에서 살고 싶으면 돌아서라."

예레미야 25:3-5

노련한 등산가는 조용하고 규칙적인 짧은 보폭을 유지한다. 별 것 아닌 높이에서조차 그렇다. 위로 조금씩 조금씩 올라가도 계속해서 이 보폭을 유지한다. 이에 반해 서툰 도시 사람은 서둘러 올라가다가 금방 녹초가 되어 중단하게 된다.…그런 전문 등산가는 짙은 안개가 내리면 걷기를 중단하고 가져온 조그만 덮개 아래서 야영을 하면서 조용히 파이프 담배를 피우고 안개가 걷힌 다음에야 앞으로 전진한다.…당신도 미덕을 키우고 하나님을 섬기며 그리스도를 사랑하고 싶은가? 이런 것들을 느리지만 확실한 그리고 완전히 현실적인 발걸음으로 삼아 위로 오르면서, 행진과 성장의 단계에서 영적인 삭막함, 어두움, 공허함이 닥칠 때 몇 주간 혹은 몇 달간이라도 야영을 할 의향이 있다면 결국 이런 지점에 도달할 수 있을 것이다. 끊임없이 빛이 비치기를 요구하는 것, 최상의 것을 항상 바라는 것 곧 당신의 기분을 가장 좋게 해 주는 것을 요구하고 십자가와 시련을 제거하거나 최소화시키려는 모든 시도는 얄팍한 어리석음과 철없는 놀이에 불과할 뿐이다.[1]

프리드리히 폰 휘겔

정확한 단어와 거의 정확한 단어 사이의 차이는 번개와 반딧불 사이의 차이와 같다고 마크 트웨인이 말했다. 단 한 개의 단어라도 그것이 정확한 단어일 경우에는 단번에 빛을 비추고 불을 지필 수 있다. 예레미야서의 중심부이자 그의 예언자 경력의 중간 지점에 위치한 25장에는 이런 유의 정확한 단어가 하나 등장한다. **쉼 없이**('하쉬켐'*hashkem*)라는 단어다.

이 단어의 배후에는 그림이 하나 있다. '세겜'*shechem*은 어깨를 의미한다. 팔레스타인의 중앙에는 두 개의 커다란 어깨 산이 있다. 에발과 그리심. 이 건장한 어깨 사이에 아늑하게 자리잡은 마을을 세겜이라 부른다. 이스라엘 백성이 광야에서 40년을 방황한 다음 이 땅에 처음 발을 들여놓았을 때, 여호수아가 그들을 세겜으로 인도하여 두 어깨 산기슭에 포진시켰는데 한쪽에 반을, 다른 쪽에 반을 정렬시키고 그곳에 이르기까지 그들을 지도했던 하나님의 말씀을 되새겨 보았다. 한쪽 어깨에서는 예배와 신뢰의 삶에서 흘러나올 축복이 선포되었다. 한편 다른 쪽 어깨에서는 자기중심적인 반역의 삶에서 흘러나올 저주가 선포되었다. 세겜은 바로 하나님의 말씀이 선언되고 경청된 중심부였다.

그 후 흔히 그렇듯이 '세겜'이란 단어도 또 다른 의미로 발전되었다. 당시에 여행을 떠나는 사람은 여행에 필요한 짐을 당나귀 어깨에 올려놓든지 자기 어깨에 지고 출발했다. 그래서 어깨라는 명사가 동사로 발전했는데 그 의미는 "하루 여행에 필요한 짐을 짐승의 어깨에 올려놓는다"[2]였다. 이스라엘같이 더운 나라에서는 해가 솟아 피로에 지치기 전에 가능한 한 멀리까지 가는 것이 중요했기 때문에 보통 새벽이 되기 훨씬 전에 출발하곤 했다. 결국에는 이 단어가 해 뜨기 전 일찍 일어나서 무거운 짐과 함께 장기간의 여행을 떠나는 사람들의 활동을 묘사하기에 이르렀다.[3] 그들은 계획한 일을 할 수 있는 시간을 가능한 한 길게 확보하기 위해 일찍 일어났던 것이다.

이것이 여기 예레미야의 중심부—그의 생애 및 그의 책의 흔들리지 않는 중심—에서 사용되고 있는 단어의 형태다. "이십삼 년 동안 내게 하나님의 말씀이 임했고, 나는 이른 아침부터 밤늦게까지(하쉬켐) 매일 그것을 너희에게 전했다. 그런데 너희는 그 말을 한마디도 귀 기울이지 않았다." 23년에 걸쳐 예레미야는 매일 아침 일어나서 하나님의 말씀에 귀를 기울였다. 23년에 걸쳐 예레미야는 매일 아침 일어나서 하나님의 말씀을 백성에게 전하였다. 23년에 걸쳐 백성들은 늦잠을 잤고 굼벵이처럼 빈둥거리며 아무것도 듣지 못했다.

그 단어는 예레미야시와 그의 생애의 중심에 자리잡고 있을 뿐 아니라 그의 사역 전체에 널리 퍼져 있었다. 그런 경우가 11회 등장한다.

7:13 　내가 **거듭거듭** 너희를 따로 불러 엄중히 경고했건만, 너희는 듣지 않고 가던 길을 고집했다. 회개를 촉구했건만, 달라지지 않았다.

7:25-26 　너희 조상들이 이집트 땅을 떠난 날부터 지금까지, 나는

	쉬지 않고 나의 종, 예언자들을 보냈다. 그런데 그 백성이 들었느냐? 한 번도 듣지 않았다.
11:7-8	이미 나는 그들에게 경고했다. 경고하기를 **한시도 멈추지 않았다**. 아침부터 밤까지 "나에게 순종하여라!" 하고 경고했다. 그러나 그들은 순종하지 않았다.
25:3	유다 왕 아몬의 아들 요시야 십삼 년부터 오늘에 이르기까지―이십삼 년 동안!―내게 하나님의 말씀이 임했고, 나는 이른 **아침부터 밤늦게까지** 매일 그것을 너희에게 전했다. 그런데 너희는 그 말을 한 마디도 귀 기울여 듣지 않았다!
26:4	하나님께서는 나뿐 아니라 끈질긴 예언자들을 **쉼 없이** 보내셨지만, 너희는 전혀 귀 기울이지 않았다.
26:5	너희가 내게 귀 기울이기를 거부하고, 내가 분명하게 계시한 가르침을 따라 살기를 거부하고, 내가 **끊임없이** 보내는 나의 종과 예언자들의 말에 귀 기울이기를 계속 거부하면―한 번도 귀 기울인 적 없는 너희는 앞으로도 그럴 것이다!
29:19	그들은 내가 보낸 나의 종들이 **쉼 없이** 다급하게 전한 말들, 곧 예언자들을 통해 내가 한 말들에 조금도 귀 기울이지 않았다. 하나님의 포고다.
32:33	그들에게 사는 길을 가르치려고 **그토록 애썼건만**, 그들은 내게 등을 돌렸다. 내 얼굴도 보지 않는다! 그들은 귀 기울여 듣지 않고 가르침 받기를 거절했다.

35:14	그런데 너희는 어떠냐! 너희 주의를 끌고자 내가 그토록 수고하였는데도, 너희는 **계속** 나를 무시했다.
35:15	나는 거듭거듭 너희에게 예언자들을 보냈다. 나의 종인 그들은 이른 **아침부터 밤늦게까지** 너희에게 외쳤다. 삶을 바꾸고 악한 과거에서 돌이켜
44:4	나는 **아침부터 밤늦게까지** 날마다 너희 곁을 떠나지 않고, 내 종 예언자들을 너희에게 보내어 간청했다. "제발 그만두어라. 내가 너무나 혐오하는 짓, 역겨운 우상숭배를 그만두어라."

아무 소득이 없는 일인 것처럼 들리는가? 너무 어려운 일처럼 들리는가? 그것이 힘든 일이었음은 의문의 여지가 없다. 예레미야가 그 긴 세월 동안 엄청난 학대를 받으며 고생했던 것을 우리는 알고 있다. 그는 조롱과 배척, 옥살이를 감수해야 했다. 그는 처절한 낙담과 극심한 절망, 단념하고픈 생각에 시달렸다. 그런 고생이 도대체 어떤 영향을 미치기는 한 것일까? 왜 당대의 미지근한 대세를 적당하게 따라가지 않은 것일까?

한번은 하나님이 예레미야에게 이렇게 도전하셨다. "네가 사람과 달리기를 해도 피곤하면, 어떻게 말과 달리기를 하겠느냐?" 예레미야야, 너도 얌전하게 길들여진 그런 삶을 살고 싶으냐? 기생충처럼 살아가는, 자만심 가득 찬 바보 같은 인간들과 함께 일요일에 배회하고 다니는 그런 삶을 살고 싶으냐? 아니면 말들을 상대로 경주를 할 작정이냐? 그와 같은 대면은 예레미야가 무기력한 절망감에서 벗어나 새로운 활력을 얻도록 해 주었다. "저는 말들과 경주하고 싶습니다." 다음날 아침 그는 다시 새벽이 밝기 전에 일어나 **부지런히** 그리고 **긴장감을 품고** 살게 되었다.

준비된 마음

'하쉬켐'('부지런히' 혹은 '꾸준히')이란 단어에는 해돋이의 의미가 포함되어 있다. 예레미야는 해가 뜨기 전에 일어나 자기 일을 시작했다. 그는 억지로 지겨워하면서 일하는 일꾼이 아니다. 그 속에는 이른 아침의 밝음이 자리 잡고 있다. 날마다 기대감을 갖고 하나님의 말씀을 경청하는 것과 하나님의 말씀을 전하는 생활이 몸에 배어 있었다. 예레미야는 시편 108편을 알고 있었음이 틀림없다. 그 시편을 아침 기도로 사용하는 것은 지극히 예레미야다운 모습이었을 것이다.

> 하나님, 준비가 끝났습니다.
> 머리부터 발끝까지 단단히 준비했습니다.
> 이제 선율에 맞춰
> 주님을 노래하렵니다.
> "깨어나라, 내 영혼아!
> 깨어나라, 하프야. 거문고야!
> 깨어나라, 너 잠꾸러기 태양아!" (시편 108:1-2)

무슨 일이 있더라도 23년간 참고 견디어야겠다고 예레미야가 미리 다짐한 것은 아니었다. 그는 매일 아침 태양과 함께 일어났다. 그날은 하나님의 날이지 백성의 날이 아니었다. 그는 배척을 당하려고 일어난 것이 아니라 하나님을 만나려고 일어났다. 또 한 차례의 조롱을 참기 위해 일어난 것이 아니라 자신의 주님과 함께하기 위해 일어났다. 그것이 그가 불굴의 정신으로 견디며 순례의 길을 걸을 수 있었던 비결이다. 즉 앞에 놓인 기나긴 길을 생각하며 두려워한 것이 아니라 순종의 기쁨과 부푼 소망을 품은 채 현재의 순간, 매순간을 맞이했던 것이다. "하나님, 준비가 끝났습니다!"

우리 모두는, 평생을 동일한 직업에 종사하면서 혹은 동일한 결혼 생활을 유지하면서 서서히 그 존재가 스러져 가는 사람들을 알고 있다. 그들이 똑같은 일을 오랜 세월 동안 계속했다는 면에서는 무척 끈기가 있다고 할 수 있으나, 그 때문에 우리가 그들을 존경하게 되는 것은 아니다. 오히려 우리는 그들에게 안타까운 심정을 갖게 되는데, 그들은 그처럼 재미없고 판에 박힌 일에 갇힌 나머지 거기서 빠져나올 에너지도, 상상력도 없기 때문이다.

그러나 예레미야에 대해서는 그런 느낌이 들지 않는다. 그는 상투적인 일에 갇힌 사람이 아니라 한 가지 복시에 연신된 인물이기 때문이다. 지루함에 찌든 모습은 예레미야에게서 전혀 찾아볼 수 없다. 우리가 알기로 23년이 지난 이후 그의 상상력은 젊은 시절보다 오히려 더 활발해졌고 그의 정신도 더욱 쾌활해졌다. 그는 시간을 그저 흘려보내는 삶을 살지 않았다. 하루 하루가 예언자로서 사는 모험적인 삶의 새로운 페이지를 장식했다. 그날들이 모여서 믿기 어려울 정도로 강한 집념과 놀라운 정력으로 일관된 생애를 이루었던 것이다.

언젠가 조엘 핸더슨은 어떻게 그처럼 많은 책을 쓸 수 있었느냐는 질문을 받은 적이 있다. 그는 자신이 한 권의 책을 쓴 적이 전혀 없다고 대답했다. 그가 한 것이라고는 매일 한 페이지씩 쓰는 일이었다. 에너지와 상상력에 한계가 있는 만큼, 그가 할 수 있는 것은 한 번에 한 페이지씩 쓰는 일이 전부였다. 하지만 1년이 차면 365쪽짜리 책이 한 권 만들어졌다.

예레미야의 꾸준한 신실함은 동시대인들의 변덕스럽고 충동적인 성격과 대조를 이루었다. 그들은 미친 듯이 흥분에 휩싸여 온갖 프로젝트를 만들었지만 축적되는 것은 하나도 없었다. 그들은 존 파울즈의 단편 소설에 나오는 한 인물과 같았다. "그는 하루 만에 에베레스트를 오르고 싶어 했다. 만일 이틀이 걸린다면 흥미를 잃어버렸다."[4]

예레미야는 그러한 삶이 얼마나 초라하고 공허한지 보여 주기 위해 최선을 다한다. 그는 성적으로 노골적인 대담한 은유를 사용하여 그들의 주의를 집중시킨 다음, 그 같은 생활이 무익함을 극적으로 보여 준다.

> 네가 골짜기에 남긴 자국을 보아라.
> 사막 모래 위의 흔적은 어떻게 설명하겠느냐.
> 발정 나 이리 뛰고 저리 뛴 낙타 자국,
> 몸이 달아 헐떡거리며 돌아다니던 들나귀 자국 말이다.
> 색욕이 발동해 이리저리 날뛰는 짐승은
> 누구도 말릴 수 없다! (렘 2:23-24)

이것은 무척 강한 메시지다. 언덕 위에 서서 골짜기 아래에서 젊은 낙타가 짝을 찾아 이리저리 두리번거리는 모습을 내려다보라. 그 같은 탐색의 기록은 흙에 새겨진 발자취에서 볼 수 있다. 아무리 움직여도 아무 데도 도달하지 못한다. 혹은 광야의 땡볕 가운데 암내를 맡으려 코를 킁킁거리는 야생 암나귀를 보라. 그는 상대가 누구든 상관하지 않고, 오직 한 가지 곧 욕정의 충족 외에는 아무 목적이 없는 고삐 풀린 상태다.

그것이 바로 너희들의 모습이라고 예레미야는 선포한다. 너희 인생은 욕망과 충동에 지배당한 채 아무런 헌신도, 목적도, 연속성도 없는 상태다. 너희는 미친 듯이 바쁘고 여기저기 쏘다니면서 어디서든 이런저런 욕망을 만족시킬 게 조금이라도 있는지 살피고 있다. 하지만 너희는 발정기에 접어든 낙타와 나귀가 아니다. 너희는 얼마든지 신실해질 수 있는 역량을 지닌 인격이다. 지금이야말로 그런 삶을 새롭게 시작할 때가 아닌가?

이스라엘은 신실치 못한 삶으로 얼룩진 기나긴 내력을 갖고 있었다. 매력적으로 포장된 약속이면 어느 것에나 혹해서 자기들의 하나님으로부터 멀어졌다. 세로운 흥미거리며 무엇이든 붙잡았으나 그런 흥분이 얼마 가지 못했다. 수세기에 걸쳐 이스라엘은 연인을 여러 번 갈아치웠다.

동일한 효과를 겨냥한 또 다른 설교에서 예레미야는 다른 이미지를 사용했다. "너는 한 가지 죄를 도모하다 실패하면 아무렇지 않게 또 다른 죄를 도모한다. 그렇지 않느냐? 그러나 기억하여라. 앗시리아가 그랬던 것처럼 이집트도 너희를 내팽개치고 말 것이다"(렘

2:36). 여기서 그는 그들에게 거울을 들이대고 있는데, 그들은 한 변덕쟁이 여학생이 방금 그 동네로 이사 온 새로운 소년에게 홀딱 반하는 모습이 비치는 것을 보게 된다. 흥분에 들뜬 그녀는 그 소년을 보는 것, 그의 주의를 끄는 것, 그의 주목을 받는 것에만 온통 사로잡혀 있었다. 그러다가 그에게 거절당하면 이웃 동네에 사는 다른 소년을 좇아다니고, 이야기는 다시 처음부터 반복된다. 경솔하고 경박한 성향의 그 소녀는 진정한 인간 관계에는 아랑곳하지 않고 그저 외적인 인상에만 이끌려 이 소년 저 소년을 전전하게 된다. 물론 소년들은 그녀를 이용하는 일에만 관심이 있을 뿐이다. 유유상종이다.

메시지는 매우 분명하다. 먼저 너는 앗시리아에게 홀딱 반했었는데 그것은 쓸데없는 짓이었다. 이제는 이집트에 반해 있는데 이것도 마찬가지로 드러날 것이다. 네가 언젠가 철이 들면 그 시절을 뒤돌아보면서 무척 당혹스러워 얼굴을 붉힐 것이다. 한편 하나님은 지금도 너를 사랑하고 계신다. 너도 한때는 그분을 사랑한다고 말했었다! 네 행위는 결국 네 어리석은 공상에서 비롯되고 있다. 그런 공상은 현실과 유리된 것이다. 앗시리아는 너를 좋아한 적이 한 번도 없다. 이집트도 너를 좋아하지 않을 것이다. 하나님은 너를 좋아하신다. 그리고 하나님은 자기의 영광을 위해 창조한 백성이자 자기가 사랑하는 백성이 그처럼 어리석음과 공허함에 빠져 사는 것을 허락하지 않으실 것이다.

아침마다 새로우니

예레미야는 어디서 끈기를 배웠을까? 어떻게 그 단어를 자신의 좌우명으로 삼고 자기 삶에 도입했을까? 주변의 사람들을 보고 배운 것은 분명 아니다. 바로 하나님에게서 배운 것이다.

예레미야는 하나님이 자기에게 꾸준하게 대하시는 모습을 보았기 때문에 하나님을 향해 꾸준하게 사는 법을 배운 것이었다. 예레미야애가에 나오는 다섯 편의 시적인 기도(예레미야의 전통에 따라 쓰인)는 예루살렘의 멸망 당시와 그 이후에 하나님의 백성이 겪은 고난 곧 그들의 역사상 가장 처참했던 재난을 표현하고 있다. 이처럼 캄캄했던 시대의 한복판에 그리고 죄와 고난을 슬퍼하는 다섯 편의 시의 거의 중심부에 이런 구절이 자리 잡고 있다. "하나님의 신실한 사랑은 다함이 없고, 그분의 자애로운 사랑은 마르는 법이 없다. 그 사랑은 아침마다 새롭게 창조된다. 주의 신실하심이 어찌 그리도 크신지!"(애 3:22-23)

바로 이것이다. "아침마다 새롭고…주의 신실이 큽니다." 하나님의 끈기는 완고한 의무의 반복이 아니다. 거기에는 놀라움과 창의성이 담겨 있는 동시에 새로운 하루를 맞이하듯 확실성과 규칙성도 포함되어 있다. 마치 해돋이처럼 자발성과 확실성이 동시에 귀착되는 시점이다.

우리 가운데 새벽을 습관적으로 식상해하며 맞이하는 이가 있을까? 매일 밤 우리는 "장차 언젠가 우리가 흙으로 분해될 것처럼 어둠 속으로 녹아 들어간다. 우리가 아는 한, 우리의 자아가 생물 세계에서 지워져 버렸고, 그 후 새 날이 시작되면서 우리는 나사로와 같이 소생되어 우리의 갈비뼈와 감각이 모두 그대로 있음을 발견하게 된다."[5] 우리는 결코 식상해질 수 없다. 새벽은 언제나 놀랍게 다가온다. 물론 우리가 제대로 반응하지 못할 때도 있다. 그러나 그런 일이 일어나면 우리는 곧 질병이든 우울증이든 우리 자신의 문제 때문임을 본능적으로 안다. 자연계에서 반복되는 현상도 결코 지겨운 것이 아니라면 하나님에게서 반복되는 것은 얼마나 더 그렇겠는가!

그것이 바로 예레미야가 지닌 생생한 끈기와 창의적인 일관성의 근원이다. 그는 해가 돋기 전에 일어나 하나님의 말씀에 귀기울였다. 아침 일찍 일어나 주의를 집중하고 주님 앞에 조용히 나아갔던 것이다. 고함 소리, 조롱하는 짓거리, 불평의 말이 시작되기 훨씬 전에 이처럼 하나님께 초점을 두고 그분과 더불어 진리를 탐구하고 발견하는 순간이 있었던 것이다.

"그런데 **너희**는 그 말을 한마디로 귀 기울이지 않았다.…너희는 전혀 귀 기울여 듣지 않았다"(렘 25:3-4)라고 예레미야가 말했다. 그러면 여기에 우리의 잘못된 생활 방식, 변덕스러움, 불성실, 유행과 믿음을 구별하지 못하는 어리석은 무능함을 푸는 실마리가 있다. 우리는 아침 일찍 일어나서 하나님께 귀 기울이지 않는다. 우리는 군중으로부터 떨어져 있는 시간, 하루의 여정을 준비하는 혼자만의 조용한 시간을 갖지 않는다. "아주 독창적인 사람은 스스로 자기 삶의 모양을 꾸며야 하고, 자신이 스스로 성찰하고 연구하고 창조할 수 있도록 일정을 짜야 한다"고 게리 윌스는 말한다.[6]

예레미야는 분명한 우선순위를 갖고 있었다. 꾸준히 아침 일찍 일어나 하나님께 귀 기울이고 나서 자기가 들은 말씀을 전하고 행동에 옮겼다. 그에게 다른 선택의 여지가 없어서 그랬던 것이 아니다. 다른 할 일이 생각나지 않아서 그랬던 것도 아니다. 그는 예수님이 '필요한 한 가지 일'이라고 부르셨던 것, 곧 믿음의 자세로 주의를 기울여 하나님께 경청하는 일을 선택했던 것이다.

어떤 유의 천재는 평생 동안 상상력과 호기심을 품은 채 계속해서 동일한 과업을 수행할 수 있는 능력과 에너지가 그 특징이다. 결코 포기하지 말고 다른 일로 옮겨 가지 말라. 결코 주의를 산만하게 하지 말고 다른 것으로 전환하지 말라. 아우구스티누스는 창세기에 대한 주석을 열다섯 권이나 썼다. 그는 처음에서부터 시작했지만 자기가 그 시발점을 제대로 파악했다고 느낀 적이 없었다. 즉 그는 성경의 첫 번째 책이 지닌 심오한 깊이에 도달했다고, 생명의 기원에까지 깊숙이 내려갔다고, 하나님의 도에 관한 첫째 원리에 이르렀다고 느낀 적이 없었던 것이다. 그는 계속해서 그러한 최초의 질문으로 되돌아왔다. 베토벤은 자기가 이전에 이룩한 것에 만족할 수 없어서 열여섯 곡의 현악 사중주를 작곡했다. 사중주의 형식 자체가 그를 사로잡았고 그에게 도전이 되었던 것이다. 그는 완벽함에 도달할 수 없었다. 그래서 완전히 통달할 목적으로 거듭해서 되돌아가야만 했다. 우리는 그가 상당히 잘 섭렵했다고 생각하지만, 그는 그렇게 생각하지 않았다. 그래서 그는 신선한 창의적 에너지를 갖고 끈질기게 매일의 작업에 임했던 것이다. 똑같은 일을 거듭해서 했지만 결코 똑같은 것일 수 없었는데, 각각의 시도가 탁월한 창의성으로 찬란하게 빛났기 때문이다.

그리고 예레미야는 "이십삼 년 동안!—내게 하나님의 말씀이 임했고, 나는 이른 **아침부터 밤늦게까지** 매일 그것을 너희에게 전했다"고 말한다. 꼭 필요한 일은 한 가지뿐이다. 그리고 그 일을 할 수 있는 때는 오늘뿐이다. 그것을 하라. 그리고 또다시 그 일을 하라. 그리고 또다시. **꾸준하게**. 아무 생각 없이 하는 게 아니라 사방에서 재청의 소리를 들으면서.

10

두루마리를
구해서 적어라

하나님께서 예레미야에게 메시지를 주셨다. "두루마리를 구해서, 요시야 때부터 오늘에 이르기까지 내가 이스라엘과 유다와 다른 모든 민족에 대해 네게 말한 내용을 전부 적어라. 행여 유다 공동체가 알아들을지도 모른다. 내가 내리려는 재앙을 그들이 마침내 깨닫고 악한 삶에서 떠나면, 내가 그들의 고집과 죄를 용서하게 될지도 모른다." 예레미야는 네리야의 아들 바룩을 불렀다. 바룩은 하나님께서 예레미야에게 하신 모든 말씀을 예레미야가 불러 주는 대로 두루마리에 받아 적었다.

예레미야 36:1-4

이들은 왜 하나님의 빛이 언어의 형태로 주어졌는지 의아해할 것이다. 신적인 것이 자음과 모음처럼 깨지기 쉬운 그릇에 담긴다는 것을 도대체 어떻게 생각할 수 있겠는가? 이런 의문은 우리 시대의 죄를 은연중에 드러내고 있다. 즉 성령의 광파(光波)를 나르는 영적 기운을 가볍게 여기는 죄다. (언어 이외의) 다른 어떤 것이 시공간의 간격을 넘어 사람과 사람을 함께 묶어 줄 수 있겠는가? 지구상의 만물 가운데 오직 문자만이 죽지 않는다. 문자야말로 물질적으로는 아무것도 아니지만 매우 많은 의미를 담고 있다.…하나님은 이 히브리 문자를 취해서 그 속에 자기의 능력을 불어넣으셨고, 그렇게 해서 그 문자가 그분의 영으로 충전된 살아 있는 전선이 되었다. 바로 오늘에 이르기까지 그것은 하늘과 땅을 이어 주는 연결 고리가 되고 있다. 다른 어떤 매체가 신적인 것을 전달하는 데 사용될 수 있었겠는가? 달에 에나멜 칠을 한 그림들이겠는가? 로키 산맥에서 캐 낸 돌로 만든 석상들이겠는가?[1]

아브라함 헤셀

프란츠 카프카는 한 편지에 이렇게 썼다. "만일 우리가 읽고 있는 책이 마치 우리의 머리를 두들기는 주먹과 같이 우리를 깨우지 않는다면 도대체 왜 그것을 읽는가?…책은 마치 우리 속에 얼어붙은 바다를 깨는 얼음 도끼와 같은 것이어야 한다."[2] 예레미야의 삶에서 얼음 도끼 역할을 한 책이 두 권 있는데, 하나는 그가 읽은 책이고 다른 하나는 그가 쓴 책이다.

신명기의 얼음 도끼

예레미야가 읽은 책은 신명기였다. 성전을 수리하는 과정에서 발견된 그 책은 요시야 개혁의 지침서였다. 예레미야는 그 책과 더불어 성장했다. 그는 그 책의 메시지를 숙고하고 섭취했다. 그는 학자의 입장에서 그 책을 분석하고 설명하는 식으로 읽은 게 아니었다(그렇다고 그런 연구를 배격하지는 않았을 것이다). 그는 개혁가의 입장에서 사회에 적용할 수 있는 원칙을 탐구하는 식으로 읽은 것도 아니었다(물론 그런 탐구와 적용에 몸소 참여하긴 했지만). 그는 하나의 인격체로서 하나님이 자기에게 개인적으로 하시는 말씀을 듣는 자세로 그것을 읽었다. 예레미야가 전한 것과 나중에 쓴 것을 보면 그가 읽은 책의 영향을 역력히 찾아볼 수 있다. 조지 아담 스미스는 "예레미야는 신명기의 핵심에서 하나님의 부르심을 들었고 그에 대해 아멘으로 응답했다"고 썼다.[3] 그의 책 읽기는 세 가지 두드러진 특징을 갖고 있다.

신명기를 읽으면서 예레미야는 과거에 묻혀 있었던 기억을 되살렸다. 신명기는 하나님의 백성이 된다는 것이 무엇을 의미하는지 그 전모를 다시 상기시켜 준다. 그 책은 광야와 약속의 땅의 접경에서 모세가 한 연설을 기록한 것으로서 이집트에서 구출된 것, 광야에서 생명이 보존된 것, 축복의 삶을 약속받은 것 등의 경험을 되살려 준다. 그것은 어렴풋이 기억된 채 여기저기 흩어져 있던 과거의 체험을 하나로 묶어 현재 시점으로 실어다 준다. 인생은 골치 아픈 개개인이 일기장에 써 놓은 메모 이상의 것이다. 거기에는 패턴이 있으며 각각의 세부 항목은 그 설계를 구성하는 일부이다. 그 기원으로부터 계속 도망치는 일상의 삶은 이와 같은 회상의 행위를 통해 그 근원으로 되돌아간다.

신명기를 읽으면서 예레미야는 하나의 신학을 개발했다. 그는 하나님에 대해 포괄적이고 질서정연하며 관계 중심적으로 생각하는 법을 배웠다. 신명기가 묘사하는 하나님은 자기 백성에게 충실하고도 헌신된 사랑의 관계를 맺고 있는 하나님이다. 하나님은 그저 되는 대로 떠오르는 관념이 아니다. 하나님은 우리의 지식이 닿지 않는 어떤 공백을 메워 주는 단어가 아니다. 하나님은 능동적이고 활발하게 사랑으로 자기 백성을 다루시는 분이다. **사랑**이야말로 그 책의 특징을 이루는 핵심 단어다.[4] 이 사랑은 하나님의 성품이자 하나님의 명령이다. 우리가 이와 같은 하나님 아래에 있기 때문에 그런 사랑에 참여하지 않는 삶은 그 이름에 합당하지 않다.

신명기를 읽으면서 예레미야는 책임감을 갖게 되었다. 신명기는 명령으로 가득 차 있다. 명령이란 우리가 현재 이해하거나 느끼거나 원하는 것을 넘어서 살도록 요구하는 단어다. "계명은 사람들을 동물성으로부터 인간성으로 끌어올린다."[5] 인생은 기계론적으로 결정되는 것이 아니다. 우리는 사회학적 운동에 휩쓸리는 존재가 아니며 경제적 척도에 고정된 존재도 아니다. 각 사람들은 선택을 한다. 그 선택들은 어림짐작으로 하는 시행착오가 아니라, 하나님의 명령에 의거하여 내리는 것이다. 이 명령들은 자연스러운 자유를 억제하는 것이 아니라 자유의 필수 조건을 창출한다. 아담의 창조주가 아담에게 던진 첫 마디는 명령이었다(창 1:28). 명령은 자유를 전제로 하며, 응답을 촉구한다. 우리는 명령을 받음으로써 책임성(응답할 수 있는 능력) 면에서 훈련된다.

예레미야의 얼음 도끼

예레미야가 읽은 책은 예레미야가 쓴 책으로 발전되었다. 신명기가 모세와의 접촉이 단절된 백성에게 모세의 메시지를 **다시 전해 주었던** 것과 마찬가지로 예레미야도 자신의 정박지로부터 떨어져나가 표류하는 백성에게 신명기의 메시지를 **다시 전해 주었다**. 예레미야와 함께 자라면서 똑같이 신명기에 의해 지대한 영향을 받았던 요시야는 므깃도 전투에서 전사하고 없었다. 그의 아들이 왕좌에 앉았으나 신명기를 그만큼 들은 적이 있다는 증거를 전혀 보여 주지 않았다. 그는 방탕에 빠져서 급속히 타락했다. 신명기에 영감을 받은 개혁은 갈가리 찢기고 말았다.

찰스 윌리엄스는 "시간의 흐름에 종교만큼 고통을 당하는 제도는 없다"고 썼다. "한 세대 전체가 이론과 실천의 양면에서 무언가를 배웠다고 생각하는 순간, 그 학습자들과 학습 내용은 죽음에 의해 사라지고, 교회는 처음부터 다시 시작하지 않으면 안 된다. 인류를 중생시키는 일은 약 30년마다 다시 시작되어야 한다."[6] 이 경우에는 17년이었다.

예레미야는 이런 지시를 받았다. "두루마리를 구해서, 요시야 때부터 오늘에 이르기까지 내가 이스라엘과 유다와 다른 모든 민족에 대해 네게 말한 내용을 전부 적어라. 행여 유다 공동체가 알아들을지도 모른다. 내가 내리려는 재앙을 그들이 마침내 깨닫고 악한 삶에서 떠나면, 내가 그들의 고집과 죄를 용서하게 될지도 모른다"(렘 36:2-3). 하나님은 우리에게 하실 말씀을 알려 주고 싶어 하시는 분이다. 그분은 우리가 어두움 가운데 있는 것을 기뻐하시는, 숨기기 좋아하는 분이 아니다. 그분은 계시하시는 분이다. 그분은 우리가 접근 가능한 형태로 그 뜻을 드러내신다. "두루마리를 **구해서**." 이는 말씀을 양피지나 파피루스 같은 일상적인 물건, 곧 오늘날 우리가 감사의 말을 전하거나 쇼핑 목록을 기록할 때 사용하는 것과 같은 물질에 기록하라는 말이다. 이어서 상황의 전개 과정이 묘사되어 있다. 즉 '**적다**'가 '**깨닫다**'로 전개되고 그것이 '**떠나다**'로 전개되며 '**용서하다**'로 이어진다.

성경의 또 다른 책이 탄생한다. 그러나 이 성경은 이제 정적인 현상 곧 우리가 마음대로 혹은 우리의 즐거움을 위해 조종할 수 있는 물건이 아니다. 그것은 상기한 다섯 개의 동사(**구하다, 적다, 깨닫다, 떠나다, 용서하다**)로 구성된 빠르게 움직이는 에너지의 동체다. 이 역동적인 힘은 하나님의 말씀을 가시화하고, 청취 가능하게 하며, 인간이 삶으로 응답하게끔 만든다. 아브라함 헤셸은 대단한 학식과 깊은 기도의 인물로서, 어떤 이들은 성경을 문학 작품으로 칭송하는 것이 그들이 줄 수 있는 최고의 찬사인 것처럼 생각한다고 불평했는데, 이는 "마치 '문학'이 영적 실재의 절정인 것처럼" 여기는 태도라고 했다. 이어서 그는 이렇게 논평했다. "그런 칭송에 대해 모세는, 그리고 예레미야는 어떻게 반응했겠는가? 그것은 어떤 이가 아인슈타인의 상대성 이론 원고에 대해 멋진 글씨라고 칭찬했다면 이에 대해 아인슈타인이 보였을 반응과 같을 것이다."[7]

예레미야는 이 작업에 친구 바룩을 채용했다. 예레미야가 지난 23년 동안 전파하고 기도해 왔던 내용을 불러 주는 대로 바룩이 기록했다. 거기에는 삶을 면밀히 탐구하는 언어, 재기 넘치는 비유, 치열한 대결, 심오한 분석 등이 담겨 있었다. 조지 아담 스미스가 묘사한 것처럼 그의 언어는 "간명하고 구체적이며, 날카롭고 은혜롭다."[8] 우리는 그 시대의 쑥덕공론과 소문을 상식으로 여기며 살아간다. 우리가 진리를 전혀 듣지 못하는 것은 아니지만 진리의 엄청난 중요성은 인식하지 못하고 있다. 그것은 변두리에 속한 여분일 뿐이다. 우리에게는 연속성에 대한 의식도 없다. 우리는 기분 내키는 대로 어떤 때는 좋게, 또 어떤 때는 나쁘게 반응한다. 그런데 성경이 우리 앞에 놓인다. 단어들이 조립되고 배열되어 강력한 진리의 패턴이 가시화된다. 10년 전 우리를 감동시켜 회개하게 했으나 그 후 분주한 생활에 파묻혀 까맣게 잊고 있었던 그 설교, 과거 위기의 순간에 새로운 희망을 불어넣어 주었으나 그 이후로 온갖 실패와 실망 아래 파묻혀 있었던 그 기도 등, 이러한 언어들과 우리가 이전에는 전혀 알지 못했던 다른 많은 말들이 우리에게 다가오되 그 가운데 모든 것이 정합성을 갖게 되는 방식으로 다가온다. 기억상실증이 사라지고 분명한 인식으로 대치된다. 산만함이 사라지고 주의 집중으로 모아진다. 예레미야가 불러 주고 바룩이 받아 적는다. 구문이 하나님의 말씀에 형태를 부여하고, 은유들이 초점을 제공한다.

위기에 처한 말씀

몇 개월이 지난 후 바빌로니아 군대가 그 땅에 진입했고 그들이 해변 도시 아스글론을 폐허로 만들었다는 소식이 전해졌다. 세계적 강대국이었던 이집트와 바빌로니아가 서로 목을 겨누고 있었다. 급속한 세력 변동이 일어나면서 예루살렘이 위험한 처지에 놓이게 된 것이다. 백성들은 강대국 사이의 전쟁에 끼어 생명의 위협을 느꼈다. 이런 위기를 당하여 금식의 날이 선포되었다. 도시는 온통 염려에 휩싸여 기도하는 사람들로 가득 찼다.

이보다 더 좋은 기회는 없었다. 위기 의식이 전 국민을 하나님 앞에 무릎 꿇게 했다. 예레미야가 보기에 역사상 최대의 회중이 도시에 모인 것이다. 그 자신은 공적인 연설이 금지되어 있었으나(그는 여호야김 왕이 기피하는 인물이었다),[9] 그의 메시지는 이제 글로 쓰여 다른 이가 전달할 수 있게 되었다. 바룩이 그 두루마리를 성전으로 가져가서 백성들 앞에서 큰 소리로 낭독했다(렘 36:4-10).

회중 가운데 있던 젊은이 미가야가 바룩이 예레미야의 두루마리를 읽는 것을 듣고 진정한 경청자가 되었다. 그는 과거에 예레미야의 말을 들은 적이 여러 번 있었지만, 지금은 하나님의 **말씀**을 듣게 되었다. 그는 재빨리 행동했다. 아버지에게 달려가서 자기가 들은 내용을 말씀드렸다. 왕의 고관이었던 그의 부친은 그 순간 다른 네 명의 고관과 회의를 하고 있었다. 젊은이의 긴급한 요청에 응하여 그들은 바룩을 데리고 오도록 지시하고 두루마리를 낭독하게 했다. 바룩이 와서 낭독했다. 그 아버지도 아들만큼이나 감동을 받았다. 동료들도 마찬가지였다. "우리가 이것을 왕에게 전부 보고해야겠소"(렘 36:16).

그들은 진리를 들었고 그 진리에 헌신했다. 그들은 책임 있는 사람들이었고, 이 하나님의 말씀이 그들의 인생과 국가의 운명에 대해 다루고 있음을 알았다. 그리고 그들은 왕에게 이 말씀을 아뢰어야 한다는 것을 알고 있었다. 그들은 물론 왕을 잘 알고 있었다. 왕이 그 쓰인 말씀이 낭독되는 것을 듣는 순간, 예레미야와 바룩은 죽은 몸이나 다름없었다. 그들은 예레미야와 바룩에게 숨으라고 충고했다. 왕은 이미 자기에게 감히 도전했던 예언자 우리야를 살해한 전력이 있었다(렘 26:20-23). 한 명쯤 더 죽이는 것도 주저하지 않을 것이었다. 성경의 과제는 사람들이 불쾌해하는 것을 무릅쓰고라도 하나님의 신비와 그들의 마음속에 있는 비밀을 말해 주는 것이다. 그것들을 큰 소리로 모두 털어놓고 들려주는 것이다. 이 진실을 말하고 쓰는 방법에는 여러 가지가 있다. 예언의 말씀으로, 시의 형태로, 소설로, 설교로, 풍자로, 기사의 형태로, 연극 등으로. 정직하게 쓰고 용기 있게 표현된 글은 진실을 드러내고 우리의 이기적인 행위, 곧 미를 침해하고 선을 조작하며 사람들을 억누르는 등 하나님께 도전하는 행동을 노출시킨다. 우리는 대부분 의식적이든 아니든 대부분의 시간을 이런 모습으로 살고 있다. 정직한 글은 우리가 얼마나 잘못 살고 있는지 그리고 선한 삶은 어떤 것인지를 우리에게 보여 준다. 고통이 없는 깨달음은 없다. 하지만 그 고통을 수용하고 견디면 그것은 우리를 불구로 만드는 게 아니라 정결케 한다. "모든 뜻깊은 발언은 상처이지만, '친구가 주는 상처는 신의의 표시다.'"[10]

불타는 두루마리

이제 왕이 두루마리가 낭독되는 것을 들을 차례가 되었다. 왕은 추운 계절(때는 12월이었다)을 대비해 건축한 겨울 별관에 있었고 거기에는 석탄 난로가 있어서 그가 몸을 따뜻하게 녹이고 있었다. 그는 여후디를 보내어 두루마리를 가져와서 읽게 했다. 왕은 손에 펜 깎기용 작은 칼 하나를 쥐고 있었다. 여후디가 서너 칸을 읽었을 때 왕은 코웃음을 치며 방자한 자세로 칼로 그 부분을 잘라 내어 불 속에 던져 넣었다. 주변에 둘러서 있던 고위 보좌관들도 덩달아 비웃고 농담을 해 댔다. 그들은 모두 참으로 웃기는 내용이라고 생각했다. 왕에게 두루마리를 읽도록 요청했던 고관들은 들은 내용을 진지하게 고려하도록 간청했다. 하지만 왕의 마음은 도무지 움직일 수 없는 상태였다. 두루마리는 한 칸씩 낭독된 후, 차례차례 찢기고 불 속에 던져져 사라져 버렸다.

이 이야기가 우리 앞에 펼쳐짐에 따라 우리는 아들과 아버지 사이의 대조적인 모습을 보게 된다. 17년 전 그의 부친 요시야는 사반 서기관으로부터 한 두루마리에 대한 보고를 받고서 그에게 큰 소리로 읽으라고 지시했다. 왕은 참회의 반응을 보였다. "자기의 옷을 찢었다." 그는 그 두루마리를 하나님의 말씀으로 인정했고 그들 모두가 그때까지 죄 가운데 무지한 인생을 살았음을 깨달았다. 왕이 믿음으로 회개하는 모습을 보고 여선지자 훌다가 이렇게 반응했다. "내가 이곳과 이 백성에게 심판의 재앙을 내리겠다고 한 말을 네가 진심으로 받아들이고…내가 너를 진심으로 대하겠다"(왕하 22:19).

이제 한 세대가 지난 후, 그 시나리오가 다시 반복되었다. 요시야의 아들 여호야김이 사반의 아들 그마랴로부터 한 두루마리에 대한 보고를 받았다. 여호야김도 무척 감정적인 반응을 보였으나 그것은 어디까지나 조롱의 감정이었다. 자기 아버지가 했던 것처럼 옷을 찢는 참회의 반응을 보이는 대신 비웃음을 던지며 그 책을 찢어 버렸다. 이 이야기의 결론부에도 예언의 말씀이 등장하는데, 이번에는 이전의 훌다의 칭찬과는 대조적으로 예레미야의 정죄로 마무리된다. "하나님이 말한다. 너는 바빌론 왕이 와서 이 땅을 파괴하고 이 땅의 모든 것을 전멸시킬 것이라니, 말이 되는 소린가? 하면서 감히 두루마리를 불태웠다. 좋다. 하나님이 유다 왕 여호야김에게 뭐라고 할지 알고 싶으냐?…그의 시체가 길거리에 내던져져 낮에는 불볕을, 밤에는 칼바람을 받을 것이다'"(렘 36:29-30). 그가 두루마리를 태우면서 몸을 데웠던 그 열기는 결코 오래가지 않을 것이었다. 얼마 되지 않아 그는 시체가 되어 '칼바람'에 노출될 것이다!

요시야가 받은 칭찬의 핵심은 "하나님이 한 경고를 네가 믿고"라는 말인 데 비해, 여호야김과 그 자손이 받은 정죄의 핵심은 "그들이 경고를 믿지 않으려 했다"는 말이었다(렘 36:31). 그 부친은 하나님의 말씀을 듣고 그분께 순종했으며, 그 결과 국민 전체가 새롭게 되어 복 받는 삶을 살 수 있었다. 그 아들은 하나님의 말씀을 들었으나 그것을 우습게 여겼으며, 그 결과 포로 신세로 급격히 전락하게 되었다.

냉담한 몸짓

성경 낭독에 대한 여호야김의 반응은 은연중에 극도의 번민을 드러낸다. 거룩한 분위기에서 킥킥거리며 웃는 것, 숭고한 분위기에서 저속한 농담을 하는 행위는 삶의 변화의 필요에 대한 인식을 거부하는 자기 방어다. 그는 예레미야가 한 말의 진실성과 하나님의 진리를 궁지에 몰아넣으려고 필사적으로 애쓰고 있었다. 그러나 그가 보인 터무니없이 부당한 행위는 그것이 단순히 무지에서 나온 바보 같은 짓이 아니라 복합적인 이기심에서 나온 것임을 보여 준다. 여호야김은 자기가 하나님의 말씀을 듣고 있음을 알았다. 하지만 자기가 그것을 알고 있다는 것을 조금이라도 내색하면 순종할 책임이 따를 것이다. 그래서 그는 정교하게 가장한 냉담한 몸짓을 보이는데, 무관심한 듯 가볍게 두루마리를 칼로 잘라서 불에 던져 넣어 완전히 사라지게 한 것이다.

펜 깎는 칼을 든 여호야김은 성경을 **이용하려** 하는 모든 자를 상징하는 풍자로서, 그들은 성경을 자기 통제하에 두어 마음대로 주무를 수 있는 것으로 축소시키고자 하는 자들이다. 우리에게 개인적인 반응을 보이라고 요구하는 것은 바로 하나님의 말씀이다. 하나님의 말씀은 우리를 상대로 말하고 있으며, 우리의 존재를 창조한다. 그에 합당한 반응은 경외하는 자세로 응답하는 것뿐이다. 그것은 언제나 우리 존재를 초월하는 것이며, 항상 우리보다 앞선 것이고, 언제나 우리 위에 있는 것이다.

우리는 스스로 인생을 통제하고 주도권을 쥐고 싶어 하기 때문에 하나님의 말씀을 통제하려고 조각조각 잘라 내고 심지어는 실용적으로 이용하기까지 한다. 추운 겨울날 우리 몸을 녹이는 데 사용하는 것이 그런 경우다. 우리는 성경을 비인격적인 것으로 축소시킴으로써 우리의 목적에 이용하거나 마음대로 팽개치곤 한다. 본래 유기적으로 발전된 부분들을 이리저리 절단한 나머지 더 이상 우리를 향한 온전한 하나님의 말씀, 곧 우리가 반드시 응답해야 하는 말씀이 되지 못하게 한다.

성경을 불에 태울 수는 있지만, 하나님의 말씀은 결코 파괴할 수 없다. 과거에 그것을 불에 던진 경우는 부지기수였지만, 그것을 성공적으로 억압한 사람은 지금까지 한 명도 없었다. 예레미야와 바룩은 돌아가서 불러 주고 받아쓰는 일을 다시 시작했다. 이번에는 말씀이 더 많아졌다. "어느 정도 추가된 부분이 있었으나 내용은 전과 비슷했다"(렘 36:32).[11] 여호야김은 초판을 그냥 내버려 두었어야 했다. 이제는 초판보다 더 많은 내용을 담은 사본들이 예루살렘의 여러 상점과 거리에서 널리 퍼져 나가고 있었다.

나는 다음과 같이 가정문으로 시작하는 대화를 좋아한다. "만일 당신이 파선을 당해 외딴섬에 표류하게 되어 책 한 권만 가질 수 있다면 무슨 책을 택할 것인가?" 나는 보통 경건한 척하는 태도를 방지하기 위해 아예 성경이라는 대답을 배제하곤 한다. 여러 대답을 통해 나는 그 사람의 가치관과 취향을 간파할 수 있으리라 기대한다. 셰익스피어의 『리어 왕』을 택하는 사람은 아마 인간 관계의 깊은 차원을 탐구하는 데 헌신한 인물일 것이다. 연감이나 기네스북을 택하는 이는 모든 지식을 비인격적인 정보로 축소시키고, 가능한 한 적은 인격적 관계를 맺으며 살고 싶어 하는 성향을 보여 준다. 밀턴의 『실낙원』을 선호하는 자는 신학적 묵상을 좋아하는 사람일 것이다. 내가 지금까지 들은 응답 가운데 최상의 대답은 무척 의외인 동시에 너무나 당연한 답이었는데, 바로 토머스 해리슨의 『배 만들기에 대한 실제적인 안내서』였다.

예레미야가 읽었던 책과 예레미야가 쓴 책은 둘 다 일종의 배 만들기 유의 책이다. 그것들은 묵상을 담은 경건한 책이 아니다. 그렇다고 관념이나 사물에 관한 책도 아니고 생존에 관한 책, 즉 본향으로 돌아가는 것에 대한 책이다. 그 책들은 우리가 마땅히 있어야 할 곳, 곧 하나님에게 도달하려면 인생을 어떻게 건설해야 하는지를 보여 준다. 성경의 모든 책은 사실 거의 이런 식으로 기록되어 있다. **신명기**는 므낫세의 악한 통치로 인해 무너진 사회를 다시 건설하는 데 사용되었다. **예레미야서**는 포로 생활이라는 무너진 인생을 다시 건설하는 데 사용되었다. 이 두 권에 덧붙여진 다른 64권의 책과 더불어 그 책들은 파선당한 사람들에게 하나님의 말씀을 제시하고 구원의 길을 건설하는 일을 계속하고 있다.

11
레갑 가문

"레갑 공동체를 찾아가거라. 그들에게 하나님의 성전 어느 방에서 만나자고 전하고…"

"우리는 포도주를 마시지 않습니다. 그들이 말했다. '우리 조상 레갑의 아들 요나답이 이르기를, 너희와 너희 자식들은 절대 포도주를 마시지 마라. 집을 짓거나, 밭이나 동산이나 포도원을 경작하며 정착생활을 해서도 안된다. 재산을 소유하지 마라. 유랑민처럼 장막을 치고 살아라. 그러면 너희 유랑생활이 복되고 번창할 것이다.

우리는 그렇게 해왔습니다. 레갑의 아들 요나답이 명령한 대로 따랐습니다. 우리와 우리 아내와 우리 아들과 딸들은 포도주를 전혀 마시지 않습니다. 우리는 집을 짓지도, 포도원이나 밭이나 동산을 소유하지도 않습니다. 우리는 유랑민들처럼 장막을 치고 삽니다. 우리는 우리 조상 요나답의 말씀에 순종했고, 그가 명령한 모든 것을 지켰습니다."

"그런데 내게 돌아온 것이 무엇이냐? 귀를 틀어막은 너희의 모습뿐이다. 레갑의 아들 요나답의 자손들은 조상이 내린 명령을 그토록 철두철미하게 따랐는데, 내 백성은 나를 무시한다.'"

예레미야 35:2, 8-10, 16

과거 어느 때보다도 현재는 소규모 팀과 적은 무리가 담당해야 할 과제가 더욱 분명하다. 그 과제란 인간과 그 영을 위해 가장 효과적으로 투쟁하는 것 특히 사람들이 그토록 필사적으로 갈구하지만 현재 공급이 너무나 부족한 그런 진리를 가장 효과적으로 증거하는 일이다. 왜냐하면 오직 소규모 팀과 적은 무리만이 기술 및 대량화 과정을 완전히 탈피하는 어떤 것을, 그리고 지혜와 지식에 대한 사랑 및 이 사랑의 비가시적 광선의 발산을 신뢰하게 만들 수 있기 때문이다. 그와 같은 비가시적 광선은 멀리까지 비치게 된다. 그런 광선은, 마치 핵분열과 미시물리학의 기적이 물질세계에서 놀라운 위력을 갖고 있는 것처럼 영의 세계에서 엄청난 능력을 갖고 있다.[1]

쟈크 마리탱

군중은 거짓을 일삼게 마련이다. 사람이 많으면 많을수록 진실은 그만큼 줄어든다.[2] 언행일치는 수가 많아진다고 더 강화되는 것이 아니다. 이것은 쉽게 시험해 볼 수 있다. 다음 두 가지 약속 중 어느 것이 더 잘 지켜지겠는가? 만 명의 군중을 대상으로 한 정치인의 약속이겠는가, 두 친구 사이에 주고받은 약속이겠는가?

우리 모두는 진리를 분별하고 반영하는 면에서 군중을 믿을 수 없다는 사실을 날마다 체험하고 있기에, 여전히 숫자에 대한 호소력이 너무나 큰 비중을 차지하고 있는 현실에 당혹스러워한다. 어떤 책이 100만 권 팔렸다는 사실이 그 책이 탁월하며 중요하다는 증거로 받아들여지고 있다. 다수의 사람이 특정한 도덕적 행위에 참여했다는 사실이 그 행위가 정당하다는 증거로 제시된다. 대중의 인정이 신임장인 셈이다. 그러나 잠시 초보적인 수준에서 역사를 훑어보아도 진실은 통계 수치에 의해 결정되는 것이 아니고 군중은 지혜롭기보다는 오히려 어리석은 경우가 더 많음을 확실히 알 수 있다. 군중 속에서는 진리가 괴멸되어 슬로건에 끼워 맞춰진다. 말로 표현된 진리뿐 아니라 삶으로 표현된 진리마저도 군중에 의해 축소되고 왜곡된다. 군중은 우리를 구경꾼으로 만들어 탁월성이나 아름다움 앞에서 수동적이 되게 한다. 군중은 우리를 소비자로 만들어 우리에게 제시된 것이면 무엇이든 그대로 취하게 한다. 방관자적 및 소비자적 성향이 우리 인간됨의 중심과 토대를 이루게 됨으로써 다른 능력들—창조의 능력, 탁월함을 추구하는 동력, 하나님과 교통할 수 있는 역량—이 위축되게 된다.

그렇다고 군중 속에 있는 것 자체가 잘못되었다는 말은 물론 아니다. 우리는 어쩔 수 없이 군중 가운데 있어야 할 때가 있다. 뛰어난 능력을 가진 육상 선수들이 경기하는 모습을 내가 보고 싶고 그런 생각을 가진 사람이 5만 명이 있다면 그 같은 군중 가운데 있게 되는 것은 피할 수 없으며 그것이 내 삶에 해로운 것은 아니다. 그러나 그 경기를 관람하는 것에 더하여 군중의 저속한 행위를 보고 모방한다면(5만 명이 하는 짓이니까 바른 행위임이 틀림없으므로) 나의 삶은 비뚤어질 것이다.

우리는 군중 속에 있는 걸 피할 수 없다. 우리가 군중에 의해 좌우되는 것은 막을 수 있는가? 우리의 이름을 그저 하나라는 숫자로 대치하는 것, 군중이 우리를 무심한 수동적 존재로 전락시키는 것은 막을 수 있는가?

군중에 의해 좌우되지 않는 사람

예레미야는 생애 대부분을 군중과 상대하며 살았다. 많은 예언자들이 외지고 촌스러운 광야 출신이었던 것과는 달리, 예레미야는 '복잡한 생활 방식이 교차하는' 도시 출신이었다. 날마다 그는 도시의 거리를 걸어다녔다. 종종 그는 성전 마당에서 집회를 가졌다. 그러나 예레미야는 군중 가운데 있는 동안에도 군중에 의해 좌우되지 않았다. 군중이 그의 메시지를 좌지우지하지 못했다. 군중이 그의 가치관을 형성한 것도 아니다. 예레미야는 여론조사기관에 의뢰해서 예루살렘 군중이 하나님에 대해 무엇을 듣고 싶어 하는지 알려고 하지도 않았다. 그는 어떤 수준의 도덕적 행위를 강조해야 할지 알기 위해 군중에게 손을 들어 보라고 요청하지도 않았다.

하나님이 그의 행위를 결정하셨다. 하나님이 그의 인생을 지도하셨다. 하나님이 그의 감각을 훈련하셨다. 이와 같은 결정과 지도와 훈련은 그가 하나님에게 귀를 기울이고 그분께 말씀드림으로써 이루어진 것이다. 그는 열정을 품고 오래도록 하나님의 말씀을 묵상했다. 그는 집중해서 철저히 개인적인 응답을 해 나갔던 것이다. 그의 삶과 메시지는 모두 이 같은 내면의 활동에서 나온 것이었다. "그러나 이제 그만! 더 이상은 하나님의 메시지를 전하지 않으리라! 하고 마음먹으면, 말씀이 제 뱃속에서 불처럼 타오르며 뼛속까지 태웁니다. 참아 보려고 했지만, 이제 지쳤습니다. 더는 견딜 수 없습니다!" (렘 20:9)

예레미야는 자기만의 특징을 이루었다. 그는 하나님이 약속하시는 모든 것을 원했다. 그는 하나님이 하시는 모든 일에 참여하고 싶어했다. 그의 영적 집념과 예언자적 열정이 그를 다른 이들과 구별시켰다. 그는 키에르케고르―그 자신이 놀라울 정도로 예레미야와 닮은―가 '단 한 명, 유일무이한 개인'이라고 부른 인물이 되었다.

때로 아주 뛰어난 인물과 함께 있게 되면 우리도 자극을 받아 그와 비슷한 수준에 도달하려고 애쓰게 된다. 우리는 운동 선수가 경기하는 모습을 보고는 우리도 삶에 안정과 은혜를 선사할 그런 훈련을 받기로 결심한다. 음악가의 연주를 듣고는 다시는 엉성한 수준에 만족하지 않겠다고 결심한다. 용기와 열심을 품고 살아가는 사람을 유심히 관찰하고는 우리도 최선의 삶을 살겠다고 결심한다. 그러나 어떤 경우에는 주눅이 들기도 한다. 아무리 노력해도 그런 삶에는 도저히 근접할 수 없다고 생각한다. 비교의 결과 우리의 부족함이 드러나게 되고 따라서 우리는 그럭저럭 살아가는 데 안주하고 만다. 예술가, 운동 선수, 성인聖人 등이 어떤 가능성을 증거하고 증명하는 존재로 여겨지는 게 아니라, 게으른 구경꾼과 싫증 난 소비자들을 위한 기분 전환용 오락거리로 취급되는 것이다.[4]

이것이 바로 예루살렘에서 예레미야가 처했던 운명이었다. 군중은 그를 따로 구별해 버림으로써 그의 삶과 관계를 맺지 않으려 했다. 군중은 그가 말하는 내용을 이해했고 그의 생활 방식을 흠모했을 가능성이 높지만, 그들의 자아 개념은 어디까지나 군중에 의해 좌우되었다. 그들이 하나님을 불신한 것은 아니었지만, 열심히 개인적으로 참여할 수 있는 자격을 자기들 스스로 박탈해 버렸다.

하지만 성경적 믿음이 항상 견지해 온 것은 하나님과 더불어 살기 위해 어떤 특별한 조건이 갖추어져야 하는 것은 아니라는 점이다. 즉 어떤 특별한 재능도, 어느 수준 이상의 지적인 능력이나 도덕성도, 특별한 영적 체험도 필요하지 않다는 것이다. "나는 종교적인 사람이 아닙니다"라는 식의 발언은 허용될 수 없는 것이다. 종교적인 사람이라는 것 자체가 존재하지 않는다. 다만 인간만 존재할 뿐인데, 모든 이가 하나님과 개인적이고 영원한 관계를 맺도록 창조되었을 따름이다.

그러면 오락과 방종의 생활에 길든 사람을 어떻게 하면 최선의 삶을 살도록, 일상의 예술가가 되도록, 주변부에서 빈둥거리지 않고 삶의 한복판으로 뛰어들도록 만들 수 있겠는가?

레갑인의 길드

어느 날 예루살렘 거리에 이상한 사람들이 나타났다. 그들은 레갑인이라 불렸다. 레갑인들은 유랑 생활을 하면서 장막에서 살았다. 그들은 전차와 여타 무기류를 만드는 일에 종사하는 금속공의 길드였다. 그들은 여기저기 떠돌아다니면서 시골 마을과 도시 외곽에 캠프를 설치하곤 했다. 비뚤어진 창이나 수리가 필요한 전차 바퀴가 있다면 레갑인들이 도착할 때까지 기다려야 할 것이다. 그들은 적은 무리였으며 자기들끼리 똘똘 뭉쳐 살았다.[5]

레갑인의 조상은 250년 전, 곧 예후의 시대에 살았던 요나답 벤 레갑까지 거슬러 올라간다. 그들은 자기들의 엄격한 생활과 독특한 정체성을 선조의 명령에 대한 순종의 일환이라고 설명하곤 했다. "우리는 그렇게 해왔습니다. 레갑의 아들 요나답이 명령한 대로 따랐습니다. 우리와 우리 아내와 우리 아들과 딸들은 포도주를 전혀 마시지 않습니다. 우리는 집을 짓지도, 포도원이나 밭이나 동산을 소유하지도 않습니다. 우리는 유랑민들처럼 장막을 치고 삽니다. 우리는 우리 조상 요나답의 말씀에 순종했고, 그가 명령한 모든 것을 지켰습니다"(렘 35:8-10).

금속 기술자들은 나름대로 엄격하게 준수되는 비밀을 많이 갖고 있었다. 취하게 하는 물질을 멀리하는 것은 "방종한 입술은 배를 침몰시킨다"는 유명한 규칙을 좇은 것이었다. 고대의 연금술사는 보통 유서 깊은 족보를 가진 자부심 높은 가문을 형성했다. 혼인도 길드 내에서 조심스럽게 중매해서 외부인이 들어오는 것을 막았다. 금속 세공인은 상당량의 기술 지식을 축적하고 있었으며 여러 세대를 걸쳐 그것을 철저히 지키고 전수했다. 그 직업의 성격상 어느 한곳에서 영구적으로 자리잡고 살 수 없었다. 그는 한 지역에서 몇 개월에서 몇 년 정도 살았는데 그곳의 광석과 연료가 바닥이 날 때까지 머물 수 있었다. 세공인의 일은 상당한 기술과 오랜 훈련이 필요했으므로 자연히 농사 일이 배제되었다.

바빌론의 유다 침공으로 인해 시골에서 사는 것이 위험해졌기 때문에 레갑인들은 예루살렘의 성벽 안으로 들어오게 되었다. 그 도시에서 그들은 특이한 면이 돋보이는 별종이었다. 물론 금방 눈에 띄어 사람들의 입에 오르내렸고 얼간이 취급을 받곤 했다. 이삼 일도 지나지 않아 누구나 그들을 목격하거나 그들에 대한 소문을 들었을 정도였다.

점심 식사 초대

그런데 이런 일이 일어났다. "요시야의 아들 여호야김이 이스라엘의 왕으로 다스리던 때에, 예레미야가 하나님께 받은 메시지다. 레갑 공동체를 찾아가거라. 그들에게 하나님의 성전 어느 방에서 만나자고 전하고, 그 방에서 그들에게 포도주를 대접하여라'"(렘 35:1-2).

그런데 레갑 사람들은 포도주를 마시지 않는다. 이는 삼척동자까지 다 아는 사실이다. 왜 그들이 즐기지도 않는 포도주 파티에 그들을 초대한단 말인가? 잠시 후 예레미야의 머리에 이런 생각이 떠올랐다. 아, 그렇구나. 레갑인은 번잡한 예루살렘 거리에서, 흔히 군중심리에 젖은 이들이 불가능하다고 생각하는 두 가지 사실을 증거하는 생생한 증인이었다. 그들은 일상적인 평범한 사람들이(비인격적인 군중의 압력이 아니라) 인격적인 명령을 좇아 일평생을 살 수 있음을 보여 주는 증거였다. 그리고 그들은(군중의 유행에 동화되는 게 아니라) 또한 줄기차게 차별성 있는 생활 방식을 유지하는 게 가능함을 보여 주는 증거였다. 사람들은 이미 레갑인의 특이성을 간과하고 있었으므로—그걸 놓친다는 것은 도무지 불가능했다!—이제 레갑인을 구별된 존재로 만들며 독특한 정체성을 부여하는 것이 무엇인지 정확하게 알게만 된다면 그들 자신도 독자적인 정체성과 규율에 따른 독특성을 가질 수 있음을 알게 될 것이다.

예레미야는 그 가능성을 보았고 따라서 일에 착수했다. 그는 성전 구내에 있는 공개된 방을 사용할 계획을 세웠는데, 그 방은 사방이 트인 곳이라 종교 지도자와 일반 대중이 모두 볼 수 있게끔 되어 있었다. 그는 레갑 사람들—그리 많지 않았을 것인데 아마 열다섯에서 스무 명 정도였을 것이다—을 점심에 초대했다. 그는 포도주가 담긴 단지와 잔들을 식탁에 준비했다.

훈련된 백성

예레미야가 길거리 체험을 바탕으로 사람들로 하여금 하나님께 주목하도록 한 일은 이번이 처음이 아니었다. 어느 날 그는 시장에서 결혼식이나 종교적 축제 때 입는 멋진 세마포 옷을 하나 샀다. 예레미야가 물건을 사는 과정에서 어떤 고의적인 행동을 했을 것이라고 늘 상상하곤 하는데, 추측컨대 가능하면 많은 사람들이 그 구매 행위를 알게 하려고 오후 반나절 내내 가게 주인과 흥정하면서(그런 흥정 자체가 중동 지방에서는 드물지 않았다) 시간을 보내지 않았을까 싶다. 그래서 소문이 퍼져 나갔을 것이다. "예레미야가 무엇 때문에 세마포 옷을 사는 거지? 어떤 특별한 사건이 벌어지려는 것일까? 우리를 빼고 그가 무슨 일에 초대받은 것일까?"

그리고 나서 예레미야는 자기가 그것을 입는 날이 오기까지 그 아름다운 옷 뭉치를 말아서 안전하게 바위틈에 끼워 놓았다. 나중에 그는 마치 특별한 행사에 입으려는 듯이 그것을 다시 끄집어 냈다. 그랬더니 자연의 풍화와 벌레에 노출된 나머지 온통 썩어서 누더기처럼 되어 있었다.

백성들은 그 메시지를 포착했다. 이스라엘은 하나님이 입고 싶어 했던 멋진 옷이었으나 그분의 목적에 사용될 준비가 되어 있지 못했다는 것. 먼저 이스라엘은 평범한 삶을 살고 싶었고, 그래서 스스로를 똘똘 뭉쳐 안전한 일상 속으로 끼워 넣음으로써 정작 하나님이 큰 값을 치르고 그들을 구입한 목적에서 떨어져 나갔던 것이다. 그러나 그날이 오면 그들이 아무런 쓸모가 없다는 것이 판명될 것이다.

그들이 좀더 편하게 살려고 제쳐두었던 아름다운 도덕적 삶이 나중에 끄집어내 보면 썩어 문드러져 폐물이 될 것이다(렘 13장).

또 한 번은 예레미야가 어깨에 나무 멍에를 메고 예루살렘 거리를 비틀거리며 다니면서 장차 바빌론의 지배하에서 그런 고역을 겪을 것임을 예고하는데, 죽임을 당하는 것보다는 훨씬 나으니 그런 생활에 익숙해져야 한다고 그들에게 말했다(렘 27-28장).

그날은 예레미야가 이미 소문거리로 입에 오르내리던 레갑 사람들을 사용했다. 예레미야의 초대를 받은 그들은 이제 그와 함께 식탁에 앉아 있다. 포도주가 그 위에 놓여 있었다. 인자하고 친절한 주최자인 예레미야가 잔을 들며 건배를 외쳤다. '르 하임'*L'Chaim*! 포도주를 마시자!

과연 그들은 합류했는가? 새로운 친구의 마음을 상하지 않게 하려고 잠시나마 자기의 규율을 느슨하게 풀었는가? 그들은 전쟁이라는 비상시국 아래 살고 있었고, 따라서 자기들 보호자의 관습에 적응하는 것이 예의바른 행동이라고 인식했는가? 그들은 현실적으로 상황을 직시하고 공동의 잔을 나눔으로써 그처럼 후하게 대접받는 것에 감사를 표시했는가?

예레미야의 예상대로, 그들은 그렇게 하지 않았다. 그들은 이렇게 대답하였다. "우리는 그렇게 해왔습니다. 레갑의 아들 요나답이 명령한 대로 따랐습니다. 우리와 우리 아내와 우리 아들과 딸들은 포도주를 전혀 마시지 않습니다"(렘 35:6). 레갑 사람들은 군중의 흐름과 함께하는 삶을 산 것이 아니라 자기 조상의 분부에 기초해서 인생을 살았다. 그들 삶의 방식은 역사적인 조건이 아니라 수세기에 걸친 헌신으로부터 형성된 것이었다. 그 시대의 머릿기사가 아니라 옛적의 명령이 그들에게 정체성을 부여했다. 그 말씀이 숙련된 기술자로서의 자랑스런 전통을 형성하고 보존했다. 친절한 주최자의 환대도, 안전을 위해 찾아왔던 그 도시의 관습도 그들을 본질적인 것에서 일탈시키지 못했다. 그들은 분부를 받은 사람들이요 규율로 훈련된 사람들이라는 사실 말이다. 그들에게는 250년이나 된 요나답의 명령이 예레미야의 당장의 우정보다 훨씬 더 큰 비중을 차지하고 있었다. 그들이 자신들의 동업 조합을 유지하는 걸 가능하게 했던 그 규율이 새로운 이웃과 쉽게 유대 관계를 형성시켜 줄 상식적인 타협보다 훨씬 더 중요했던 것이다.

하나님과 관계를 맺는 인생

이제 예레미야는 설교의 주제와 군중의 주목 둘 다를 갖게 되었다. "어째서 너희는 교훈을 얻으려 하지 않느냐? 어째서 내 말을 따르지 않느냐? 하나님의 포고다. '레갑의 아들 요나답이 자손들에게 내린 명령은 그야말로 철두철미하게 준행되었다. 요나답은 그들에게 포도주를 마시지 말라고 했고, 그들은 오늘까지 한 방울의 포도주도 입에 대지 않았다. 그들은 조상이 내린 명령을 존중하여 순종했다. 그런데 너희는 어떠냐! 너희 주의를 끌고자 내가 그토록 수고하였는데도, 너희는 계속 나를 무시했다'"(렘 35:13-14, 16).

예레미야가 다음과 같이 말하지 않았다는 점에 주의하라. "여러분은 집을 팔고 장막에서 살아야 한다. 여러분은 포도원을 버리고 광야에서 방랑 생활을 해야 한다. 여러분은 포도주를 절제하고 물만 마셔야 한다." 여기서 모범적인 예로 권장한 것은 레갑 사람들의 구체적인 생활 모습이 아니라 분부를 좇아 순종하면서 규율 안에서 성실하게 사는 삶이었다.

예레미야의 메시지의 핵심은 다음과 같은 것이었다. "너희 역시 자기와 온전한 관계를 맺으며 살라고 분부한 아버지가 있다. 너희는 그분이 사랑의 삶을 살게 하기 위해 너희를 따로 구별했다는 것을 알고 있다. 그런데 왜 그에 합당하게 살지 않는가? 만일 죽을 운명을 지닌 평범한 인간은 그렇게 살 수 없기 때문이라고 생각한다면 다시 한 번 생각해 보라. 레갑인들도 죽을 운명을 지닌 평범한 인간이지만 과거 250년에 걸쳐 그렇게 살아왔다. 너희 역시 나름대로의 특성을 유지하기 위해 특정한 규율이 필요한 그런 생활 방식을 갖고 있다. 그 규율은 너희로 하여금 살아가는 방식에 대해 구체적인 결정을 하게 만든다. 즉 정규적인 예배, 신실한 기도 생활, 십일조와 가난한 자를 돌보는 것, 도덕적 행위와 의로움의 추구 같은 것들이다. 그런데 너희는 왜 그렇게 살지 않고 있는 것이지? 만일 그런 삶이 죽을 운명의 평범한 인간에게 너무 엄격한 생활이라고 생각한다면 다시 한 번 재고해 보아라. 레갑인들도 죽을 운명의 평범한 인간이지만 과거 250년에 걸쳐 그렇게 살아왔다.

그들을 그냥 쳐다보지만 말아라. 그들에 관해 그저 이야기하는 데 그치지 말아라. 그들의 독특한 면을 눈여겨보아라. 그들은 흥밋거리가 아니라 하나의 본보기다. 그들이 너희에게 너희가 얼마나 엉터리로 지루하게 살고 있는지 보여 주게 하라. 아울러 너희가 얼마나 잘 살 수 있는지도.[6] 너희의 문제는 능력이 없는 게 아니라 게으르다는 점에 있다. 예루살렘에 사는 사람 중에서, 의식적이고 의도적으로 하나님의 자녀로 살면서 믿음의 삶을 지지해 주고 보존해 주는 독특한 규율을 실천하며 살 만한 능력이 없는 자는 한 사람도 없다. 그런데 너희는 군중이 너희를 구경꾼과 소비자로 변질시키도록 허용했다. 너희는 너희 삶이 무기력하고 방종하게 되도록 허락했다. 너희는 이제까지 너희에게 주어진 최상의 것—바로 하나님의 말씀!—을 무시했고, 군중의 수다와 잡담이 너희 귀를 가득 채우도록 허용했다. 너희는 믿음의 사람들이 수 세기에 걸쳐 사용해 왔던 단순한 행위, 곧 하나님의 진리와 창조 세계의 아름다움과 인간됨의 본질과 계속 접촉하기 위해 해 왔던 행위를 저버렸다. 그 대신 군중이 천박한 것들로 너희를 산만하게 하고 선전을 동원해서 비인간화시키도록 허용해 왔다.

왜 너희는 군중에게 질질 끌려 나태함에 빠지는 대신 하나님의 명령을 좇아 거룩한 순종의 삶을 살지 않는가? "레갑의 아들 요나답이 자손들에게 내린 명령은 그야말로 철두철미하게 준행되었다. 그런데 너희는 어떠냐! 너희 수의를 삼고자 내가 그토록 수고하였는데도, 너희는 계속 나를 무시했다."

더 크게, 하지만 더 작게

예레미야는 우리가 잘 규정된 우리의 업무—그 업무가 군중에 의해 형성되고 인가되어 인생을 구성한다—를 아무 성찰도 없이 해 나가는 행습에 대해 심각한 반대를 제기하고 있다. 뉴욕의 철학자 윌리엄 바레트는 이렇게 이견을 제시한다. "현대 문명은 과거의 기대 이상으로 수많은 사람들의 물질적 수준을 높여 주었는데, 그들을 더 행복하게 만드는 데 성공했는가? 많은 양의 현대 문학으로 판단해 보건대 '아니요'라고 대답해야 할 것이다. 오히려 어떤 면에서는 정반대의 것을 이룩했다고 말해야 할지 모르겠다."[7]

우리 사회의 도덕적 수준은 부끄럽기 짝이 없다. 우리 문화의 영적 상태는 황당한 수준이다. 우리의 삶 가운데 어떤 측면이든 군중에게 주도권을 넘겨주게 되면 그만큼 삶이 피폐해진다. 군중의 규모가 크면 클수록 우리 삶은 더욱 왜소해진다. 언젠가 대 플리니우스는 로마인이 아름다운 건물을 지을 수 없었을 때 큰 건물을 만들었다고 말한 적이 있다. 그런 관행은 지금도 여전히 보편화되어 있다. 즉 우리가 어떤 것을 잘할 능력이 없다면 그것을 더 크게 만드는 것이다. 우리는 수입에 더 많은 돈을, 집에 더 많은 방을, 일정에 더 많은 활동을, 달력에 더 많은 약속을 추가하곤 한다. 그렇게 하나가 추가될 때마다 삶의 질은 더욱 떨어진다.

그와 반대로, 우리가 군중에게 내어준 삶의 일부를 회수하고 우리에게 향한 하나님의 부르심에 응답할 때마다, 우리는 더욱더 본연의 모습을 되찾게 되고 더욱 인간적이게 된다. 우리가 군중의 습관을 거부하고 믿음의 훈련을 쌓을 때마다 좀더 생명력 있는 삶을 영위하게 된다.

12

포로에게 보내는 편지

만군의 하나님, 이스라엘의 하나님의 메시지다. 내가 예루살렘에서 바빌론으로 잡혀가게 한 모든 포로에게 말한다. "너희는 거기서 집을 짓고 정착해 살아라. 과수원을 만들고, 그 나라에서 자라는 것들을 먹어라. 결혼해서 아이를 낳아라.…그곳을 고향 삼아 지내고 그 나라를 위해 일하여라. 그리고 바빌론의 번창을 위해 기도하여라. 바빌론이 잘되는 것이 너희에게도 좋은 일로 여겨라." 그렇다. 믿기지 않겠지만, 이것이 만군의 하나님, 이스라엘의 하나님의 메시지다. "너희 주변에 널리고 널린, 이른바 설교자와 박사들의 거짓말에 속아 넘어가지 마라. 듣기 좋으라고 하는 그들의 이야기에 관심을 보이지 마라. 모두 꾸며 낸 이야기에 불과하다. 그들은 거짓 설교를 일삼는 사기꾼 집단이다. 내가 자기들을 보냈다고 우긴다만, 나는 그들을 보낸 적이 없다. 전혀 근거 없는 소리다." 하나님의 포고다!

이에 대한 하나님의 말씀이다. "하루도 모자라지 않게 바빌론에서 칠십 년이 다 채워지면, 내가 너희 앞에 나타나서 약속한 대로 너희를 돌보고 너희를 고향으로 데려갈 것이다. 나는 내가 할 일을 안다. 그 일을 계획한 이가 바로 나다. 나는 너희를 돌보기 위해 계획을 세웠다. 너희를 포기하려는 계획이 아니라, 너희가 꿈꾸는 내일을 주려는 계획이다. "너희가 나를 부르고, 내게 와서 기도하면, 내가 들어줄 것이다." "너희가 나를 찾아오면, 내가 만나 줄 것이다."

예레미야 29:4-14

그리스도 역시 인격은 될 수 있는 대로 계발되어야 하고 갈수록 더 큰 능력을 발휘해야 한다는 점에 대해 니체 못지않게 관심이 많았던 게 분명하다. 둘 사이의 차이는 인격이 스스로를 그리고 그 자원을 소유하도록 하는 도덕적 방법에 있다. 후자는 자아를 고집함으로써 그렇게 하고, 전자는 자아를 잃음으로써 그렇게 한다.…우리가 살고 있는 사회의 중요한 흐름 속에 제대로 위치를 정하고 봉사할 때에만 비로소 인격을 완성할 수 있다. 공격적인 이기주의자는 자신의 진정한 인격적 발달을 저지하고 위축시킴으로써 스스로 도덕적 파멸을 자초하는 셈이다. 사회생활, 의무, 동정심 등이야말로 참된 인격이 형성될 수 있는 유일한 조건이다. 그리고 만약 우리가 몸담고 있는 바 그토록 거칠고 불완전하며 도덕과 관계 없는 아니 심지어 비도덕적이기까지 한 사회가 어떻게 참으로 도덕적인 인격을 빚어낼 수 있느냐고 묻는다면, 바로 이 대목에서 그리스도께서 믿음에 두 가지 선물을 주심으로써 우리를 구출하러 오신다고 말할 수 있다. 그 선물은 활발한 성령과 하나의 교제권으로, 둘 다 그리스도 안에서 완성된다.[1]

P. T. 포사이드

포로 생활은 매우 충격적이고 무서운 경험이다. 우리가 누구인가 하는 자아 의식은 우리가 처한 장소와, 함께 있는 사람들에 의해 크게 좌우된다. 그런 조건들이 돌연 극단적으로 변할 때, 우리는 어떤 사람들인가? 과거에 우리가 스스로의 가치를 발견하고 삶의 의미를 찾았던 기존의 방식이 사라져 버린다. 맨 처음으로 밀려왔던 감정의 파도가 뒤로 물러가고 우리는 가치 없는 무의미한 존재라고 느끼게 된다. 우리는 아무 데도 적합하지 않다. 우리가 무엇이든 하리라고 아무도 기대하지 않는다. 아무도 우리를 필요로 하지 않는다. 우리는 그저 여분의 짐꾸러미 같은 존재일 뿐이다. 한마디로 불필요한 존재에 불과하다.

이스라엘은 주전 587년 포로로 잡혀갔다.[2] 온 백성이 자기가 태어난 곳에서 뿌리째 뽑혀 버렸다. 과거에 그들에게 약속으로 주어졌던 땅, 그래서 그들이 소유했던 땅, 하나님의 백성으로서 정체성을 확립했던 그 땅을 잃어버렸다. 그들은 집과 성전과 동산을 뒤로 한 채 중동의 광야 1,100여 킬로미터를 가로질러 이동해야만 했다. 생소한 땅 바빌로니아는 관습도 생경하고 언어도 알아들을 수 없었으며 지형도 이상하리만큼 평평하고 아무 특색이 없었다. 눈에 익숙했던 지표도 모두 사라져 버렸다. 기후도 달랐다. 저명한 인사들을 알아보지도 못했고, 그들은 인정받지도 못했다.

이스라엘의 유배는 우리 모두가 이따금 경험하는 것의 과격하고도 극단적인 형태였다. 자라난 곳에서 한 번도 떠나지 않더라도 내적인 유배의 경험이 일어날 수 있다. 엄마 뱃속으로부터 유배되어 이상하고 혹독한 환경에서 인생을 시작한다. 어린 나이에 집에서 유배되어 학교라는 무섭고 힘겨운 세계에 진입하게 된다. 학교로부터 유배되어 일의 세계에서 최선을 다해 앞길을 헤쳐 나가야 한다. 고향으로부터 유배되어 생경한 지방에 적응해야 한다.

이 같은 크고 작은 유배의 경험은 사회적 변화, 정부의 교체, 가치관의 변동, 신체적 변화, 정서상의 변화, 가족과 결혼 관계의 변화 등에 따라 계속된다. 우리가 일련의 환경에 거의 익숙해지는 순간 또 다른 환경에 대처하지 않으면 안 된다. 히브리인들이 경험한 유배는 우리 모두가 이 세상에 살아 있다는 단순한 이유 때문에 경험하는 것의 극적인 형태일 뿐이다. 우리는 우리가 편하게 느끼지 않는 환경 속에 거듭해서 던져진다. 우리는 그야말로 '낯선 땅의 이방인'[3]인 셈이다.

유배의 핵심적인 뜻은 원치 않는 곳에 처한다는 것이다. 우리는 내 집으로부터 분리되었다. 우리는 우리가 잘 파악해서 알고 있는 환경에서 살도록 허용되지 않는다. 우리 취향에 가장 잘 맞는 곳을 떠나야만 한다. 그것은 혼란스러운 경험과 같다. 모든 것이 앞뒤가 맞지 않고 제대로 맞아 들어가는 것이 없다. 오랜 기간 쌓여서 집에 있는 것처럼 편안한 느낌을 주던 모든 것—제스처, 관습, 의식, 상용 어구—을 잃어버렸다. 수세대에 걸친 언어, 습관, 기후, 이야기 등으로 이루어진 낯익은 풍토에서 삶이 송두리째 뽑혀 지구상의 낯선 곳으로 아무렇게나 뚝 떨어뜨려진 것이다. 포로로 잡혀간 곳이 더 높은 생활 수준을 자랑하는 곳일 수도 있다. 어쩌면 기후가 더 좋을 수도 있다. 하지만 그런 것이 중요한 게 아니다. 그곳은 집이 아니기 때문이다.

그러나 이 같은 생경함 자체가 우리에게 전혀 새로운 현실을 열어 보여 줄 수 있다. 사고, 비극, 재난은 이 세상이 예측 불가능한 곳이며 현실은 우리가 흔히 인식하고 있는 것보다 훨씬 더 크다는 것을 깨닫게 만든다. 그에 따른 고통과 소외의 와중에서 자유를 느끼게 될 수 있다.

거짓된 꿈

이스라엘이 포로로 잡혀간 이유는 매우 분명하다. 예레미야를 비롯한 예언자들은 국가의 안정과 안보가 하나님의 사랑에 대한 신실한 반응에 달려 있다고 역설했다. 사람들은 그런 메시지를 조롱하고 배척했다. 어느 날 바빌론 군대가 들어와서 그 도시를 점령했다. 바빌론 사람들은 예루살렘을 점령한 뒤, 그곳의 지도자급 인사들을 골라서 유배를 단행했다. 그들의 전술은 영향력 있는 위치에 있는 모든 이들—공인, 상인, 정치 지도자 등—을 옮겨 놓음으로써 일반 대중이 침략자들에게 의존하고 순종하게 하려는 것이었다. 지도자 없는 백성은 마치 순한 양처럼 별 소동 없이 꼭두각시 왕과 점령군에게 순응할 것이다. 흥미롭게도 예레미야는 그곳에 그냥 남게 되었다. 그는 상당 기간 자기 백성으로부터 지도자로서 무시를 당해 왔던 터라 바빌론 사람들도 유배할 필요가 있을 정도로 중요한 인물이라고 생각하지 않았다.

포로로 잡혀간 이 백성은 어떤 마음을 품고 있었을까? 그들은 어떻게 반응했을까? 만일 우리 자신이 그와 유사한 상황에 처했다고, 곧 우리가 좋아하지 않는 장소에 좋아하지 않는 사람들과 장기간 함께 있도록 강요받았다고 가정할 때 어떻게 반응할지 상상해 보면 그 실상에서 그리 멀지 않을 것이다. 그들은 불평의 형태로 감정을 토로할 수 있을 것이다. "참으로 끔찍한 일이 우리에게 벌어졌어. 그리고 그것은 결코 공평하지 않은 일이야. 우리가 완전하지 않다는 건 나도 알지만 다른 이들보다 더 나쁜 건 아니잖아. 그리고 우리 친구들은 예루살렘에서 예전처럼 살아가고 있는데 우리는 여기 이 바빌론 광야에까지 쫓겨 온 신세잖아. 하필이면 왜 우리지? 이곳의 언어도 못 알아듣겠고, 음식도 싫고, 바빌로니아인의 풍습도 저질이고, 학교는 물론 수준 이하이며, 마땅한 예배 장소도 없고, 평야는 황무지 일색이고, 기후는 지독하게 덥고, 신전은 부도덕으로 오염되었으며, 누구나 촌스러운 사투리를 사용하는 곳이 바로 여기야." 그들은 억지로 쫓겨와 살게 된 열악한 환경에 대해 신랄하게 불평을 늘어놓았다. 그들은 예루살렘을 뼈에 사무치게 갈망했다. 그들은 로버트슨 데이비스가 '매춘부의 감정'이라고 부른, 이른바 자기 연민 속에서 몸부림쳤다.[4]

그들에게는 그런 자기 연민을 부채질해 주는 종교 지도자들이 곁에 있었다. 우리는 그들 중 세 명의 이름을 알고 있다. 아합과 시드기야와 스마야가 그들이다. 이 예언자들은 그런 궁지에 빠진 것이 불공

평하다고 외쳤으며 사람들의 불만을 부추겼다. "그래, 우리가 마땅히 돌아가야 할 곳은 예루살렘의 옛 종교야. 그래, 지금 예루살렘에서는 수많은 이들이 인생을 즐기고 있는데 우리는 여기에 있다니 참으로 악운임이 틀림없어. 그러나 그럭저럭 조금만 더 견디면 우리는 돌아가게 될 거야. 그럴 날이 결코 멀지 않았어. 그럼, 그럴 수밖에 없지. 우리 중 누구도 이런 고생을 해야 마땅한 자는 없으니까. 결국 정의가 승리할 것이야." 이 예언자들은 그 같은 꿈을 하나님이 주신 것이라 주장했는데, 내용인즉 포로 생활이 곧 끝나리라는 것이었다.

이 세 예언자는 불만을 조장하고 향수를 상품으로 만들어 팔아먹음으로써 풍족하게 살고 있었다. 하지만 그들의 메시지와 꿈은 거짓일 뿐 아니라 무척 파괴적인 것이었다. 거짓된 꿈은 정직한 삶을 방해한다. 백성들이 조만간 고향으로 돌아갈 것으로 생각하는 한, 바빌론에서 충실하게 열심히 일한다는 것은 아무런 의미가 없었다. 그들이 얼마 지나지 않아 잃었던 모든 것을 되찾을 확률이 높다면, 굳이 현재 처한 곳에서 부를 축적하는 안정된 삶을 추구할 필요가 없었다. 그들의 참된 인간 관계를 저 멀리 예루살렘에 두고 왔다면, 포로 생활 가운데 맺는 인간 관계는 무책임하게 대충 꾸려 나가면 그만이었다. 어쨌든 여기에 사는 사람들을 더 이상 보지 못할 날이 얼마 남지 않았으니 말이다. 정원에 나무를 심는 고생을 할 이유가 어디 있지? 그건 무척 고된 노역인데 다음 추수철이 되기도 전에 떠날지도 모르잖아. 이 문화에 속한 사업의 관행을 배울 필요도 없잖아? 그것도 힘겨운 일인데. 그들은 여기저기서 임시직으로도 그럭저럭 살아갈 수 있었다. 굳이 결혼 및 가족 제도를 도입할 필요가 어디 있어? 그들이 예루살렘에 돌아가 정착해서 진지하게 가정을 세울 때까지는 임시로 섹스 파트너를 찾아 때우면 되잖아.

예언자들은 백성들의 자기 연민을 신경증적인 공상이 되게끔 조작하였다. 사람들은 게으름을 정당화시켜 주는 종교적 이유를 찾았다고 흐뭇해하면서 하루하루 연명했는데, 그것은 사회의 기생충 같은 삶이요, 인간 관계에 무책임하며 현실에 무관심한 삶이었다.

예레미야에게서 온 편지

어느 날 예고도 없이 예루살렘에서 온 두 사람이 포로들 가운데 나타났다. 엘라사와 그마랴였다. 그들은 바빌론 왕에게 전달할 메시지를 가지고 온 공식 특파원이었다. 그들은 왕궁으로 가는 길에 포로들의 공동체에 들렀다. 분위기가 온통 흥분으로 휩싸였다. 누구나 할 것 없이 질문을 퍼부어댔다. 이 아무개는 어떻게 지내죠? 저 아무개는? 엘라사와 그마랴가 손을 들어 그들을 진정시켰다. 그들에게 사적인 소식들을 전하기 전에 먼저 예레미야가 포로에게 전하는 편지를 전달해야 했다.

"만군의 하나님, 이스라엘의 하나님의 메시지다. 내가 예루살렘에서 바빌론으로 잡혀가게 한 모든 포로에게 말한다. 너희는 거기서 집을 짓고 정착해 살아라. 과수원을 만들고, 그 나라에서 자라는 것들을 먹어라. 결혼해서 아이를 낳아라.…그곳을 고향 삼아 지내고 그 나라를 위해 일하여라. 그리고 바빌론의 번창을 위해 기도하여라.… 너희 주변에 널리고 널린, 이른바 설교자와 박사들의 거짓말에 속아 넘어가지 마라."

집을 짓고 정착해 살아라. 너희는 지금 캠핑을 하고 있는 것이 아니다. 이것이 너희들의 집이므로 마음 편히 살아라. 너희가 좋아하는 장소가 아닐지 모르지만 그것도 하나의 처소이다. 기초를 잘 다지고 살 만한 거처를 만들며, 너희가 살 만한 최선의 환경을 개발하라. 그저 둘러앉아서 예루살렘으로 돌아갈 날만 열망하고 있다면 현재의 삶이 피폐해지고 공허해질 것이다. 지금 여기서 사는 삶도 모든 면에서 과거 예루살렘에서 살던 생활만큼 귀한 것이며, 장차 예루살렘에 돌아가서 살 생활만큼 가치 있는 것이다. 바빌론 유배는 너희가 택한 것은 아니지만 너희에게 주어진 것이다. 바빌론풍의 집을 짓고 힘닿는 대로 열심히 살아라.

과수원을 만들고, 그 나라에서 자라는 것들을 먹어라. 계절의 리듬에 맞추어 살아라. 그곳의 경제를 위해 생산적인 일원이 되어라. 너희는 기생충이 아니다. 너희를 위해 다른 이들이 그런 역할을 해 주리라 기대하지 말아라. 바빌론의 토양에 익숙해져라. 바빌론의 관개 방식에 대해 충분한 지식을 갖추어라. 이런 토양과 기후에 맞는 과일 및 채소 재배 기술을 습득하거라. 바빌론의 요리법을 익혀 음식을 만들어 보아라.

결혼해서 아이를 낳아라. 너희가 몸담고 있는 그 사회는 너희 아래에 있는 것도 너희 위에 있는 것도 아니다. 그들은 너희와 동등한 사람으로서 너희가 아주 친밀하고도 책임성 있는 관계를 맺을 만한 이들이다. 너희가 계속 다른 이들로부터 동떨어져 생활한다면 하나님이 원하시는 그런 존재가 될 수 없다. 양자간에 존재하는 차이점보다 공통 분모가 훨씬 더 중요하다. 그들은 하나님이 만든 인격들이다. 따라서 믿음의 사람인 너희의 책무는 신뢰와 대화, 사랑과 이해를 계발하는 것이다.

그곳을 고향 삼아 지내고 그 나라를 위해 일하여라. 그리고 바빌론의 번창을 위해 기도하여라. 바빌론이 잘되는 것이 너희에게도 좋은 일로 여겨라. 번영은 '샬롬이다.' 샬롬은 온전함, 곧 한 사회의 역동적이고 생동감 있는 건강을 뜻하는 것으로서, 그런 사회는 신의 목적에 합당한 방향으로 고동치고 삶을 변혁시키는 사랑으로 물결치는 사회다. 너희가 처한 공동체에 몸을 바치되 그 사회의 기대를 따르지 말고 하나님이 바라시는 방향으로 그렇게 하라. **기도하라.** 하나님의 뜻이 애써 성취되고 있는 그 중심부를 찾고(이것이 우리가 기도할 때 하는 일이다) 그 중심부에 근거해서 일하라.

예레미야의 편지는 일종의 책망이자 도전이다. "둘러앉아 자기 처지를 한탄하는 짓을 그만두어라. 믿음의 사람의 목표는 가능한 한 편안하게 사는 것이 아니라 최대한 깊이 있게 그리고 철저하게 사는 것이다. 삶의 현실을 다루고 진리를 발견하고 아름다움을 창출하고 사랑을 실천하면서 살아라. 너희가 예루살렘에 있었을 때는 그렇게 살지 않았다. 여기 바빌론에서 그렇게 살려고 애써 보지 않겠는가? 너희에게 거짓된 희망을 팔아먹으면서 무책임한 삶을 사는 거짓 예언자에게 귀 기울이지 말아라. 너희는 오랜 기간 바빌론에서 살게 될 것이다. 그러므로 최선을 다해 사는 편이 낫다. 어떤 기적적인 사건이 돌발적으로 일어나길 막연히 기다리면서 그럭저럭 살지 말아라. 집을 짓고, 과수원을 가꾸고, 시집도 가고, 장가도 가고, 자식도 낳고,

바빌론의 온전함을 위해 기도하고, 그것을 위해 네가 할 수 있는 모든 일을 하라. 너희가 인간답게 살아야 할 유일한 장소는 바로 지금 너희가 몸담고 있는 곳이다. 너희가 믿음으로 살 수 있는 유일한 기회는 바로 오늘 너희에게 주어진 환경 가운데 있다. 즉 너희가 거처하는 이 집, 너희가 속한 이 가정, 너희에게 주어진 이 직업, 바로 이 순간 너희를 둘러싸고 있는 기후 조건이 그것이다."

최선을 다하는 삶

유배(원치 않는 곳에서 원치 않는 사람들과 함께 있는 것)는 우리에게 어떤 결정을 강요한다. 세상의 잘못된 면에 관심을 집중함으로써 스스로를 가엾게 여길 것인가? 아니면 내가 있는 이곳에서 최선을 다해 사는 법을 배우는 데 에너지를 집중할 것인가? 문제점에 대해 불평하는 것이 미덕을 쌓는 일에 몸소 참여하는 것보다 언제나 더 쉬운 법이다. 조지 엘리어트는 『펠릭스 홀트』라는 소설에서 이 점에 대해 훌륭하게 논평했다. "모든 것이 잘못되었다고 그는 말한다. 그것은 거대한 주제다. 그런데 그는 모든 것을 바로잡고 싶어 하는가? 자기 자신만 빼놓고. 그는 자기 주제를 잃게 될 것이다."[5]

우리는 날마다 이와 같은 유배 상황에 어떻게 반응할 것인지 결정해야 한다. 이렇게 말할 수도 있다. "나는 이곳이 싫어. 10년 전에 살던 곳으로 돌아가고 싶어. 당신은 어떻게 내가 싫어하는 것에 투신하길 기대할 수 있지? 그렇게 한다면 그건 순전히 위선일 뿐이야. 장래성이 전혀 없는 곳에서 내가 좋아하지도 않는 사람들 가운데서 위험을 무릅쓰고 녹초가 될 때까지 노력하는 것이 무슨 의미가 있지?"

아니면 이렇게 말할 수도 있다. "나는 여기에 있는 것을 가지고 최선을 다할 거야. 이곳의 기후, 이곳의 경제, 이곳에 사는 이웃보다 훨씬 더 중요한 것은 이곳의 하나님이지. 하나님은 나와 함께 여기에 계셔. 지금 내가 경험하고 있는 것은 그분이 창조하신 땅 위에서 그분이 사랑하는 사람들과 함께하는 경험이야. 다른 어떤 장소에서와 마찬가지로 여기서 하나님의 뜻에 따라 사는 것도 가능한 일이지. 내 마음은 두려움으로 가득 차 있어. 나는 주변 환경에 대해 몰라. 배울 게 무척 많다는 말이지. 그걸 해낼 수 있을지 잘 모르겠지만 과거 예루살렘에서도 그런 생각을 품었던 적이 있지. 변화는 참 어려운 것이야. 낯선 이들 가운데서 친밀함을 계발한다는 것은 언제나 모험이지. 낯설고 적대적인 환경에서 인간 관계를 도모하는 것은 어려운 일이야. 그러나 생명을 갖고 인간답게 사는 것이 그런 의미라면 그렇게 살겠어."

F. 페넬롱은 세상에는 두 종류의 사람이 있다고 말하곤 했다. 어떤 이들은 인생을 바라보며 거기에 없는 것을 놓고 불평하는 반면, 다른 이들은 인생을 바라보며 거기에 있는 것으로 인해 기뻐한다고.[6] 우리는 우리에게 없는 것을 기반으로 살 것인가 아니면 우리가 갖고 있는 것에 기초해서 살 것인가?

초청과 약속

포로들에게 보낸 예레미야의 편지에는 이처럼 상당한 책망과 충고가 들어 있었다. 하지만 거기에는 또한 초청과 약속도 포함되어 있었는데, 이것이 결국에는 중심을 차지하게 되고 포로 생활의 양상을 좌우했다. "내가 너희 앞에 나타나서 약속한 대로 너희를 돌보고 너희를 고향으로 데려갈 것이다. 나는 내가 할 일을 안다. 그 일을 계획한 이가 바로 나다. 나는 너희를 돌보기 위해 계획을 세웠다. 너희를 포기하려는 계획이 아니라, 너희가 꿈꾸는 내일을 주려는 계획이다. 너희가 나를 부르고, 내게 와서 기도하면, 내가 들어줄 것이다. 너희가 나를 찾아오면, 내가 만나 줄 것이다."

예레미야는 평소에도 탁월한 언어를 구사했지만 이 문장들에서 그 특징이 가장 두드러지게 나타난다.

소수의 사람들은 그 메시지를 내팽개쳤다. 이를테면 그 세 명의 예언자는 분노에 들끓었다. 스마야는 예루살렘 제사장 스바냐에게 분노에 찬 신랄한 편지를 써 보냈다. "어째서 예언자를 자처하며 돌아다니는 저 아나돗 사람 예레미야를 가두어 그의 입에 재갈을 물리지 않는 거요? 그는 바빌론에 있는 우리에게, 이 포로생활은 아주 오래갈 것이니 이곳에 집을 짓고 고향 삼아 살며, 과수원을 만들고 바빌론의 요리를 배우라고 편지를 써 보내기까지 했소"(렘 29:27-28).

그러나 다른 이들은 그 메시지를 받아들였는데, 대부분이 그렇게 했던 것 같다. 그들은 유배가 안겨 준 일상성에 충격을 받아 새로운 '탐구'[7]를 시작했다. 그들은 조용히 앉아서 자신이 원치 않는 곳 곧 바빌론에서 하나님의 백성으로 산다는 것이 무엇을 의미하는지 찾기 시작했다. 그 결과 이 기간이 히브리 역사 전체에서 가장 창조적인 시기가 되었다. 그들은 자기 정체성을 잃지 않고 오히려 그것을 찾았다. 그들은 과거 어느 때보다 더 깊이 그리고 더욱 삶을 변화시키는 방향으로 기도하는 법을 배웠다. 그들은 모세와 예언자들로부터 그들에게 전수된 방대한 계시를 글로 쓰고 사본을 만들고 깊이 묵상했으며, 그 성경이 지닌 놀라운 풍성함을 깨닫게 되었다. 그들은 하나님이 어느 한 장소에 한정된 분이 아니고 익숙한 환경에 묶여 있지 않다는 사실을 발견했다. 유배라는 과격한 자리바꿈이 진실을 왜곡하는 친숙한 전제로부터 그들을 단절시켰으며, 예전에는 상상도 못한 깊이와 높이를 볼 수 있게 해 주었다. 그들은 과거에 스스로 중요하다고 생각했던 모든 것을 잃어버렸고 참으로 중요한 것을 찾았다. 하나님을 찾은 것이다.

유배는 그들의 생활 방식의 덮개를 열어젖혀 그 텅 빈 실상을 보여 주었다. 다시는 떡으로만 살 수 없었다. 하나님의 말씀이 필수 양식이었다. 그들은 이처럼 특별한 삶의 변화가 일상의 구조―집과 과수원, 결혼과 자식―속에서만 일어날 수 있음을 인식했다. 예레미야가 그들에게 집을 짓고 과수원을 가꾸고 가정을 꾸리라고 지시했을 때, 그들은 바빌론에 동화되라는 의미로 오해하지 않았다. 그렇게 하면 바빌론에서 예루살렘의 죄를 반복하는 셈이기 때문이었다. 그들은 일상을 포용했으나 그 속에 흡수되지는 않았다. 그들은 맡은 책임과 반복되는 일과가 자신을 둔화시키도록 허용하지 않았다. 그들은 열심히 기도하고 탐구했다. 그와 같은 탐구는 보람이 있었다. 그들은 삶의 짜임새를 간파했다. 그들은 삶의 여러 미묘한 측면에 제대로 반응하게 되었는데, 그것들은 눈과 귀와 마음이 주목해 주기를 기다리고 있었으며, 충분히 주의를 기울일 만한 가치가 있었다.

포로 생활은 '이스라엘의 믿음의 시련'[8]이었다. 그들은 존재의 끄트머리까지 밀려나 가까스로 버티고 있다고 생각했는데, 사실은 하나님이 계시는 중심부로 밀려갔던 것이다. 그들은 마지못해 사는 게 아니라 풍성한 삶을 경험했다. 이제는 그들의 이전 인생이 생존에 급급한 삶, 소비와 유행에 젖은 최저 수준의 삶, 공허한 의식과 무신경한 개발로 얼룩진 삶이었음을 알았다. 포로 생활은 그들을 삶의 변두리로부터 소용돌이 속으로 밀어 넣었는데, 그곳은 삶과 죽음, 사랑과 의미, 목적과 가치 등의 문제가 역동적인 일상을 형성하고 장차 그들을 인도할 하나님과 함께하도록 촉구하는 그런 곳이었다.

그와 같은 일이 계속해서 벌어진다. 포로 생활은 최상의 것을 드러내 주는 최악의 경험이다. 윌리엄 포크너는 "믿기 어렵지만 재난은 사람들에게 좋은 것인 것 같다"고 말한다.[9] 불필요한 것이 벗겨지면 본질적인 것만 남는데, 그 본질은 다름 아닌 하나님이다. 평범한 생활은 산만함과 엉뚱한 것들로 가득 차 있다. 그러다가 큰 재난이 닥친다. 갑작스런 혼란, 유배, 질병, 사고, 실직, 이혼, 죽음. 아무도 우리를 상담해 주지 않고 우리의 허락을 기다리지도 않는 가운데 우리 삶이 다시 정렬된다. 우리는 더 이상 편안함을 느끼지 못한다.

우리 모두에게는 다양한 기간—순간, 며칠, 몇 달, 몇 년—의 유배 경험이 주어진다. 그런 경험에 어떻게 반응할 것인가? 차라리 다른 곳이었으면 좋겠다고 하소연할 것인가? 불평을 늘어놓을 것인가? 공상 세계로 도피할 것인가? 약을 먹고 망각에 빠져들 것인가? 아니면 집을 짓고, 나무를 가꾸고, 장가가고, 우리가 사는 장소 및 더불어 사는 사람들의 평안을 위해 노력할 것인가? 포로 생활은 진정 무엇이 중요한지를 밝혀 주고 우리를 해방시켜 그 중요한 것을 추구하도록 한다. 그것은 바로 온 마음을 다해 주님을 찾는 것이다.

13

수문장, 왕,
왕궁 관리

그가 베냐민 성문에 이르렀을 때, 거기 수문장이던 하나냐의 손자요 셀레먀의 아들인 이리야가 예언자 예레미야를 붙잡고 고발하며 말했다. "당신은 지금 갈대아 사람들에게 투항하러 가고 있소!"

그렇게 해서 예레미야는 물웅덩이를 개조한 지하 감옥에 들어가 오랫동안 갇혀 있었다. 나중에 시드기야 왕이 사람을 시켜 예레미야를 데려왔다. 왕이 그들에게 은밀히 물었다. "하나님께서 주신 메시지가 있소?"…

왕궁 관리였던 에티오피아 사람 에벳멜렉은, 사람들이 예레미야를 물웅덩이 속으로 내동댕이쳤다는 소식을 들었다.…에벳멜렉이 왕궁을 나와 왕에게 달려가 말했다. "내 주인인 왕이시여, 저 자들이 큰 범죄를 저질렀습니다. 예언자 예레미야를 굶겨 죽이려고 그를 물웅덩이 속에 던져 넣었습니다. 그는 죽은 목숨이나 다름없습니다. 지금 도성에는 빵 한 조각 남아 있지 않습니다."…

에벳멜렉이…해진 옷 조각 얼마를 밧줄과 함께 물웅덩이 안에 있는 예레미야에게 내려보냈다.

예레미야 37:13, 16-17; 38:7-13

나는 정체성이란 단어와 '나는 누구인가'라는 의문을 제멋대로 등식화하는 것을 도무지 참지 못하겠다. 나는 한 번도 그런 적이 없지만 말이다. 일시적으로 병적인 상태에 있든지, 창조적인 자기 대면 혹은 때로 이 둘이 합쳐진 사춘기적 상태에 있을 때를 제외하고는 아무도 스스로에게 이 질문을 던지지 않는다. 그런 까닭에 가끔 어떤 학생이 '정체성의 위기'를 겪고 있다고 말하면 나는 그에게 지금 불평을 하고 있는지 아니면 자랑을 하고 있는지 물어보고 싶은 심정이 된다. 만약 이를 일인칭으로 표현할 수 있다면 "나는 스스로를 어떤 인물로 만들고 싶은가, 그것을 위해 나는 무슨 일을 해야 할까?"라고 옮기는 것이 적절할 것이다.[1]

에릭 에릭슨

역사 속의 인물들은 대부분 하나의 에피소드를 비추다가 잊혀져 버리는 장식용 조명에 불과하다. 10년 전 국무장관을 역임했던 사람의 이름을 기억하는 사람이 몇 명이나 되는가? 세상에서 가장 특권을 누리는 지위 중 하나인데 말이다. 5년 전 베스트셀러 작가였던 사람의 이름은? 그러나 몇몇 사람의 경우는 그 이름이 퇴색하는 게 아니라 세기가 지날수록 더욱 찬란하게 빛난다. 그들의 중요성이 빛나는 이유는 그들이 명예로운 역할을 담당했거나 유명한 사건에 연루되었다는 사실 때문이 아니다. 그들은 깊이 그리고 철두철미하게 **인간다운** 존재가 되었기 때문이다. 블랙머의 표현에 따르면, 그들은 "아주 거대하고 지칠 줄 모르는, 매력적인 힘을 발산하며, 끊임없이 솟아나는 샘이나 한결같은 가치의 선언에 해당하는 파급력 있는 힘을 보여 준다. 당신의 작은 인간은 쉽게 치워 버릴 수 있는 흙무더기에 불과한 반면 (그런 인물은) 사방에서 갱도를 파 들어갈 수 있는 산 같다."[2]

예레미야는 "사방에서 갱도를 파 들어갈 수 있는 산"이다. 그는 한 시대의 신기원을 이룩한 중심 인물이다. 그는 천 년의 주축이 된 사건들에 직접 참여한 사람이다. 예레미야의 시대는 신체의 중추와 같아서 인간 존재의 팔방―철학, 종교, 정치, 예술 등―으로 신경을 뻗치고 있다. 중국, 인도, 이스라엘, 그리스에서는 전 세계 역사의 기초가 놓였다. 칼 야스퍼스는 예레미야의 세기를 '축과 같은 시대' *Achsenzeit*라고 묘사했다.[3]

그 사람은 머릿기사를 장식했다. 그의 신학적 통찰력, 종교적 민감성, 수사학적 힘, 감정의 폭, 직접 도전하는 용기 등 모든 것이 역사적 지표가 되었다. 하지만 믿음의 사람들이 예레미야에게 관심을 갖는 첫째 이유는 그의 역사적 영향력이 아니라 그의 인격적 발달에 있다.

역사적 머릿기사를 장식하는 이들은 소수에 불과하지만 인간다운 인간이 되는 것은 누구나 가능하다. 평화 조약을 체결할 때뿐 아니라 쓰레기를 갖다 버릴 때에도 위대해지는 것이 가능한가? 전국에 방영되는 텔레비전 토론에서뿐 아니라 부엌에서 하는 행동으로도 은혜를 증거할 수 있는가?

예전에 공적인 인물로 이름을 날리던 한 남자를 알고 있었는데 그를 만난 사람은 누구나 그에게 매료되었다. 그가 한 말은 무엇이든 **중요하게 여겨졌다.** 그야말로 **영향력 있는** 인물이었다. 그는 언제나 나무랄 데 없이 옷을 차려 입었고 예의바른 사람이었다. 그런데 그의 비서는 오만하기 그지없는 그의 요구 때문에 자주 울음을 터뜨리곤 했다. 막후에서는 청포를 입샀는 무신경한 인물이었던 것이다. 그의 공적인 이미지는 흠잡을 데 없었으나 그의 개인적인 관계는 형편없는 상태였다.

예레미야의 경우에는 사람들을 날마다 어떻게 대했는가? 그가 설교를 하거나 품위 있게 예언을 하거나 적대자와 대립하는 순간을 제외한 다른 때에 그와 함께 있는 것은 어떠했을까? 수세기에 걸쳐 정선된 성찰을 모으면 아주 인상적인 의견으로 귀결된다. 예레미야는 복합적이고 발달된 **인격**의 견지에서 인간다운 존재가 되었다는 것이다. 그가 관계를 맺었던 몇 사람을 조사해 보면 그의 '온전한 인간다움'이라는 특징을 더욱 강화시켜 준다. 이는 에이브러햄 매슬로가 드물게 실현되는 우리의 운명을 묘사할 때 사용한 표현이다.[4]

예레미야 37-39장에는 결정적인 역사적 사건들이 일어나고 있다. 세계 역사가 우리의 눈앞에서 형성되고 있다. 그 나라가 근본적인 변화를 겪는 중이다. 강력한 신학적 실체들이 등장하고 있다. 예레미야는 그 모든 것의 중앙에 있었다. 예레미야가 커다란 쟁점들을 감지하지 못하고 있었던 것은 아니지만 주로 **인격체들**, **이름**을 가진 인격들을 상대하고 있다. 이름을 가진 인격들이 믿음으로 사는 예레미야의 일상생활의 원재료였다. 믿음의 삶 하나하나는, 확연히 드러나든 그렇지 않든, 과거 예레미야가 어깨를 부대끼던 인격들과 다르지 않은 사람들과의 관계 속에서 이루어진다. 우리가 숙고하는 거대한 관념, 우리가 참여하는 중요한 운동, 우리에게 주어진 특정한 직업과는 별개로 이름을 가진 인격들이야말로 우리 삶의 일정 대부분을 차지한다. 예레미야의 일정표에 올라 있는 세 사람은 그 대표적인 인물들로서 중요한 위치를 차지하고 있다. 수문장 이리야, 왕 시드기야, 왕궁 관리 에벳멜렉이 그들이다.

이리야 수문장

그 도시는 바빌론 사람들의 최후 공격을 받고 있었다. 얼마 지나지 않아 함락될 지경이었다. 예레미야는 바빌론의 침략이 하나님의 심판이며 그것을 받아들이고 승복해야 한다고 지도자들에게 조언했으며 백성들에게 선포한 터였다. 그들은 죄를 저질렀고 이제 심판을 받는 중이었던 것이다. 심판은 온전함을 회복하는 하나님의 방법이었다.

사람들은 그것을 좋아하지 않았다. 그들은 심판의 개념을 피하고, 옳고 그름, 죄와 무책임이라는 범주 이외의 다른 범주로 생각할 수 있는 길을 계속 모색했다. 그들이 발견한 대안의 하나는 충성과 불충의 견지에서 생각하는 것이었다. 애국심을 이용해서 도덕 의식을 혼란스럽게 만들었다. "사랑하는 조국이 공격을 받고 있으므로 우리는 충성을 다해야 마땅하다. 위기의 때에는 너희 지도자들을 비판하는 것이 옳지 않다. 그것은 불충이요 반역 행위다."

감정적인 애국심을 들먹이는 것이 의를 위해 책임을 떠맡는 것보다 훨씬 더 쉽다. 애국심 운운하며 슬로건을 외치는 것이 정의를 위해 애국적으로 일하는 것보다 훨씬 더 쉬운 일이다.

하루는 예레미야가 5킬로미터 떨어진 고향 아나돗에 가려고 성문을 나서는 참이었다. 이리야 수문장이 그를 체포했는데, 명목은 적에게 항복하러 가기 때문이라는 것이었다.

예레미야는 성인기 내내 예루살렘에서 살았다. 30년이 넘도록 공적으로 활동했다. 위대한 왕 요시야의 충실한 친구요 자문으로서 이미 신망을 쌓았던 사람이었다. 단 한순간도 유대인의 정체성을 저버리거나 부인한 적이 없었으며, 공동체의 일원으로서 책임을 회피한 적도 없었다. 그를 아는 자라면 누구나 그가 비판만 일삼는 방관자도, 선전만 하는 변절자도 아니며 함께 고뇌하는 일원임을 분명히 알고 있었다.

이리야는 자기가 체포한 남자를 상관에게 데리고 갔는데, 그 고관들은 그를 때리고 감옥에 가두었다. 그들은 그동안 적당한 이유를 대고 그를 낚아챌 만한 기회를 기다리고 있었던 것이 분명하다. 이리야가 감시인의 무차별적인 반사신경을 사용해서 그에게 달려든 것이다.

이리야는 자기 직업을 이용해서 인격체로서의 책임을 회피한 사람이다. 그는 사람들을 파괴하는 일을 하기 위해 업무 분장에 따른 규칙과 특권 뒤에 몸을 숨기는 최악의 관료였다. 그는 도덕이나 의, 하나님이나 인간을 전혀 고려하지 않은 채 직무를 수행했다. 우리는 언제나 이런 유의 인간을 만나곤 한다. 언제고 이런 유의 직업들은 점점 더 많아진다. 사람들은 날마다 이런 공무원, 곧 사람들을 똑바로 쳐다보기를 거부한 채 규정과 서류 사무, 비서와 위원회 뒤에 몸을 감추는 자들에게서 상처 받고 푸대접받는다.

이리야는 멜빌이 『사기꾼, 그의 가면무도회』라는 소설에서 심한 조소의 대상으로 삼는 유의 인물이었다. 멜빌은 그런 자를 이렇게 묘사했다. "악한 자 밑에서 일하는 너무나 중요한 말단 직원이자 원만한 사람, 당신같이 무난한 인간은 나쁜 일에는 쓸모가 있으나 옳은 일에는 소용이 없다."[5] 틀림없이 이리야는 강경하게 항의하면서 자기는 개인적으로 예레미야에게 원한이 없으며 다만 시키는 대로 했을 뿐이라고 말했을 것이다.

20세기의 인물 가운데 이리야 같은 자로는 아돌프 아이히만이 가장 유명한데, 그는 나치 독일에서 600만 유대인의 학살을 자행한 핵심 인물이었다. 예루살렘에서 열린 재판에서 그가 유대인에게 원한

이 없었다는 사실이 아주 분명해졌다. 그는 그저 자기 직무를 수행했을 뿐이다. 그의 내면에서 굉장한 증오의 독을 발견할 수도 없었다. 다만 자기 상관이 시키는 대로 순종했을 뿐이다. 한나 아렌트가 그를 묘사하기 위해 '악의 평범성'the banality of evil이란 문구를 새로 만들었다. 이처럼 예상 밖의 근원에서 이루 헤아릴 수 없는 악이 나오게 된다.[6] 오랜 기간 스스로를 책임성 있는 도덕적 개인으로 생각하기를 포기한 채 자기 직무를 수행하는 조용하고 효율적인 작은 인간들 말이다.

예레미야는 이리야에게 못 말리는 인내심으로 반응했다. 그는 고함을 지르며 저주하지 않았다. 위협하거나 욕을 하지도 않았다. 그렇다고 죽은 듯이 당하고만 있지도 않았다. 그는 무죄를 주장했으며 참고 견뎠다. 그는 평정을 잃지 않고 이 같은 진부한 어리석음을 수용한 것 같으며, 자기의 소명을 끝까지 밀고 나갔다.

시드기야 왕

시드기야는 진정한 의미에서의 왕이 아니라 바빌론이 임명한 꼭두각시 왕이었다. 진짜 왕 여호야긴은 주전 598년에 그 도시의 지도급 인사들과 함께 포로로 잡혀갔다. 그래서 그의 삼촌 시드기야가 그 대신 통치자로 임명되었던 것이다. 시드기야가 임명된 지 11년이 흘렀다. 그 11년 내내 그는 자주 예레미야와 대화를 나누었다. 예레미야는 그의 형제였던 위대한 왕 요시야, 그의 조카였던 여호야김 왕 및 여호야긴 왕 등과 긴밀한 관계를 맺고 있었던 인물이었다.

시드기야는 예레미야에게 복합적인 감정을 품고 있었다. 그는 예레미야를 존경했다. 어떻게 존경하지 않을 수 있었겠는가? 굉장한 위업, 고매한 인격, 전설적인 용기를 겸비한 인물인데. 그러나 동시에 그는 난처한 처지에 있었는데, 자기와 가까이 함으로써 이익을 챙기려는 아첨꾼들로 둘러싸이도록 스스로 허용해 버렸기 때문이다. 예레미야가 그런 인간들을 아주 경멸한다는 것을 그도 잘 알고 있었다.

우유부단한 약골이었던 시드기야가 지배자로 임명된 이유는 자기 나름의 의지가 없어서 쉽게 부려먹을 수 있는 인물임을 바빌론 사람들이 알았기 때문이라 생각된다. 그들이 전혀 예상하지 못했던 것은 그가 자기와 가까이 있는 사람이 누구든 그의 말을 쉽게 듣는다는 점이었다. 바빌론 사람들이 떠나고 가장 무모한 극단적 민족주의자들이 이집트와 동맹을 맺어 바빌론의 지배를 벗어 나자고 정교한 계획을 세워서 보고하자 그는 쉽게 넘어갔다. 때때로 그는 양심의 가책을 느껴 예레미야를 불러 자문을 구하곤 했는데, 그 때에는 잠시나마 예언의 말씀에 귀를 기울였다. 하지만 어떤 것도 오래가지 않았다. 그 남자는 말랑말랑한 겁쟁이였다. 강하게 압력을 가하는 자면 누구에게나 감명을 받았다. 그 압력이 사라지면 그는 점차 이전의 상태로 돌아가서 다음 압력을 받을 준비를 갖추었다. 하나님에 대한 순종과 믿음에 의해 내면으로부터 빚어진 (철 기둥 같은!) 예레미야와는 대조적으로 시드기야는 환경에 따라 온갖 모습을 띠는 인물이었다.

시드기야는 성품 계발이 병행되지 않는 한, 선한 의도가 아무 쓸모 없음을 보여 주는 본보기다. 우리는 그저 온전해지고 싶어 한다고,

좋은 예언자의 자문을 구한다고, 좋은 책을 읽는다고 온전한 인격이 되는 것이 아니다. 분명한 특징을 지닌 사람, 인격과 실속을 갖춘 사람이 되려면 좋은 의도가 승화되어 뚜렷한 헌신으로 나타나야 한다.

이리야가 예레미야를 체포하고 고관들이 그를 지하 감옥에 집어넣은 사건이 일어난 다음, 시드기야는 대화를 나누려고 몰래 그를 자기 궁전으로 불렀다. 시드기야는 고관들이 두려워 공개적으로 그렇게 할 수 없었다. 그렇다고 예레미야를 무시할 수도 없었는데 그가 제공해 줄지도 모를 중요한 진리를 외면하게 될까 봐 두려웠기 때문이다. 나중에 고관들이 예레미야가 감방에서조차 메시지를 전하는 것에 분개하여 그를 웅덩이에 빠뜨리고 말았을 때, 이에 대해 시드기야는 아무런 조치도 취하지 않았다.

시드기야는 인격적인 면모를 거의 갖추고 있지 않았다. 그에게는 아무것도 없었다. 그는 자기보다 강한 사람이 세운 계획에 무조건 순응하는 인물이었다. 그는 악한 사람은 아니었다. 그가 사전에 어떤 악행을 구상했다는 증거는 없다. 그러나 이 점이 중요한 사실인데, 그가 선행을 구상했다는 증거도 없다. 그리고 선행이란 저절로 일어나는 것이 아니다. 왕에게 어울리는 의도를 머리속에 품고 있다고 해서 온전한 형체가 생겨나는 것이 아니다. 그것은 조심스런 영양 공급, 규율에 따른 훈련, 오랜 기간에 걸친 발달 등을 필요 조건으로 한다. 시드기야에게는 이런 것을 소화할 수 있는 위장이 없었다.

시드기야는 예레미야의 생애 전체에서 가장 다루기 어려운 사람 중 하나였음이 틀림없다. 한 왕(요시야)은 그의 친한 친구였다. 또 한 왕(여호야김)은 그의 지독한 적이었다. 그런데 이 왕은 형체가 없었다. 선한 일이든 나쁜 일이든 상관없이 그는 도무지 신뢰할 수 없는 인물이었다. 그러는 가운데 예레미야는 왕의 변덕과는 관계 없이 하나님의 신실함 아래서 증거 생활을 계속했다.

에벳멜렉 왕궁 관리

에벳멜렉은 에티오피아에서 온 외국인이자 흑인으로서 행정부 소속의 행정관이었다. 그는 예레미야가 물웅덩이에 빠져 있다는 소식을 듣고 신속히 구출하지 않으면 곧 죽을 것을 알았다. 그 웅덩이에 물은 없었지만 진흙 늪이었기 때문에 예레미야가 점점 가라앉고 있었던 것이다. 질식해서 죽지는 않더라도 위험에 노출되어 곧 죽을 것이 분명했다.

에벳멜렉은 왕에게 가서 그가 불의한 짓을 허락했다는 사실을 보게 했다. 그는 구출 작전을 펼 수 있는 권한을 부여받았다. 그는 사람 세 명을 데리고, 밧줄을 갖고 왕궁의 의복 창고로 가서 옷 조각을 꺼낸 다음 물웅덩이로 갔다. 그는 밧줄을 예레미야에게 내려 주며 옷 조각을 겨드랑이 밑에 대어 끌어올릴 때 밧줄에 살이 찢기지 않도록 하라고 말했다. 그가 예레미야를 구출한 것이다.

예레미야는 대중의 인기를 얻은 적은 한 번도 없었다. 박수 갈채에 둘러싸인 적도 없었다. 그러나 친구가 없었던 것은 아니다. 아니, 예레미야는 굉장히 친구 복이 많은 사람이었다. 20여 년 전 여호야김 왕 시절 예레미야가 거의 살해될 뻔했을 때 아히감 벤 사반이 뛰어들어 구출해 주었다(렘 26:24). 그의 제자요 비서였던 바룩은 위기를 당했을 때 끝까지 그와 함께한 충실하고도 신실한 사람이었다. 그리고 이번에는 에티오피아 왕궁 관리인 에벳멜렉이 그를 도우러 왔다. 헨리 애덤스는 "일평생 한 명의 친구는 상당한 것이며, 두 명은 많고, 세 명은 거의 불가능하다"고 썼다.[7] 예레미야에게는 세 명이 있었다.

에벳멜렉은 사실 자기 생명을 무릅쓰고 예레미야를 구조했다. 외국인이었던 그는 법적인 권리가 없었다. 온 백성이 전쟁의 감정에 휩싸여 히스테리를 일으키고 있는 판국에 그는 여론을 거슬러 가고 있었다. 그건 중요하지 않았다. 친구는 어디까지나 친구다. 에벳멜렉은 예레미야에 대해 감상적인 연민에 빠지지 않았고 철학적으로 그의 운명을 슬퍼하지도 않았다. 대신 그는 왕에게 갔고, 밧줄을 구했으며, 밧줄에 살이 찢기지 않게 하려고 옷 조각까지 생각해 냈고, 필요한 인력도 동원했고, 그를 웅덩이에서 구출해 냈다. 우정을 몸소 행동으로 옮겼던 것이다.

그해에 예루살렘에 살던 모든 이가 아무 생각 없이 자기 직무를 수행하고 있었던 것은 아니다. 모두가 여론의 바람에 편승해서 항해하고 있었던 것도 아니다. 그 가운데 몇 사람은 친구가 직무보다 더 중요하고, 친구가 이해타산보다 더 중요하며, 우정은 곧 헌신을 의미하고, 친구를 위해 위험을 감수할 만한 가치가 있다고 생각했다.

예레미야에게 친구가 있었다는 단순한 사실은 그에 관해 중요한 면을 말해 준다. 그에게는 친구가 **필요했다**는 점이다. 그의 내면 생활은 훌륭하게 발달되어 있었다. 어떤 적대감이나 아첨으로 그의 진로를 막는 것은 불가능했다. 그는 고독에 익숙해져 있었다. 하지만 그는 친구를 필요로 했다. 온전한 인격자 가운데 자기 혼자로서 충분한 자는 없다. 오만한 독립심으로는 온전한 삶, 완전한 삶을 살아갈 수 없다. 우리의 목표는 어떤 사람도 필요로 하지 않는 그런 상태가 되는 것이 아니다. 예레미야가 온전한 인격임을 보여 주는 증거 중 하나는 친구를 수용할 수 있고, 타인이 자기를 돕도록 허용하고, 자비를 받아들일 수 있는 그의 역량이다. 우리 자신이 우정을 수용하는 것보다 타인에게 우정을 베푸는 것이 더 쉽다. 우정을 줌으로써 우리는 강함을 나누지만, 그것을 받음으로써 우리는 약함을 보여 준다. 그러나 훌륭한 인격자는 도그마나 프로젝트 뒤에 몸을 감추는 법이 없으며, 오히려 폭넓은 인간 관계를 맺으며 산다.

예레미야의 삶에 영향을 미쳤던 신학적 관념, 역사적 세력, 의로운 대의명분은 추상화된 적이 없으며 그런 상태로 머물렀던 적도 없고 언제나 인격들, 곧 이름을 가진 사람들과의 관계에서 구체화되었다. 그는 사람들을 탈인격적인 범주로 도매금으로 넘겨 버리는 꼬리표를 사용한 적도 없다. 따라서 다른 어떤 예언서에서보다 예레미야서에 개인적인 이름이 더 많이 등장하는 것은 전혀 놀랄 일이 아니다.

14

나는 아나돗에 있는 밭을 샀다

그래서 사촌 하나멜의 소유였던 그 밭을 샀습니다. 나는 그에게 은 열일곱 세겔을 지불했습니다. 그리고 필요한 절차를 모두 밟았습니다. 증인들 앞에서 매매계약서를 작성하고 봉인했으며, 저울에 돈의 무게를 달았습니다.…만군의 하나님, 이스라엘의 하나님께서 말씀하신다. "이제 사람들이 정상적인 생활을 되찾을 것이다. 집과 밭과 포도원을 사는 일이 다시 시작될 것이다."

네리야의 아들 바룩에게 그 증서들을 넘겨준 다음, 나는 하나님께 기도했습니다. "사랑하는 하나님, 나의 주님, 주께서는 크신 능력으로—한 번의 손짓만으로!—땅과 하늘을 창조하셨습니다."…"오, 이 도성을 점령하려고 저들이 세운 포위 공격용 축대들을 보십시오. 살육과 기아와 질병이 우리 코앞에 닥쳤습니다. 바빌론 사람들이 공격해 옵니다! 주의 말씀이 이제 이루어지고 있습니다. 눈앞에서 매일 벌어지고 있습니다! 그러나 주 하나님, 주께서는 바빌론 사람들에게 도성이 넘어갈 것이 확실한 상황에서 제게 또 말씀하셨습니다. 그 밭을 헌금을 주고 사라고, 반드시 증인들을 세워두라고 말씀하셨습니다."

하나님의 메시지가 다시 예레미야에게 임했다. "깨어 있으라! 나는 하나님이다. 살아 있는 모든 것의 하나님이다. 내가 할 수 없는 일이 무엇이겠느냐?"…

"내가 분명히 이 백성에게 엄청난 재앙을 내리겠지만, 놀라운 번영도 가져올 것이다. 내가 약속한다. 이 나라에서 밭을 사고파는 일이 재개될 것이다. 너희가 바빌론 사람들에게 짓밟혀, 영영 사람이 살 수 없는 황무지가 될 것이라고 생각하는 이 나라에서 말이다. 그렇다. 사람들이 다시 농장을 살 것이다. 구매증서를 작성하고, 문서를 봉인하고, 합당한 증인들을 세우며, 법적인 절차를 따라 살 것이다."

예레미야 32:9-10, 15-17, 24-27, 42-44

나는 이 나무에 꽃이 피지 않는 조화를 꽂을 수 있다. 아니면 나무가 자연스럽게 꽃을 피울 수 있도록 여건을 조성할 수 있다. 진짜 꽃을 보려면 시간이 더 오래 걸릴지 모르지만 그것들만이 진정한 꽃이다.[1]

존 파울즈

실제적이란 단어는 평범한 담론으로부터 끌어올려져 하나의 미덕으로 구별된 말이다. 누군가를 실제적이라고 말하는 것은 그 사람을 높이 칭찬하는 셈이다. 누군가를 비실제적이라고 말하는 것은 그 사람을 엉뚱한 인물로 제쳐놓는 셈이다. 고전적 미덕에 해당하는 정의와 강인함, 사랑과 믿음 같은 것들은 희미한 구석에서 불안정하게 반쯤 살아 있는 반면, 졸지에 벼락부자가 된 미덕인 실제성은 미덕의 사다리 맨꼭대기에서 스스로 뽐내고 있다.

미국인들은 이 형용사의 영예 획득에 특별히 기여했다. 미국의 특징 자체가 실제적이라는 점이다. 미국인들은 세계 속에서 한결같은 실제성을 자신의 특징으로 삼고 있다. 미국인들은 재빨리 움직이며 시간을 허비하지 않는다. 효율적이어서 에너지를 낭비하지 않는다. 현실적이기 때문에 허황된 계획에 빠지지 않는다. 반드시 일을 완수한다. 일이 잘 돌아가게끔 한다. 그리고 만약 개인적으로 이같이 높은 표준에 맞춰 행동할 수 없으면 그런 능력이 있는 자들을 한없이 동경한다. 일을 성취하는 방법 면에서 세계를 주도한다.[2]

성경적인 그리고 실제적인

나는 실제성을 중시하는 흐름에 박수를 보낸다. 실제성의 강조는 성경적 믿음의 기본 입장이다. 사실 **성경적**이란 말과 **실제적**이란 말이 본질적으로 동의어라고 말하는 것이 적절한 표현일 수도 있다. 어떤 것이 실제적이라면 그것은 성경적이다. 어떤 것이 성경적이라면 그것은 실제적이다. 성경적 믿음은, 우리가 시공간에서 인간으로서 활동하는 능력을 감퇴시키는 행동이나 사고는 어떤 것이라도 강력하게 그리고 주저 없이 배격한다. 하나님과 창조 세계 사이를 갈라놓는 관념은 거짓된 것이다. 우리의 관심을 지금 여기로부터 돌려놓거나 현실에서 무능력하게 만드는 기도 혹은 헌신 행위는 가짜에 불과하다. 언제 어디서나 성경적 믿음은 사람들을 일상—날씨와 정치, 개와 이웃, 쇼핑 목록과 업무 내역 등—에서 멀어지게 하는 사이렌(아름다운 노랫소리로 근처를 지나는 뱃사람을 유혹하여 파선시켰다는 바다의 요정-역주)의 목소리를 경계하라고 충고한다. 참된 영적 생활은 화학물질과 분자, 청구서 지불과 쓰레기 처분 등으로 이루어진 이 세상과 결코 분리될 수 없다.[3]

나는 실제성의 강조에 박수를 보내고 그것을 지극히 성경적이라고 생각하지만, 과연 실제적이라는 것이 무엇인가 하는 점에서는 사람들과 이견을 보일 때가 많다. 우리 사회는 실제적인 것에 굉장한 열정을 품고 있지만 정작 실제적인 것이 무엇인지를 둘러싸고 상당한 혼동과 적지 않은 무지가 존재한다. 그런 혼동과 무지 가운데 수많은 사람들이 자기는 빈틈없이 현실적이고 실제적인 사람이라고 생각하지만 사실은 지극히 비실제적인 삶을 살고 있으며, 절망적일 정도로 비실제적인 행동을 하고 있다.

예레미야의 실제성

예레미야는 지금까지 살았던 사람 가운데 가장 실제적인 인물에 속한다. 그는 자신의 사상과 신앙을 모두 행동으로 옮겼고, 그의 행동은 정곡을 찌르는 것이어서 크게 보아 그가 속한 세기의 역사가 그의 개인적 역사의 긴 그림자와 같았다. 그의 가장 실제적인 행동 중 하나는 2만 원을 주고 밭을 산 것이었다. 그 당시에는 모두들 그런 행위를 한 그를 비실제적인 바보라고 생각했다. 그가 그 밭을 사는 모습을 본 사람들은 마치 뉴욕의 브룩클린 다리를 사는 것과 같다고 생각한 것이다.

실제성에 대한 예레미야의 의식은 주변에 있는 사람들의 비실제성과 줄곧 갈등을 일으켰다. 예레미야는 자기가 살고 있는 창조 세계가 제대로 작동하도록 만들어져 있다고, 즉 **실제적인** 창조 세계라고 확신했다. 존재하는 만물이 중요하고, 사람들, 산, 꽃 등 만물에게 일어나는 것이 모두 중요했다. 사물이 제대로 작동하지 않고 사람들이 형편없이 살 때에는 그것이 곧 하나님에 대한 모욕이다. 예배 처소에서 예배하는 시늉만 함으로써 하나님에 대한 깊은 사랑과 믿음을 대신하는 것은 수치스러운 짓이 아닐 수 없다. 모든 사람이 하나님의 피조물인데도 가난하고 불운한 자들이 잔인하게 착취당할 때에는 창조 세계의 몸에서 갈라진 상처가 드러나게 된다.

실제성에 대한 예레미야의 의식은 하나님이야말로 그 자신 및 동시대인이 관계를 맺어야 할 가장 중요한 실재라는 믿음에 바탕을 두고 있었다. 그는 일평생 강력하고 설득력 있게 그것을 전파했다. 그는 모든 사람이 각자 하나님과 관계를 맺도록 만들어졌다고 믿었고, 우리가 그 관계를 인정하고 그 관계를 증진하기 위해 애쓰지 않으면 거짓되게 사는 셈이고 따라서 비실제적으로 사는 것이라고 생각했다. 사람들은 하나님 없이 선하게 되려고 노력하지만 잘 되지 않는다. 우리는 하나님을 닮은 삶이 아니라 선한 삶을 살려고 애쓰지만, 잘 되지 않는다. 우리가 중요하지 않은 일로 인생을 허비하는 정도는 가공할 만한데, 그에 대해 예레미야도 간담이 서늘해졌다. 불행한 결과를 초래하지 않고 그렇게 사는 것은 불가능하다. 예레미야는 이렇게 호소했다. "언덕에서 사람들의 소리가 들려온다. 이스라엘이 울부짖는 소리다. 허송한 세월을 두고, 자기 하나님을 까맣게 잊고 살아온 시간을 두고 한탄하는 소리다. 방황하는 자녀들아, 돌아오너라! 내가 너희 방랑벽을 고쳐 주겠다"(렘 3:21-22). 실제는 비실제에 대해 참지 않을 것이다. 인간의 본성을 포함한 자연은 "어떠한 절대적이고 지속적인 모순도 참지 않을 것이다. 그것은 모욕당해야 하는 것이 아니라 회개해야 한다"라고 코벤트리 팻모어가 경고했다.[4]

그와 같은 호소를 무시했고 따라서 심판이 임했다. 바빌론 군대가 도시를 점령했고 백성의 지도자들을 포로로 잡아갔다. 그 땅에 남아 있었던 사람들은 개인적으로는 어느 정도 자유를 누렸으나 정치적으로는 바빌론에 종속된 지 어느덧 11년이(주전 598년에서 587년까지) 흘렀다. 그런 상황 가운데서 착실하게 삶을 꾸려 나갈 수도 있었으나, 그들은 그렇게 하지 않고 수년간 소란과 동요를 일으킨 다음 바빌론의 멍에를 벗어 던지기 위해 이집트와 동맹을 맺었다. 하지만 뜻대로 되지 않았다. 그 음모는 바빌론의 가혹한 보복을 불러일으켰다. 이집트인은 그런 정황으로부터 얻을 이득이 없다고 판단한 나머지 손을 떼고 말았다. 어쩔 수 없이 유다는 바빌론의 군사력에 압도당했다. 그들의 역사에서 가장 캄캄한 순간이었다. 최후 멸망의 날이 코앞으로 다가왔다. 몇 주 안에, 아니 어쩌면 며칠 내에 도시가 약탈당하고 모두가 포로로 끌려갈 판국이었다. 희망이라고는 한마디로 전혀 없었다.

그 몇 주 동안 예레미야는 감옥에 갇혀 있었다. 그는 적군과 협력하고 있다는 누명을 쓰고 고발당했지만, 전쟁통이라 어쩔 수 없었다. 그는 기껏해야 인기 없는 인물에 불과했기 때문에 사람들과의 관계 면에서 보면 감옥이 그에게 부적절한 장소는 아니었다. 이 감옥 안에서—여기서 우리는 궁정에 느슨하게 갇혀 있어서 사람들이 볼 수도 있었고 손님도 맞을 수 있었던 상황을 상상할 수 있다—예레미야는 당시만 해도 완전히 미친 짓으로 보이는 행동을 했다. 그것은 2만 원을 주고 밭을 산 것이었다.

그것이 미친 짓인 이유는 그가 밭을 사는 바로 그 순간 바빌론 군대가 그 자리에 진을 치고 있었기 때문이다. 자신은 감옥에서 언제 풀려날지도 몰랐다. 적군은 성벽을 마구 부수고 있었고 백성들을 포로로 잡아가려던 참이었다. 그런 순간에 예레미야는 밭을 샀는데, 거기에 올리브나무를 심고 포도나무를 손질하거나 집을 지을 가능성은 전혀 없었다. 그가 다시는 보지도 못할 확률이 매우 높은 그런 밭을 산 것이다.

도대체 왜 그런 행동을 했을까? 가장 실제적인 이유는 다음과 같다. 그가 그렇게 한 이유는, 당시 모든 이가 체험하고 있었던 곤경을 하나님이 이용하고 계시며 그 곤경이 마침내는 그 땅의 구원으로 귀결될 것을 확신했기 때문이다. 예레미야의 경우 본질적인 실제는 바빌론 사람들이 아나돗에 있는 밭에 진을 치고 있다는 사실이 아니라 (그 사실을 부인한 것은 아니지만) 하나님이 자기 약속을 이루시기 위해 그 땅을 사용하고 계신다는 사실이었다. 그가 밭을 산 것은 이스라엘을 향한 하나님의 다음 프로젝트에 대한 일종의 투자였는데, 지금 우리가 알다시피 그것은 상당한 보상을 거둔 투자였다. "상황이 진정 희망에 넘치는 한 희망은 그저 입에 발린 말이나 진부한 말에 불과하다. 오직 모든 것이 절망적일 때 희망은 힘으로 작용하기 시작한다. 기독교적 가치들이 모두 그러하듯이 그것은 불가결한 만큼이나 비합리적이다"라고 체스터톤은 썼다.[5]

예레미야는 여러 해에 걸쳐 하나님의 심판을 외쳤다. 이제 그 심판이 다가오자 그는 조심스럽게 심판의 목적, 곧 구원의 약속을 받을 수 있도록 준비시키는 방향으로 주의를 돌리고 있다. 그는 "내가 너희에게 그렇게 말했었잖아"라고 말하지 않는다. 잘난 체하면서 자기가 옳았음을 보여 주는 엄연한 증거를 열거하지 않는다. 그는 정확한 예견자로 유명해지는 데 관심이 없다. 성취된 예언의 목록을 표시하는 데도 흥미가 없다. 그는 실제적인 사람인지라 하나님의 목적이 어떻게 현재를 채우는지 그리고 도시를 안개처럼 싸고 있는 절망적인 분위기를 어떻게 희망으로 바꾸시는지에 관심이 있었다. 그는 자기를 헐뜯던 자들의 패배를 즐기는 데 시간을 쓰지 않았다. 그가 지금 관계를 맺어야 할 상대는 하나님과 인격을 가진 사람들이었다.

그래서 심판이 임박한 순간, 그는 희망을 불러일으키는 말을 하는 것이다. 성문에서 바빌론 사람들이 지키고 있다는 사실 이상의 것이 여기에 있다. 그것은 하나님이 너희 가운데 계시다는 사실이다. 그 사실을 직면하라. 고난을 받아들이라. 그 연단의 행위를 몸소 체험하라. 하나님은 너희의 대적이 아니다. 그분은 너희 편이다. 하나님은 너희를 버리지 않으셨다. 그분은 너희와 함께 일하고 계신다. "야곱에게 닥친 환난의 때다. 그러나 야곱은 살아남을 것이다"(렘 30:7). "그러니, 상처를 핥으며 자기연민에 빠져 있을 필요 없다.…아무짝에도 쓸모없는 시온이라며 내팽개쳤던 너를 고쳐 주리라"(렘 30:15, 17).

심판은 최종적인 것이 아니다. 그것은 결코 최종적인 것이 될 수 없다. 수세기에 걸친 완고함 때문에 심판이 불가피하다. 심판의 바람직한 역할은 우리를 초월한 실재를 향해 마음을 열게 하고, 자기만족이라는 두꺼운 껍질을 깸으로써 물밀듯이 쏟아지는 치유하시고 자비로우시고 용서하시는 하나님의 은혜를 맛볼 수 있게 하는 것이다.

> 그들, 살육에서 살아남은 백성이
> 사막에서 은혜를 찾아냈다.…
> 나는 너를 사랑하지 않은 적이 없고,
> 앞으로도 그럴 것이다.
> 사랑을 기대하여라. 더 많이 기대하여라!
> 사랑하는 처녀 이스라엘아,

내가 너와 다시 시작할 것이다.

너를 다시 일으켜 주리라.

다시 탬버린을 들고 춤추며,

너는 노래하게 될 것이다. (렘 31:2-4)

이것은 재판정에서 들을 수 있는 냉정한 말이 아니고, 보복과 복수심에 불타는 분노의 말도 아니다. 이것은 부모의 애절한 심정이 담긴 친밀한 말이다.

"오! 에브라임은 내 사랑하는 아들,

내 기뻐하는 자식이다!

그의 이름을 부르기만 해도,

나는 그가 보고 싶어 가슴이 탄다!

사무치게 그를 외쳐 부른다.

애틋한 심정으로 그를 기다린다." 하나님의 포고다. (렘 31:20)

백성들이 번영을 누리고 있을 때에는 자기만족의 출세가도에 아무것도 거칠 것이 없다고 생각했었다. 그런 시절에 예레미야는 심판의 메시지를 전했다. 이제는 사방에 재난을 당하여 다들 아무래도 사태가 호전될 수 없을 것이라고 믿고 있다. 바빌론의 포위 부대가 성벽을 쳐부수고 매시간 바빌론 침공자의 파괴 소식이 보도되고 있을 때, 예레미야는 궁정 감옥(더더군다나 희망을 품기 어려운 장소)에서 메시지를 선포하고 있다. "네 자식들이 다시 집으로 돌아올 것이다! 그러니 희망을 가져라"(렘 31:17).

그러나 사람들은 희망의 메시지를 이전 심판의 메시지만큼이나 믿지 않았는데, 그 배후에 깔린 이유는 같았다. 일일 보도와 뉴스 게시판에 올려지지 않는 것은 무엇이든 비실제적인 것으로 배제된다.

아나돗에 있는 밭

이 모든 사태가 진행되고 있던 어느 날, 예레미야의 사촌 하나멜이 예레미야가 갇혀 있던 궁정으로 와서 아나돗에 있는 땅의 일부를 팔고 싶다고 제의했는데, 아나돗은 예레미야의 고향으로서 예루살렘에서 북동쪽으로 5킬로미터가량 떨어진 곳이었다. 아니 하나멜이 제정신으로 하는 제안인가? 예레미야를 놀리고 있는 것은 아닌가? 당시 바빌론 군대가 아나돗 전체에 진을 치고 있었다. 그것은 마치 어떤 이가 나에게 자기는 우리의 수명이 다하기 전에 지구인이 화성에서 살게 되리라고 믿는다고 말했을 때, 내가 "좋아, 그러면 내가 자네에게 화성의 운하에 있는 땅 1,000평을 팔겠네" 하고 말하는 것과 다름없다. 혹은 어떤 이가 내게 중동에 영구적인 평화가 이룩될 날이 얼마 남지 않았다고 확신시키려 들 때, 내가 그에게 그러면 이란의 유전에 대한 영업권을 팔겠다고 제의하는 것과 같다.

예레미야는 지금까지 이렇게 말해 왔다. "그칠 줄 모르는 통곡, 이제 그쳐라. 네 눈물을 거두어라. 이제 네 비탄의 삯을 받아라. 하나님의 포고다. 네 자식들이 다시 집으로 돌아올 것이다! 그러니 희망을 가져라"(렘 31:16-17). 이 말을 듣는 즉시 하나멜이 접근해서 "베냐민 영역 아나돗에 있는 내 밭을 사십시오. 그것을 가문의 재산으로 소유할 법적 권한이 당신에게 있으니, 그 밭을 사서 차지하십시오"(렘 32:8)라고 했다.

실제적인 사람이 그런 제의를 받으면 어떻게 하겠는가? 예레미야가 적당히 얼버무리면서 이렇게 응답하는 모습을 상상할 수도 있다. "하나멜아, 너는 내 말을 아직 제대로 이해하지 못했구나. 나는 지금 상징과 은유를 사용해서 말하고 있는 중이야. 나는 너의 내면 생활 곧 우리의 무의식이 하나님의 목적과 접목되는 방식에 관해 얘기하고 있는 중이지. 그처럼 문자 그대로 해석하지 말아라. 그리고 한 푼의 가치도 없는 아나돗 땅을 나에게 넘기려고 하지 말아라. 내가 전도자라고 해서 나를 바보 취급하면 곤란하다. 나도 누구 못지않게 1,000원의 가치를 알고 있단다." 그런 식으로 말하면 주위에 있던 구경꾼이 모두 갈채를 보내면서, 예레미야는 자기들이 생각했던 것만큼 바보가 아니라고 수군거렸을지 모른다.

하지만 그런 일은 일어나지 않았다. 보도된 바에 따르면, 예레미야는 우리가 대부분 무시하는 실제와 깊이 접목된 채 사람들이 자기에 대해 어떻게 생각할지 염려하지 않고 즉시 그 밭을 샀다고 한다. 그는 은 17세겔을 달아 주고, 증인들을 세우고, 매매 계약서에 서명을 하고 그것을 봉인했다. 그리고 나서 친구인 바룩에게 그 공식 증서들을 옹기에 담아 여러 날 동안 보관하라고 부탁하며 이렇게 덧붙였다. "만군의 하나님, 이스라엘의 하나님께서 말씀하신다. 이제 사람들이 정상적인 생활을 되찾을 것이다. 집과 밭과 포도원을 사는 일이 다시 시작될 것이다"(렘 32:15).

예레미야는 그 밭을 사는 것이 비실제적이고 어리석은 행위임을 알고 있었다. 그것은 역사를 거스르고, 이성에 반하며, 여론을 등지는 행위였다. 하지만 그가 그 밭을 산 것은 중개인의 충고가 아니라 하나님의 지도에 따라 한 행동이었다. 그는 그곳에다 은퇴 후에 살 오두막을 지을 계획을 세운 게 아니라, 단지 계속 이어지는 하나님의 약속에 대한 신뢰를 증거하고자 했다. 그렇지만 그 역시 스스로 바보 같다는 느낌을 지울 수는 없었다. 그래서 하나님의 말씀을 중심으로 자신을 다시 추스르며 이렇게 기도했다. "사랑하는 하나님, 나의 주님, 주께서는 크신 능력으로—한 번의 손짓만으로!—땅과 하늘을 창조하셨습니다. 주께는 불가능이란 없습니다.…오, 이 도성을 점령하려고 저들이 세운 포위 공격용 축대들을 보십시오. 살육과 기아와 질병이 우리 코앞에 닥쳤습니다. 바빌론 사람들이 공격해 옵니다! 주의 말씀이 이제 이루어지고 있습니다. 눈앞에서 매일 벌어지고 있습니다! 그러나 주 하나님, 주께서는 바빌론 사람들에게 도성이 넘어갈 것이 확실한 상황에서 제게 또 말씀하셨습니다. 그 밭을 현금을 주고 사라고, 반드시 증인들을 세워 두라고 말씀하셨습니다"(렘 32:17, 24-25).

그가 기도하자 그것을 확인해 주는 응답이 왔다. "깨어 있으라! 나는 하나님이다. 살아 있는 모든 것의 하나님이다.…내가 분명히 이 백성에게 엄청난 재앙을 내리겠지만, 놀라운 번영도 가져올 것이다. 내가 약속한다. 이 나라에서 밭을 사고파는 일이 재개될 것이다"(렘 32:27, 42-43).

소망을 품고 사는 인생

아나돗에 있는 밭을 산 것은 소망에 근거한 의도적인 행위였다. 소망에 근거한 모든 행위는 비웃음의 대상이 되기 십상인데, 그 이유는 그런 행동이 가시적인 실재에 부합하지 않는 비실제적 행위로 보이기 때문이다. 그러나 실상 그것은 아직 가시적으로 보이진 않지만 현재 만들어지고 있는 실재다. 소망은 우리로 하여금 하나님의 약속과 연계된 행동에 뛰어들도록 한다.

우리가 소망이라고 부르는 것 중에는 막연한 기대 사항에 불과한 경우가 종종 있다. 우리가 스스로 불가능하다고 생각하는 것을 원할 때가 있는데, 그때 우리는 그런 것에 돈이나 인생을 거는 길을 택하지 않는다. 하지만 성경적인 소망은 하나의 행동이다. 아나돗에 있는 밭을 사는 것과 같이. 비록 외견상으로는, 아니 특히 외견상으로는 도무지 그렇게 되지 않을 것처럼 보이지만, 하나님이 이미 시작하신 일을 장차 완성하실 것이라는 확신에 따라 행동하는 것이 소망이다.

개인적으로 '바빌론'을 폭넓게 체험한 바 있는 윌리엄 스트링펠로우노 예레미야와 같은 생각을 갖고 있다. "소망은 죽음에 식년하여 은총에 의존하는 것이다. 문제는 생명을 하나의 보상이나 벌로 생각하는 것이 아니라 하나의 선물로 영접하는 것이다. 소망이란 하나님 말씀의 능력을 믿는 가운데 한결같이, 인내하며, 기대감을 품고, 활발하게, 흥겹게 사는 것이다."[6] 우리가 만나는 모든 사람이 각기 그와 같은 기대감을 품도록 인도해야 한다. 우리가 처하는 모든 상황이 우리가 확신하는 바 하나님이 건설하고 있는 그 나라 안에 포함되게 해야 한다. 소망은 우리가 믿는 바를 사들이는 것이다. 우리는 절망에 빠져 뒤돌아서지 않는다. 우리는 넌더리가 나서 두 손을 내젓지 않는다. 우리는 이 사람은 구제불능이라고 팽개치지 않는다. 우리는 이 복잡한 세상을 도무지 감당할 수 없다고 뒤로 물러서지 않는다.

물론 소망을 품고 사는 것보다 절망에 빠져 포기하는 편이 훨씬 더 쉬운데, 절망에 빠지면 아무 일도 하지 않아도 되고 어떤 위험도 감수하지 않아도 되기 때문이다. 우리는 상황이 돌아가는 대로 순응하면서 실제적인 인물이라는 평판을 들으며 느긋하게 게으름 피우며 살 수 있다. 최근에는 냉소주의를 지지하는 것이 유행이 아닌가. 만약 우리가 소망을 품고 살고 있다면 시류를 거슬러 올라가고 있는 셈이다.

실제적이 된다는 것

누군가가 다음과 같은 말을 할 때면 나는 거의 이해하기 어려운 지경에 빠진다. "글쎄요, 성경은 제자리만 지킨다면 아주 좋은 말씀입니다만, 결국 현실에 직면하게 되면 실제적이 되어야 하지 않나요? 예레미야 같은 사람은 사실 봉급 문제에 부딪혀 본 적이 없는 인물이지요." 이런 유의 사람은 조지 엘리어트의 툴리버 씨를 연상시키는데, 그는 "교회와 상식은 각각 별개라고 생각했고, 아무도 **그에게** 상식이 무엇인지 말해 주길 원치 않았던" 인물이었다.[7]

그런데 그 윤곽을 드러내는 엄연한 사실은 바로 이것이다. 예루살렘이 온통 혼란과 공포의 소용돌이에 빠진 그날, 어느 평범한 사람의 한 주간에서 임의로 뽑은 하루와 그리 다르지 않았던 그날, 민중이 불가피한 현실에 부딪혀 어쩔 수 없는 묵종과 무모한 피신 계획 사이에서 갈팡질팡하고 있을 때, 역사적 기록에서 두드러지는 단 하나의 실제적인 행동은 예레미야가 17세겔을 주고 아나돗의 밭을 샀다는 사실이었다. 그 행동은 하나님의 말씀을 가시적으로 만들었고, 누구든지 혼란스런 절망의 길에서 질서정연한 구원의 길로 나아가기 원하는 자에게 버팀목이 되게 했다. 많은 이들이 그 길로 나아갔다.

우리는 실제적이 되어야 한다. 정말 실제적이어야 한다. 우리가 할 수 있는 가장 실제적인 일은 하나님이 하시는 말씀을 듣고 그에 합당하게 반응하는 것이다. "어떤 주장이든 사건에 의해 뒷받침되지 않는 한 설득력이 없다."[8] 소망에 깊이 뿌리박은 행동은 하나님이 장차 이루실 그 미래에 참여한다. 이런 행동이 대단한 구경거리가 되는 경우는 극히 드물다. 보통 그런 일은 성스러운 장소가 아닌 다른 곳에서 일어난다. 구경꾼의 눈에 의미심장한 행위로 비치는 경우는 전혀 없다. 소망 안에서 행동하는 것은 쉬운 일이 아닌데 당장 눈에 띄는 증거 대부분이 그와는 정반대 방향을 가리키기 때문이다. 그 결과 우리는 인류 역사상 가장 비실제적인 사회에서 살게 된 것이나. 우리가 진정 실제적으로 살고 싶다면 종종 우리 동년배들의 비실제성을 거부해야 한다. 소망 가운데 행동하려면 용기가 필요하다. 하지만 그것만이 유일한 실제적 행동인데, 그런 행동만이 오늘의 부패상을 극복하고 어제의 쓰레기더미 같은 풍조를 피할 수 있기 때문이다.

15
이방 민족들에 관한 메시지

이방 민족들에 대해 하나님께서 예언자 예레미야를 통해 주신 메시지다…
이집트와…블레셋 사람들에 대해…
모압에 대해…
암몬 백성에 대한…
에돔에 대한…
다마스쿠스에 대한…
게달과 하솔 민족들에 대한…
엘람에 두고…
갈대아 사람들의 땅에 대해.

예레미야 46:1-2; 47:1; 48:1; 49:1, 7, 23, 28, 34; 50:1

만일 이방인들을 그들의 고유한 신화와 그들 나름의 운명에 방치하고 그들 종교의 관점에서 조망한다면, 그들은 마치 하나님의 창조 세계에 속하지 않는 것처럼 취급하는 셈이다. 즉 그들은 세계 바깥에 서 있는, 완전히 부정된 존재가 될 것이다. 하지만 현재도 그렇고 과거 어느 때에도 그렇게 취급된 적이 없다. 그들은 그들의 신화나 운명에 내버려지지 않았고 오히려 처음부터 하나님의 위대한 창조 행위 속에 포함되어 있었다. 그들은 주님이 태고의 바다로부터 구해내신 이 지구에 속해 있다. 그들은 하나님의 목적이 지향하고 있는 '땅끝'으로서 그분이 지구의 중심 곧 시온 산에서 시작하신 그 일의 궁극적인 이유다.[1]

아렌드 반 르우웬

나는 서부에 있는 조그마한 소도시에서 자라났는데, 거기에 살던 주민말고는 아무도 중요하게 생각하지 않았던 외딴곳이었다. 우리 가족이나 주변 사람 가운데 여행을 하는 이는 아무도 없었다. 우리는 따로 고립된 채 큰 사건 및 중요한 인물들과 무관한 삶을 살고 있었다. 예외가 있긴 했지만 대단한 것은 아니었다. 예를 들면 내게는 삼촌이 한 분 있었는데, 제1차 세계대전에 보병으로 참전했다가 프랑스에서 부상을 당하셨다. 그분으로부터 전쟁 이야기를 듣곤 했다. 외삼촌과 외숙모들 중에 여러 분이 어릴 때 노르웨이에서 이민 온 사람들이었는데, 휴가철에 모이면 농장과 피요르드(높은 절벽 사이에 깊숙이 들어간 협만-역주)에 얽힌 이야기가 흥미를 돋우곤 했다. 내 친할아버지는 말씀하실 때 보통 스웨덴 억양을 사용하시곤 했지만 자기가 태어난 땅에 대해서는 한 번도 말씀하신 적이 없었다. 그게 전부다. 이 세계의 규모와 복잡한 양상에 대해 현실적인 개념을 갖기에는 좋은 환경이 아니었던 것이다.

그런데 내가 열 살이 되었을 무렵 지구상의 여러 다양한 언어와 풍습, 기후와 지형에 대해 알 수 있는 기회가 있었다. 학교 공부를 통해 그런 기회가 주어진 것은 아니었다. 물론 학교에서도 그런 지식을 전달하려고 노력했겠지만 말이다. 그런 일이 일어난 곳은 교회였다. 저 멀리 떨어진 지구 한구석에서 온 손님들이 우리 교회에 들르는 경우가 자주 있었다. 그들은 종종 우리 집에서 묵곤 했다. 아침 식사 시간에 나누는 대화의 주제는 아프리카의 코끼리, 인도의 신전, 핀란드의 호수, 브라질의 정글, 인도네시아의 춤, 콩고의 노래 등 다양하기 그지없었다. 그들은 공예품과 사진을 갖고 다녔다. 또한 온갖 이야기가 쏟아져 나왔다. 내 어린 시절의 추억에는 이 선교사들이 이야기와 열정, 정열과 기도로 남겨 놓은 인상이 생생하게 간직되어 있다. 나는 조그마한 마을에서 자랐다기보다는 오히려 지구촌에서 자란 셈이었다.

그리스도인들 사이에서는 나 같은 경험이 일반적이다. 성경의 종교는 무척이나 국제적 성격을 띠고 있기 때문이다. 믿음의 공동체에 속한 사람은 여러 종류의 경계—언어적·인종적·지리적·문화적—를 뛰어넘으려는 열정으로 가득 찬 사람들로 둘러싸여 있는데, 그 목적은 지구의 어느 지역도 지구상의 어느 누구도 하나님의 계획에 포함되지 않은 경우가 없음을 증명하기 위해서다.

지구촌

이 같은 특성은 최근에 생긴 것이 아니다. 처음부터 있었던 것이다. 그것은 인간의 탐구심이나 과학 시대의 기술 문명과 상관이 없다. 그것은 하나님의 본성과 믿음의 본질에 뿌리박고 있다. 대중 매체가 아니라 선교사가 우리에게 지구촌을 안겨다 주었다. 부름을 받을 당시 예레미야는 "뭇 민족에게 보낼 예언자"로 지명되었다(렘 1:5). '민족들'이란 단어는 구체적으로 국경 너머에 있는 나라들, 다른 이들, 외국인들을 일컫는다. 그는 히브리인에게 보내진 예언자도 아니었고, 유다의 궁정 담당 목사로 임명되지도 않았다.

"뭇 민족에게 보낼 예언자"라는 호칭은 믿음의 삶이 어느 한 민족이나 특정한 문화와 동일시되는 것을 의도적으로 배격하는 말이다. 인간의 과업은 모든 실재와 의식적이고 건강한 관계를 맺는 면에서 성숙하는 것인데, 하나님이 그 실재의 가장 큰 부분을 차지하고 있다. 만일 하나님을 어느 지역에 국한된 부족 신으로 이해한다면 그것은 커다란 오해이며, 우리의 삶도 그만큼 축소된다. 예레미야는 일평생 편협한 종교에 대항해서 싸웠다. 그는 성전을 그저 편안한 장소로 만들려는 경향을 모조리 공격했다. 그는 백성들에게 그들만이 하나님과 관계 있는 유일한 백성이 아니고, 믿음의 삶은 이상한 말과 이상한 행동을 하는 이상한 모습의 사람들을 포함하는 범세계적인 공동체에 우리를 참여시킬 수밖에 없음을 상상력을 동원하여 끈질기게 보여 주었다.

성경적 믿음은 언제나 이 같은 범지구적 차원을 갖고 있고 앞으로도 항상 그러할 것이다. 아브라함이 받은 약속은 그로 인해 "세상의 모든 민족이 너로 인하여 복을 받을 것"이라는 것이었다(창 12:3). D. T. 나일즈는 이에 대한 성경적 근거를 이렇게 표현한다. "열방 가운데서 이스라엘을 선택해서 그에게 독특한 역사를 부여한 그 하나님은 동시에 언제나 열방의 하나님으로 남아 있었다. 이스라엘을 이집트에서 불러냈던 바로 그 하나님이 블레셋을 갑돌에서, 시리아를 기르에서 이끌어 내셨다(암 9:7). 그분은 열방의 하나님이기 때문에 열방의 삶에 관심을 갖고 계신다(렘 20:4, 사 10:5)."[2] 요한계시록의 최후의 환상은 열방이 하나님의 영광의 빛 가운데로 다니며 생명나무의 열매를 먹는 모습이다(계 21:24; 22:2). 하나님은 지리적으로 팔레스틴 지방에 제한된 분이 아니다. 그분의 자비는 땅끝까지 펼쳐진다. 예레미야가 열방의 예언자로 불린 것은 그가 선포하는 하나님이 바로 뭇 민족의 하나님이기 때문이다. 하나님은 한 지방에 국한된 분이 아니므로 믿음의 삶 역시 어느 한 지방에 국한될 수 없는 것이다.

우리가 스스로 꾸며 낸 종교는 항상 우리가 편하게 느끼거나 우리를 편하게 해 줄 규모로 실재를 축소시킨다. 우리는 그런 종교의 회원이 되는 걸 좋아한다. 우리는 우리와 같은 말을 사용하고 우리와 같은 노래를 부르고 문제를 일으키지 않는 친구들과 함께 있을 때 안전하게 느낀다. 그런 삶이 참으로 진부하다는 것은 문제가 되지 않는다. **안전한** 게 중요하다. 어니스트 베커는 "왜 인간은 보잘것없는 인생을 스스로 용인하는가?"라고 묻는다. 그의 대답은 이렇다. "그것은 물론 지평선같이 폭넓은 경험은 위험하기 때문이다."[3] 그것은 우리 인간성에 대한 위험이 아니고, 우리 나름대로 인생을 영위하고 우리를 중심으로 사람들과 사물을 운영하고픈 우리의 생각을 위협하는 것이다. 세계가 크면 클수록 우리의 통제 속에 둘 수 있는 부분은 그만큼 작아진다. 그러나 그런 생각은 보잘것없는 야망에 불과하고, 지루한 인생에 대한 정해진 처방책일 뿐이다. 이 세계는 하나님의 세상이며 하나님이 지배하고 계신다. 온전한 우리의 모습은 하나님이 하고 계시는 일에 참여하는 데서 오는 것이지, 우리의 수중에 있는 것을 조작하는 데서 오지 않는다. 그래서 성경은 모든 형태의 고립주의를 계속해서 반대한다. 위대한 선교 운동가였던 존 모트는 "교회의 선교 활동은 그 피의 순환에 해당하는데, 그것이 끝 마디마디까지 흐르지 않을 경우 생명력을 잃고 만다"고 말했다.[4]

열방의 예언자

그런데 예레미야는 예루살렘과 인근을 떠난 적이 한 번도 없었다.[5] 생애 말기에 본의 아니게 이집트로 끌려갔으나 그것이 "뭇 민족에게 보낼 예언자"라는 호칭을 정당화해 주지는 못한다. 그러면 예레미야는 예루살렘을 한 번도 떠나지 않고서 어떻게 열방의 예언자 직분을 수행할 수 있었는가? 그는 열 나라에 대한 메시지를 선포함으로써 그렇게 했다. 이집트, 블레셋, 모압, 암몬, 에돔, 다마스쿠스, 게달, 하솔, 엘람, 바빌론. 이 나라들이 차지하는 지리적 넓이는 매우 광대한데, 서쪽 이집트에서 동쪽 엘람까지 약 2,400킬로미터이고, 북쪽 다마스쿠스에서 남쪽 에돔까지가 800킬로미터, 따라서 전체 면적이 1,920,000제곱킬로미터에 달한다. 그는 예루살렘을 떠난 적이 없을지 모르지만 정신적으로 그리고 영적으로 세계적인 여행객이었다. 그 메시지들은 예레미야 46-51장에 모여 있다.

단 하나를 제외하고는 이 메시지들이 어떻게 전달되었는지 우리는 모른다. 그 예외는 바빌론을 향한 메시지다. 스라야가 공식 외교차 바빌론에 갈 때 예레미야는 그것을 가지고 가서 바빌론 사람들에게 읽어 주라고 의뢰했다. 그는 또한 그것을 극적으로 처분하도록 지시했다. 그 메시지를 모두 읽은 후 두루마리에 돌을 매달아서 바빌론을 따라 흐르는 유프라테스 강 중앙에 던져 넣고 이렇게 말하라는 지시였다. "내가 내린 재앙을 당한 뒤에, 바빌론이 저렇게 바닥으로 가라앉아 다시는 떠오르지 못할 것이다"(렘 51:64). 메시지가 전달된 **방식**이 전달된 **내용**만큼이나 중요했다.

다른 나라들에 대해서는 아무런 정보가 없다. 그 메시지들도 이와 비슷한 방식으로 여행하는 상인이나 군인 혹은 정부 관리에게 부탁해서 전달되었을까? 그런 추측이 전혀 개연성이 없는 것은 아니다. 우리가 그 전달 방식에 대해서는 모른다 하더라도, 그 메시지가 주의 깊게 그리고 정확하게 준비된 것임은 알고 있다.

열 나라에 보낸 예레미야의 메시지는 그가 예루살렘에서 친히 전했던 메시지만큼이나 심혈을 기울여 준비한 것이었다. 예레미야는 위대한 능력과 시적인 솜씨를 발휘해서 메시지를 전파했다. 그는 언어를 아주 존중해서 다루었다. 말에는 거룩한 성격이 있다. 그것은 경외심을 품고 신중한 자세로 다루어야 할 귀중한 선물이다. 마리안느 무어는 말을 사용할 때 겸손과 집중력과 흥겨움이 필요하다는 점에 대해 글을 썼다. 그녀는 겸손을 필수적인 갑옷으로 묘사한다. 집중력이란 명료한 말을 구사하는 데 필요한 열심을 의미한다. 그녀에게 흥겨움은 겸손과 기술이 있을 때 가능한 자발성을 뜻한다.[6] 예레미야의 경우 모든 면에서 이 같은 특징이 뚜렷하게 드러난다. 열 나라에 전달된 메시지들도 그와 똑같이 원기 왕성한 동시에 절제된 힘을 담고 있다. 존 브라이트는 이 메시지들을 "정경에 포함된 예언들 전체에서 최상급의 시"에 속한다고 높이 평가하고 있다.[7] 멸시받던 외국인을 대상으로 한 것이라고 해서 엉성하게 쓴 이류급의 작품이 아니라는 말이다.

예레미야는 자기가 만날 가능성이 전혀 없는 사람들에게 하나님의 말씀을 선포할 때에도 자기와 함께 자랐고 더불어 살아왔던 사람들에게 메시지를 전할 때와 똑같이 대단한 주의를 기울였다. 그 메시지들을 살펴보면 그 열 나라에 대한 자세하고 철저한 지식을 얻기 위해 상당한 주의를 기울였음을 알 수 있다. 예레미야가 **하나님**을 진지하게 여기고 그분의 말씀을 주의 깊게 전하는 것은 예상할 수 있는 일이지만, 그가 개인적으로 전혀 관계가 없는 그 **백성들**을 연구하는 데 그토록 수고를 아끼지 않았다는 사실은 놀라운 일이다. 이 말씀들은 한결같이 그 나라들의 지리와 역사와 정치에 대해 엄청난 지식이 있음을 보여 준다. 그들에 대한 그의 관심은 그저 일반적인 성격이 아니라 아주 특별한 것이었다. 그는 그들의 삶 구석구석에 대해 알려고 무척 애썼다. 또한 그들이 처한 실존적인 상황과 관련시켜 하나님의 말씀을 전했다. 이런 특징 때문에 우리가 그 메시지들을 이해하기가 도리어 더 어려운데, 지리적 특징과 정치적인 언급의 많은 부분들을 더 이상 확인할 수 없기 때문이다. 그러나 우리가 본문을 읽을 때 마주치는 어려움은 각기 당시 그 지역의 특수한 상황과 관련된 것으로서, 블레셋 사람과 바빌론 사람들은 그 메시지가 아주 세심하고 진지하게 준비되어 전해지는 것임을 인식할 수 있었다. 그 나라들은 '이교도' 혹은 '잃어버린 죄인들'이란 식으로 도매금으로 취급된 다음 천편일률적으로 공격당한 것이 아니었다.

예전에 내가 알던 남자 중에 제2차 세계대전 후 미국으로 이민 온 사람이 있었다. 그는 자기 나라에서 노련한 장롱 제작자였으나 전쟁이 끝난 후에는 미국으로 건너와서 교회의 사찰 집사로 일할 수밖에 없었다. 바로 그 교회에서 목사가 된 지 얼마 지나지 않아 나는 아빠가 되었다. 집안 여기저기에 장난감들이 많아지기 시작했다. 나는 거스가 나무와 연장을 다루는 재주가 좋다는 것을 알았으므로 짬이 나면 적당히 짜맞춰서 장난감 상자를 하나 만들어 달라고 부탁했다. 장난감을 넣을 곳이 필요했기 때문이었다. 그리고 거스라면 한 시간 남짓이면 충분히 해내리라고 생각했다. 몇 주가 지난 후 그는 주의 깊게 설계하여 정교하게 만든 장난감 상자를 가져왔다. 내 가벼운 부탁이 가볍게 받아들여지지 않았던 것이다. 내가 원했던 것은 그저 상자 하나였는데 내가 받은 것은 한 점의 가구였다. 무척 기뻤던 동시에 당황스럽기도 했다. 내 생각으로 여가가 날 때 한 시간이면 될 줄 알았던 일이 여러 시간이 걸렸기 때문이었다. 나는 당황한 느낌을 말로 표현했다. 그리고 감사와 더불어 사과의 말을 전했다. 그의 아내가 나를 나무랐다. "당신은 거스가 장롱 제작자라는 사실을 이해하셔야 합니다. 그는 당신의 말처럼 적당히 '짜맞춰서' 상자를 만들어 낼 수 없는 사람입니다. 그의 자존심이 그런 걸 허락하지 않습니다." 그 장난감 상자는 현재 20년도 넘게 우리 집에 있는데, 내가 어떤 일이든 서둘러 엉터리로 하려 하면 언제나 나를 책망하곤 한다.

이와 비슷하게 예레미야는 예언자였다. 말씀을 전하는 대상이 누구인지는 중요하지 않았는데, 그의 일상에서 중요한 사람들이든 그저 안면만 있는 사람이든, 일평생 더불어 살 백성이든 그가 결코 보지 못할 백성이든 상관이 없었다. 그는 어디까지나 예언자였던 것이다. 그는 메시지를 적당히 '짜맞춰서' 만들거나 설교를 쓱싹 '해치울'

수 없는 사람이었다. 그의 헌신된 자세가 그런 것을 허락하지 않았다. 그 열 나라가 비록 그의 일상적인 사역에서는 부차적인 부분만을 차지하고 있었지만 자기 민족을 대할 때만큼 진지하게 다루었다.

경고와 심판

예레미야가 열방에 전한 메시지의 내용은 사실상 자기 민족에게 전한 것과 똑같은 내용이었다. 그것은 경고와 심판 그리고 그에 따른 구원이었다. 이집트는 심판이 약속되었다. "그러니 너희, 이집트의 응석받이 딸들아, 유배길을 위해 행장을 꾸려라. 곧 멤피스가 초토화되어, 잡초만 무성한 폐허로 변할 것이다"(렘 46:19). 그에 덧붙여 구원도 약속되었다. "언젠가는 그 땅에 다시 사람들이 살게 될 것이다. 하나님의 포고다"(렘 46:26).

모압은 애통과 슬픔에 잠길 것이었다. "그렇다. 모압의 파멸이 초읽기에 들어갔고, 재앙이 활시위를 떠나 과녁을 향해 날아가고 있다. 모압의 친구와 이웃들이여, 그가 얼마나 유명했는지 아는 모든 자들이여, 모압을 위해 울어라. 애곡하며 말하여라. 그 막강하던 왕의 홀이 이쑤시개처럼 부러지고 말았구나! 그 화려하던 지휘봉이!"(렘 48:16-17) 그러나 최후의 말씀은 이러하다. "지금으로서는, 이것이 모압에 떨어질 심판이다"(렘 48:47).

암몬 백성은 이런 메시지를 받았다. "통곡하여라…가슴을 쥐어뜯어라…애곡의 옷을 걸치고, 눈물로 강을 이루어라. 이리 뛰고 저리 뛰며 발작을 일으켜라! 너희의 신 몰렉이 포로로 질질 끌려갈 것이며, 그의 제사장과 관리인들도 그렇게 될 것이다"(렘 49:3). 하지만 여전히 최후의 말씀은 다음과 같다. "장차 내가 암몬의 일을 바로잡아 줄 날이 올 것이다. 하나님의 포고다"(렘 49:6).

엘람은 이런 경고를 받았다. "지켜 보아라! 내가 엘람의 주력 무기인 활을 내 무릎 위에서 꺾어 버리리라. 그러고는 사방, 땅의 네 귀퉁이에서 바람을 일으켜 엘람에게 불어 닥치게 할 것이다. 내가 엘람 사람들을 사방으로 날려 보내 만방에 흩어 버리고"(렘 49:35-36). 그러나 마지막 말씀은 변함이 없었다. "장차 내가 엘람을 위해 모든 일을 바로잡을 날이 올 것이다. 하나님의 포고다"(렘 49:39).

메시지의 상당 부분은 심판의 내용을 담고 있었다. 각각의 경우 구원에 대한 예견은 단 한 줄에 불과했다. 하지만 바로 그 여분의 행이 있기 때문에 그 메시지들이 마치 외부인이 복수심에 찬 분노로 멸망을 외치는 것으로 여기지 않도록 해 준다. 소망에 대한 암시는 모든 메시지에 명시적으로 표현되지는 않는데, 사실 이스라엘을 향한 메시지에서도 언제나 그러했다. 그런 내용이 거기에 있다는 사실 그 자체가 심판은 구원(이스라엘뿐 아니라 열방의 구원)의 수종을 드는 역할을 한다는 것을 보여 준다. 내부인을 위한 메시지와 외부인을 위한 메시지가 따로 있는 것이 아니다. 성경의 메시지는 유대인과 이방인 모두에게 동일하다. 바울이 말한 것과 같다. "그렇다면, 우리의 처지는 어떻습니까? 우리 유대인들이 다른 이들보다 더 운이 좋은 것일까요? 사실, 그렇지 않습니다. 기본적으로 우리는 유대인이든 이방인이든 모두 똑같은 조건에서 출발합니다. 다시 말해, 우리는 다 죄인으로 출발합니다"(롬 3:9).

열방에 관한 말씀

예레미야는 여러 나라에 관한 말씀을 기록했는데, 이름을 구체적으로 언급하고 세심하게 묘사했으며 진지하게 전파했다. 인류학자가 자민족 중심주의—자기 민족이 최고이고 다른 민족 특히 자기 나라를 위협하는 민족은 열등하다고 경솔하게 가정하는 것—라고 부르는 것을 그는 명백히 배격했다. 케네스 크래그는 이 문제에 대해 깊이 성찰하고 이것이 수세기에 걸쳐 신앙의 역사에 미친 영향을 묵상한 다음 이렇게 썼다. "복음 그 자체는 고국이 없다. 그리스도와 함께 세계의 모든 인종 가운데 겸손히 나아가는 자는 자기가 들고 가는 것이 복합적이면서도 한결같은 적실성을 갖고 있음을 거듭 발견할 것이다. 온전한 그리스도를 이해하는 데는 전 세계가 필요하다.…그것을 들고 가는 사람은 천박하게 자기 문화를 보편화시키고 있는 것이 아니다. 그들은 자신과 자신들의 말을 듣는 사람들이 함께 배운다는 사실을 이해함으로써 그 점을 전달한다. 복음의 주장이 타당한 것이라면 그렇게 될 수밖에 없다."[8]

타인에게 복음을 전하는 것은 온전함을 드러내는 행위로서 그들뿐 아니라 우리를 위한 것이다. "온전한 그리스도를 이해하는 데는 전 세계가 필요하다." 경계를 넘고 지평선을 가로질러 탐험하는 것은 (예레미야처럼 상상력을 동원하든 스라야처럼 몸으로 하든) 하나님의 범세계적 사랑을 증거하는 일인 동시에 우리 자신의 건강을 심도 있게 증진시키는 일이다. 왜냐하면 아무리 경건한 습관이라 하더라도 스스로의 습관에만 갇혀 있으면 온전해질 수 없기 때문이다. 아무리 정통파라 하더라도 그저 끼리끼리만 어울려서는 결코 성숙한 경지에 도달할 수 없기 때문이다. 통 속에서 떡갈나무를 키울 수는 없는 노릇이다. 나무를 키우려면 아래로는 수천 평의 땅과 위로는 광대한 하늘이 있어야 한다. 인간도 편협한 종파, 게토화된 종교 안에서 키울 수는 없는 법이다. 우리가 사는 세계가 커지면 커질수록 우리 인생도 그만큼 커지게 된다. 적어도 예레미야가 영웅적인 지위를 갖게 된 이유 중 하나는 엘람 백성에 대한 염려 때문이다. 우리가 하나님이 창조하셨고 현재 그분이 일하고 계신 주변 환경으로부터 단절될 경우, 결코 온전한 인간이 될 수 없다. 믿음을 가진 사람은 믿음이 없는 사람보다 훨씬 더 큰 현실 속에서 사는 것이다. "하나님께서 이 **세상**을 얼마나 사랑하셨는지!"

우리는 종종 이런 사실을 외면하곤 한다. 우리는 몸을 움츠리고 뒤로 물러난다. 외부인을 무시하고 심지어 멸시하기까지 한다. 우리와 생김새가 비슷하고 사고방식이 유사한 소수의 친구들하고만 어울린다. 우리가 생물적 편안함과 심리적 안전을 뛰어넘어야 한다는 제안을 단호히 거부한다. 우리가 가진 편견을 노출시키는 새로운 시각과 우리의 자기중심주의에 도전하는 사람들로부터 스스로 담을 쌓는다.

안드레와 피에르 엠마누엘 라코크는 성경적·신학적·심리학적 차원을 멋지게 엮은 글에서 이것을 '요나 콤플렉스'라고 불렀다. 그것은 내가 기본적으로 마음에 들어 하는 것과 하나님을 위해 어떤 사명을 수행해야 하는 것 사이의 갈등, 안락함과 인격 사이의 긴장이다.[9] 요나는 자신의 잠재력 및 축적된 재산을 마음껏 즐기고 싶은 욕망과 자기의 선입견을 여지없이 깨고 안락한 행복에 대한 추구를 방해하는 소명의 달성 사이에서 갈가리 찢어졌다.

다른 한편에는, 예레미야가 있고 그와 비슷한 사람들도 있는데, 이들은 가정과 공동체와 교회에서 그 모습이 돋보이는 자들로서, 안전하고 편안한 경계선을 넘어 새로운 말을 배우며 낯선 문화를 발견하고 적대감과 오해에 맞서며, 어디에서나 그리고 모든 민족 가운데서 믿음의 삶을 살 수 있음을 증거하는 상처 자국을 갖고 또 그런 이야기를 들려주는 자들이다. 아니 모든 장소에서, 모든 민족 가운데서 **마땅히** 살아야 하는 것이 믿음의 삶임을 증거한다.

16

너희는
그 땅에서 죽을 것이라

너희가 이렇게 말하고 유다의 남은 자들이 그 길로 내려가고자 한다면, 무슨 일이 있을지 하나님의 메시지에 귀 기울여라. 만군의 하나님이 말한다. "만일 너희가 이집트로 가서 그곳을 고향 삼아 살 작정이라면, 명심하여라. 너희가 두려워하던 전쟁이 이집트에서 너희를 덮치고, 너희가 두려워하던 기근이 이집트에서 너희를 괴롭힐 것이다. 너희는 그 땅에서 죽을 것이다!"…

가레아의 아들 요하난과 군지휘관들은 사방으로 흩어졌다가 다시 돌아온 유다의 남은 자들 전부와, 모든 남자와 여자와 아이들과 왕의 딸들, 경호대장 느부사라단이 사반의 손자요 아히감의 아들인 그다랴에게 맡긴 자들, 예언자 예레미야와 네리야의 아들 바룩까지 데리고서 이집트 땅으로 들어갔다. 그들은 하나님의 메시지를 정면으로 거부했다. 그리고 도성 다바네스에 도착했다.…

그러므로 만군의 하나님이 내리는 포고다. "각오하여라! 내가 너희에게 재앙을 내려, 유다와 관련된 자들을 모두 없애 버리기로 결정했다. 유다의 남은 자들, 이집트에 가서 살기로 결정한 그들 모두를 내가 잡아다가 끝장내 버릴 것이다. 그들 모두 이집트에서 칼에 맞아 죽거나, 굶어 죽을 것이다. 이름 있는 사람이든 이름 없는 사람이든, 다 같은 운명에 처할 것이다. 신분이 높은 자든 낮은 자든, 모두 살해당하거나 굶어 죽을 것이다. 너희는 결국 악담과 욕설과 조롱과 조소거리가 될 것이다."

예레미야 42:15-16; 43:4-7; 44:11-12

오직 진보, 생활 수준의 향상, 의료 기술의 발전과 악습의 개혁, 조직화된 기독교의 확산 등을 통해서만 하나님이 자신을 계시하신다는 피상적인 믿음보다 진실에서 동떨어진 것은 없을 것이다. 몇 년 전만 하더라도 개신교와 가톨릭을 막론하고 모세와 엘리야와 예수의 믿음을 거의 대체하다시피 한 이런 유의 유신론적 사회 개량주의가 현재 수많은 사람들을 종교적 정착지에서 휩쓸어 가고 있다. 진정한 영적 진보는 오직 파국과 고난을 통해서만 이룩될 수 있으며, 대격변에 수반되는 근원적인 정화 작업 이후에 새로운 차원으로 승화된다. 옛 것이 휩쓸려 가고 새 것이 미처 태어나기 전 정신적·신체적 고뇌가 몰려오는 시간은 언제나 색다른 사회적 양식과 더 심오한 영적 통찰력을 낳는다.[1]

윌리엄 올브라이트

가끔씩 믿음으로 사는 것에 싫증 날 때면 나는 남서쪽으로 40킬로미터 정도 떨어진 볼티모어의 메모리얼 경기장으로 가서 오리올즈 팀의 야구 경기를 관람한다. 그러면 두어 시간 동안 정확하게 측정된 선과 정교한 기하학적 패턴으로 꾸며진 세계 속에 몸담게 된다. 경기장에서 일어나는 모든 동작은 하나같이 품위 있고 균형 잡혀 있다. 엉성한 행위는 용납되지 않는다. 굉장한 기술로 복합적인 신체적 묘기가 발휘된다. 실수는 즉시 간파되고 그 결과도 금방 드러난다. 규칙 위반도 바로 처벌된다. 제멋대로 하는 행동은 사라지고 없다. 규칙에 따라 경기하지 않으려는 자는 쫓겨난다. 탁월한 실력은 그 자리에서 박수 갈채를 받는다. 경기가 진행되는 동안에는 매우 다양한 기질, 도덕적 가치관, 종교적 헌신, 문화적 배경을 가진 사람들이 하나의 목표와 그것에 도달하는 수단에 대해 합의하고 있는 것이다. 경기가 끝나면 누가 이기고 누가 졌는지 모두 안다. 그것은 모든 불확실성이 사라진 세계, 만사가 명명백백한 그런 세계다. 나중에는 그 모든 경험이 소수점 이하 세 자리 수까지 전혀 모호함이 없는 정확한 숫자로 요약된다.

경기가 끝난 후 내가 돌아가는 세계는 경기장에서 볼 수 있었던 요소—우아함과 엉성함, 은혜와 규칙 위반, 승리와 패배, 다양성과 일치, 보상과 처벌, 경계선과 위험 요소, 게으름과 탁월함 등—를 모두 갖고 있지만 중요한 차이점이 있다. 그것들이 아주 뚜렷하게 구별되는 것이 아니라 어쩔 수 없이 뒤죽박죽 섞여 있는 세계라는 것이다. 어떤 특정 순간에 일어나고 있는 일이 무엇인지 명확한 경우도 거의 전혀 없다. 어떤 윤곽도 분명하지 않다. 경계선도 뚜렷하지 않다. 목표 역시 합의에 도달하지 못한다. 수단도 언제나 논란의 대상이다. 그처럼 밝게 빛나는 기하학적 패턴의 세계를 떠날 때 나는 내가 취할 수 있는 로르샤흐 테스트(잉크의 얼룩 같은 무의미한 무늬를 해석시켜 사람의 성격 등을 알아내는 검사—역주)로부터 도움을 받아 잉크 얼룩을 따라가면서 그 모양에 담긴 의미를 분별하려고 애쓴다. 나의 디지털 손목 시계는 기술적인 정확성은 있으나 내가 그런 경험의 초반부에 있는지, 아니면 중반 혹은 후반부에 있는지 결코 알려 주지 않는다. 하루 혹은 한 주나 한 해가 끝날 무렵, 누가 이기고 누가 졌는지 일치된 견해가 없다.

이집트식 대안

이스라엘 백성이 믿음으로 사는 것에 싫증 났을 때에는 남서쪽으로 400킬로미터 떨어진 이집트로 갔는데 거기에서는 모든 것이 분명하고 정확했다. 그들은 예레미야를 데리고 갔다. 예레미야는 평생 동안 지극히 인격적인 관계를 기초로 한 믿음을 전파해 왔다. 그런데 이집트는 비인격적이고 관료적인 종교를 갖고 있었다. 예레미야가 혐오했던 모든 것이 집약된 장소인 이집트에서 그의 생애가 끝났다는 사실은 굉장한 아이러니다.

이스라엘이 이런 짓을 행한 것이 처음은 아니었다. 이집트식 대안이 전면에 떠오른 것은 여러 번 거듭된 현상이었다. 믿음의 조상 아브라함이 믿음으로 사는 것에 싫증 났을 때 그는 이집트로 내려갔다(창 12:10-20). 거기에서 안전을 확보하려 했으나 오히려 거짓과 타협에 빠지고 말았다. 아브라함은 하나님이 선택하신 믿음의 개척자였으나, 그의 이집트 경험은 믿음의 발전이라는 면에서는 거의 재앙에 가까운 것이었다.

출이집트의 시기, 즉 히브리인이 이집트의 속박에서 구출된 다음 광야에서 믿음으로 사는 법을 훈련받고 있는 동안 이집트로 돌아가고픈 욕망이 끈질기게 일어났다. 그들이 거기에 있었을 때 노예였던 것은 사실이지만 적어도 신변은 안전했다. 앞날도 예상할 수 있었다. 구름기둥은 견고하고 정돈된 피라미드를 대신하는 보잘것없는 대체물에 불과했다.

훗날 군주제가 극에 달했을 때 솔로몬은 이집트 바로의 딸과 결혼 동맹을 맺음으로써 이집트의 확실성을 믿음의 삶 속으로 들여왔다(왕상 9:16). 그것이 당시에는 굉장한 묘안으로 보였을 것이 분명하다. 약속의 땅에서 믿음으로 살지만 덤으로 이집트의 안전을 밑천으로 장만하는 것 말이다. 이를 기점으로 해서 이집트와의 결혼 동맹이 그 후에도 여러 번 이어졌다. 일단 믿음의 삶을 타협한 솔로몬은 자기 왕국을 사방으로 안전하게 지키려다 보니 어쩔 수 없이 주변 나라 모두와 결혼 관계에 들어가는 올무에 빠지고 말았다(왕상 11:1-8). 따라서 주전 586년 예루살렘의 멸망에 따른 극심한 혼란과 무질서의 와중에서 이스라엘이 이집트라는 해묵은 유혹에 굴복한 것은 전례가 없지 아니했던 것이다.

믿음에 의거하여 자발적으로, 소망을 품고, 덕스럽게 사는 것보다 더 어려운 일은 없다. 그리고 바빌론 침공 이후 이어진 참담하고 혼란스런 시절보다 믿음으로 살기에 더 불리한 외적 조건은 일찍이 없었다. 500년 동안 예배의 중심이었던 성전이 폐허로 변했다. 암시와 내적 의미를 풍부하게 담고 있던 모든 의식이 사라져 버렸다. 수십 년 동안 거듭해서 믿음을 새롭게 했던 제사장의 목소리도 잠잠해졌다. 이처럼 충격적인 혼란 가운데서 예레미야는 사람들에게 두려워하지 말고 새롭게 믿음의 삶을 시작하라고 권고했다.

이집트로 가는 편이 손쉬운 대안이었다. 그래서 그들은 이집트로 갔다. 이집트는 어떤 불확실성, 미결된 상태, 모호함 등이 없는 나라였다. 이생과 내생에 대한 모든 것이 자세히 설명되는 곳이 이집트였다.

이집트는 지리적으로 경계가 분명했다. 메마른 광야를 가로지르는 녹색의 생명줄인 거대한 나일 강이 이집트를 양분하고 있었다. 그 강을 따라 생명이 꿈틀거렸고 그것을 떠나면 곧 죽음이었다. 거기에는 신비로운 산악 지대도, 의외의 골짜기도, 뜻밖에 나타나는 시내도 없었다. 그저 이 거대한 강이 석양힌 속노도 흐르고 계절에 따른 리듬을 예측할 수 있는 곳이었다. 동물과 식물을 망라한 모든 생명이 그 강과 관계를 맺으며 질서 있게 정돈되어 있었다.

이집트는 건축학적으로 뚜렷했다. 피라미드와 신전들이 정확한 선을 그으며 우뚝 솟아 있었다. 그것들을 건축할 때 사용되었던 수학적 정확성은 지금까지도 불가사의에 속한다. 사막에 불쑥 솟아오른 이 유물들 속에는 표현되지 않은 채로 있는 것이 하나도 없었다. 피라미드는 죽음의 불확실성을 가지런히 정렬해서 도면에 그려 넣었다. 신전의 조각상과 구조물들은 인생의 모호함을 해결했다. 이집트의 하늘과 그 밋밋한 모래 위에는, 돌로 깎아 만든 형상들이 모든 염려가 사라졌다고 외치듯 과대망상적인 거만한 풍채를 뽐내고 있었다. 그런 사업의 중요성에 대해 일말의 의심이라도 있다면 오히려 풍채를 더 크게 만들어 완력으로 몰아내 버렸다.

이집트는 신학적으로 명료했다. 보이지 않는 것은 보이는 것으로 번역되었다. 모든 신이 형상으로 가시화되었다. 인간 이상의 것은 무엇이든 인간 이하의 것으로 축소되었다. 고양이, 매, 하이에나, 황소, 흑따오기 등이 이집트 신의 형상이었다. 형상은 각기 일정한 양식에 맞추어졌고, 그런 형상 안에서 모든 경이로움은 제거되고 없었다. 자발성이란 개념은 들어 본 적이 없다. 절대적인 통제의 종교였기 때문이다. 모든 실재는 평평한 돌의 표면에, 이름 모를 숫자 언어로 묘사되었다.

이집트는 사회적으로 확실했다. 모든 사람은 위계 질서 속에 각각의 위치가 정해져 있었다. 왕이 정점에 있었고 노예-농노가 바닥을 차지하며, 다른 이들은 모두 그 사이 어딘가에 위치했다. 인간의 왜소화 현상은 자기가 서 있는 곳을 뚜렷이 아는 것으로 보상되는 사회였다. 영예가 적다면 그만큼 책임도 적었다. 기대할 게 적다면 그만큼 대처해야 할 문제도 적었다.

이집트는 고대 세계의 메모리얼 경기장이었다. 깔끔한 경계선, 정해진 규칙, 경기자(왕족)와 구경꾼(다른 모든 사람들) 사이의 명확한 분리, 누구나 누가 누구인지 알 수 있게끔 그림 형상으로 표현된 모든 신들(경기 프로그램이 없으면 경기자를 판별할 수 없다), 그리고 무엇보다도 숫자들―모든 것이 기하학, 삼각법, 산수로 설명된다―이 거기에 있었다. 똑바른 선. 날카로운 각도. 통계.

믿음의 명료성

그렇다고 믿음의 삶에 명료성이 없다는 말은 아니다. 분명히 있다. 원대하고 광대한 조화, 마음을 흡족케 하는 깊은 의미, 짜임새 있는 풍부한 경험 등. 그런데 이런 명료성은 내면으로부터 계발된다. 그런 것들은 외부에서 강요할 수 없다. 서두를 수도 없는 것들이다. 서둘러 "죽은 것들을 생명 없는 모자이크로 정돈하는" 문제가 아니라 "살아 있는 세력을 위대한 평형 상태로" 배열하는 문제다.[2] 믿음의 명료성은 유기체적이고 인격적인 것이지 기계적이고 제도적인 것이 아니다. 믿음은 혼란 상태 속으로 **침범하는** 것이지 그것을 제거하지 않는다. 무질서의 한복판에서 평화가 이룩된다. 서서히, 조용하게, 방해 없이 조화가 이루어진다. 마치 소금과 빛의 효과가 그러하듯이. 그와 같은 명료성은 하나님께 대한 용기 있는 헌신에서 나오는 것이지, 타인을 통제하거나 타인에게 통제당하는 데서 연유하지 않는다. 그와 같은 명료성은 신비로운 하나님의 뜻과 사랑에 깊숙이 빠지는 모험에서 나오는 것이지, 위험을 최소화하고 자만심을 보장하는 식으로 신중하게 몸을 사리고 교화하는 데서 나오지 않는다.

이 같은 명료성은 오직 믿음의 행위를 통해서만 체험할 수 있으며 믿음의 눈으로만 인식할 수 있다. 예레미야의 삶은 그런 명료성으로 훌륭하게 채워져 있었지만 그것은 언제나 절망적인 혼돈에 둘러싸여 있었다. 때로는 경건한 자세로 그리고 때로는 낙심에 빠져 예레미야는 자신과 하나님을 의심하기도 했다. 하지만 그런 내적인 고뇌가 그의 소명과 헌신에 걸림돌이 된 적은 한 번도 없었던 것 같다. 하나님과 논쟁은 했으나 그분을 버리지는 않았다. 그의 중심은 아주 분명했다. 그가 관계를 맺어야 할 대상은 바로 하나님이라는 것. 또한 그는 하나님의 언약에 헌신되어 있었다. 도덕에 대한 이해에서도 흔들림이 없었다. 하나님의 자비 안에서 꾸준히 소망을 품었다. 그러나 그가 하나님에 대해 확신했다고 해서 자신에 대해서도 항상 확신을 품었던 것은 아니다. 그를 둘러싼 세상이 명료해진 것도 아니다. 세상은 줄곧 뒤죽박죽된 상태로 남아 있었다. 앞으로도 그럴 것이다.

예레미야 생애의 마지막 장에서 그런 뒤범벅 상태가 사라질 것 같은 순간이 왔다. 그 순간은 예루살렘 멸망 직후 이집트로 피난하기 직전에 다가왔다. 주변은 과거 어느 때보다 더 캄캄한 흑암에 둘러싸여 있었다. 그때 예레미야의 생애에서 단 한 번의 빛나는 순간이 도래한다. 믿음으로 사는 삶의 모든 면모가 죄로 망가진 예루살렘 거리의 어두운 무질서와 이집트식 대안의 거짓된 깔끔함을 배경으로 더욱 선명하게 드러난다.

예레미야가 오랫동안 미리 경고한 대로 예루살렘은 바빌론에 무너졌다. 온 백성이 예레미야의 예언대로 한꺼번에 끌려나와 포로로 잡혀갔다. 거짓 예언자들과 제사장의 거짓말이 여지없이 만천하에 노출되었다. 예레미야의 메시지의 진실성이 확인되었다. 예레미야도 다른 사람들과 함께 사슬에 묶였다. 죄수의 자격조차 없는 연약하고 무가치한 소수의 사람들만 남겨졌다. 1,100킬로미터나 되는 뜨거운 평원을 가로질러 바빌론으로 가는 강요된 행진이 시작되었다. 도성을 떠나 8킬로미터 정도 갔을 때 바빌론의 근위대장 느부사라단이 자기 왕으로부터 전갈을 받고 행진을 정지시킨 다음 예레미야에게 따라가든지 남든지 선택하라고 했다.

상상해 보라. 예레미야가 온 세계를 정복한 느부갓네살 대왕으로부터 직접 메시지를 받아 군중 가운데서 선발되는 장면을. 과거 예루살렘에서 예레미야는 거리에서 비웃음을 당하고, 웅덩이에 던져져 죽을 고비를 맞았고, 시위대 안뜰 감옥에서 조롱거리가 되었으며, 차꼬에 채워져 웃음거리가 되었었다. 이제 포로의 기나긴 고행 길에 접어든 지 반나절이 되었을 때 갑자기 행진이 정지되고, 예레미야만 발탁되어 그 사슬이 풀리고 느부사라단이 그에게 선택권을 부여하고 있다. 그는 바빌론에 가서 특별한 대우를 받을 수 있다. 사슬도 없고, 파면도 없고, 보호 수감되어 (다시는 동료 시민들의 학대를 받지 않도록) 왕으로부터 특별 하사금을 받는 생활이 될 것이다. 아니면 그냥 예루살렘에 머물 수 있는데, 이 도성은 이제까지 일평생 살면서 열심히 수고했던 곳이었다. 새로운 총독이 방금 임명되었는데 그는 예레미야와 평생 좋은 친구로 지냈던 인물(사반의 아들, 그달리야)이었다. 예레미야가 그와 함께 남아 소규모의 남은 자 공동체의 일원이 되려고 한다면 얼마든지 환영받을 것이었다.

예루살렘에서의 삶은 밑바닥부터 다시 시작하는 것이 될 것이다. 함락된 도성 한복판에서 죄수의 가치조차 없는 소수의 불쌍한 사람들과 지극히 희소한 인적·물적 자원을 갖고 척박한 환경 속에서 다시 일어서는 인생! 예순다섯의 나이에 결코 밝은 앞날은 아니었을 것이다.

바빌론에서의 삶은 편안한 은퇴의 길이 될 것이다. 바빌론 왕궁으로부터 영예를 얻고, 바빌론 경호원의 보호를 받으며, 바빌론의 퇴직금으로 살아가는 인생. 예레미야는 퇴직할 준비가 되어 있었고 그럴 자격이 충분했다. 조롱과 배척을 받고 인정認定에 굶주려 평생을 살았는데, 이제 세계에서 가장 막강한 왕이 명예 학위를 주겠다는 제의를 받았다. 자기 민족으로부터는 무시당하거나 비웃음을 샀던 이 예언자가 바빌론 사람의 경외와 존경의 대상이 된 것이다.

그러나 예레미야는 아직 은퇴할 준비가 되어 있지 않았다. 믿음으로 사는 것에 싫증이 나지도 않았다. 그는 아무것도 없이 처음부터 시작하는 데 익숙해져 있었다. 오랜 세월 그렇게 살아왔던 터였다. 자신의 자원을 계산해서 장래성을 따져 보는 일을 그만둔 지도 오래되었다. 이제는 "아침마다 새로운" 하나님의 은혜를 바라보는 것이 몸에 배어 있다. 주저 없이 결정했다. 예루살렘에 머물기로 선택한 것이다. 폐허, 버림 받은 자들, 가난한 자들을 택한 셈인데, 그 남은 자들로부터 하나님이 자기 영광을 위하여 한 백성을 이루실 것을 그는 믿었다.

심판받은 예루살렘에서는 물질적 번영과 하나님의 복을 혼동하는 것이 불가능했다. 사회적 지위와 하나님의 총애를 혼동하는 것도 불가능했다. 민족적 자부심과 하나님의 영광을 혼동하는 것도 불가능했다. 재산은 모두 사라지고 없었다. 뽐내던 지위도 사라졌다. 민족의 자부심도 사라졌다. 찬란한 종교도 사라졌다. 그러나 하나님은 현존하고 계셨다. 예레미야의 메시지에 담긴 하나님의 말씀을 분명하게 듣는 데 방해가 되었던 모든 문화적·정치적·종교적·사회적 가정과 전제가 제거되었다. 성숙한 믿음의 공동체를 일구기에는 과거 어느 때보다 더 좋은 조건이었다. 텅 빈 상태에서 하나님이 새로운 창조를 이룩하실 것이었다.

그날 라마에서 내린 예레미야의 선택은 그의 삶에서 흔히 볼 수 있었던 전형적인 행동이었다. 그는 판에 박힌 관습과 대중의 여론과 자기 과시에 반하여 하나님이 명하신 곳, 하나님이 활동하시는 중심부, 하나님의 약속의 장소, 하나님의 구원의 한복판에 있기로 선택한 것이다. 예레미야는 믿음으로 살기로 마음을 정했다. 믿음으로 산다는 것은 박수 갈채를 받으며 사는 것을 의미하지 않는다. 믿음으로 산다는 것은 이기고 있는 팀에 끼어 경기하는 것을 의미하지 않는다. 믿음으로 산다는 것은 보이지 않는 것, 통제 불가능한 것 혹은 예측할 수 없는 것에 의거해서 살 것을 요구한다. 칼 바르트는 이렇게 썼다.

> 만일 우리가, 새김의 모름에 혜시점에 도달하는 곳, 세상의 허영이 명백히 드러나는 곳, 세상의 신음 소리가 가장 비통하게 들리는 곳, 익명의 신이 가장 침투하기 어려운 곳에 우리의 눈을 고정한다면, 거기에서 예수 그리스도와 마주치게 될 것이다.…인생의 수수께끼가 최고점에 도달하는 곳에서 만물의 변혁이 일어난다. 하나님의 실존 외에는 아무것도 남지 않을 때 그분의 영광의 소망이 우리에게 떠오르고 그분은 우리에게 실제로 살아 계신 하나님이 된다. 오직 우리에게 거슬리는 분으로만 인

식할 수 있는 그분이 바로 거기에 우리를 위하는 분으로 서 계신다.[3]

예레미야의 삶을 관통했던 모호함과 모순과 역설의 문제가 이 순간에 해결된다. 그의 일생을 통해 제기되었던 회의적인 질문들―그는 참 예언자인가, 거짓 예언자인가? 그는 애국자인가, 배신자인가? 그는 슬기로운 자인가, 망상가인가? 그는 무익한 자인가, 유능한 인물인가?―이 전부 긍정적인 느낌표로 바뀐다. 그가 전한 메시지가 진실임이 입증되었다. 그의 삶이 고결했음이 증명되었다. 하나님의 언약에 대한 그의 헌신이 확증되었다. 마침내 행복한 결말이 도래한 것이다!

끝이 아니다

그런데 그것이 끝이 아니다. 그 완벽하게 조성된 순간이 무질서로 와해되고 만다. 극적인 타결이 도덕적 혼란으로 무너지고 만다.

그달리야가 총독으로 임명되고 예레미야가 하나님의 백성의 삶을 향상시키기 시작하자마자, 불법 테러리스트 이스마엘이 총독 그달리야를 살해하고 그 근처에 있던 자들을 모두 죽였으며 시체를 거대한 물웅덩이 속에 던져 넣었다. 그야말로 대량 학살이었다. 그의 행위는 요하난에 의해 저지되었는데, 요하난은 생존자들을 재집결시켜 이스마엘을 추적하여 그 나라에서 쫓아내고 질서를 회복시켰다.

요하난이 한 최초이자 최고의 조치는 예레미야에게 가서 하나님의 지도를 위해 기도해 달라고 부탁한 것이었다. 하나님은 예레미야의 이전의 결정과 일치하는 지침을 주셨다. 즉 예루살렘에 머물러 있으라는 지시였다. 그 남은 자들로부터 하나님이 장차 거룩한 나라를 일구게 될 것이었다. 달리 말하면 그들은 믿음으로 살아야 했던 것이다. "너희가 이 땅에 머물며 살기로 각오하면, 내가 너희를 세워 줄 것이다. 너희를 허물어뜨리지 않을 것이다. 너희를 심되, 잡초처럼 뽑아 버리지 않을 것이다.…내가 너희에게 자비를 쏟아 부을 것이다"(렘 42:10, 12).

요하난과 백성들은 그런 기도를 부탁할 만큼 예레미야를 존경했으나, 그의 자문을 따를 만큼 하나님을 신뢰하지는 않았다. 그들은 믿음으로 사는 데 싫증 났기 때문이었다. 그래서 이집트로 가기로 결심했다. 두려움이 한 가지 동기였다. 이스마엘의 테러에 대한 바빌론의 보복이 두려웠다. 그러나 큰 이유는 바로 믿음으로 살기를 거부한 것이었다. 그들은 눈에 보이지 않는 하나님을 의지할 때 따르는 위험과 모험을 무릅쓰고 싶지 않았다. 그들이 원한 것은 안전과 탄탄한 경제적 안정이었다. 그들은 하나님 안에서 믿음의 삶을 다시 쌓는 힘겨운 수고를 하고 싶지 않았다. 오히려 이집트에서 자기들을 기다리고 있다고 생각한 편안히 꺼요 살고 싶었다. "아닙니다! 우리는 평화로운 이집트로 달아날 것입니다. 전쟁도, 적의 공격도 없고 먹을 것이 풍부한 그곳으로 가겠습니다"(렘 42:14). 그들은 쉬운 길을 찾고 있었던 것이다.

너무나 많은 사람이 믿음의 삶 대신에 이집트에서의 삶을 선택한다. 그들은 내가 야구 경기를 보러 가는 식으로 종교에 접근한다. 즉 혼란스러운 상황을 회피하기 위하여, 모든 것을 명확하게 하기 위하여, 전반적인 광경을 한눈에 볼 수 있는 좋은 자리를 찾기 위하여, 각자의 경기 모습을 쉽게 평가하고 각기 마땅히 받을 것을 받는 모습을 보기 위하여. 도덕이라는 타석의 점수가 조심스럽게 기록된다. 통계가 강박적으로 보존된다. 많은 종교적 모임이 그런 욕구를 충족시켜 주기 위해 고안되고 있다. 세계는 조직화되고 규제될 수 있는 차원으로 축소된다. 모든 사람은 각각 당신 편에 있는지 그 반대편에 있는지 분명히 분류된다. 무엇이 선하고 무엇이 나쁜지에 대해 언제든 추호의 의심도 없다.

그와 같은 '이집트식' 종교가 갖고 있는 단 하나의 문제는 그 모임 동안에만 명료성이 지속된다는 점이다. 그것은 실재를 심화시키는 것이 아니라 그로부터 퇴거하는 것이다. 그처럼 보호된 시간과 공간이 있는 동안에는 영웅적인 행위가 박수 갈채를 받고 악한은 야유를 받는다. 미움의 대상인 대적도 분명하다. 그러나 직업의 현장으로, 놀이의 현장으로, 가정으로 돌아가면 그런 딱지가 더 이상 붙어 있지 않다. 그래서 그 모임 바깥의 인생은 절망적으로 오염되었다고 원성을 퍼붓는다. 이런 유의 종교 생활을 수용하는 사람들이, 가능한 한 자주 분명하고 통제된 질서를 경험하기 위하여 가능한 한 많은 모임을 찾아다니는 것은 이해할 만하다.

비극도 해피 엔딩도 아닌 결말

플래너리 오코너가 자기의 숙모 중 한 사람은 어떤 이야기에서든 마지막에 누군가가 결혼을 하든 총에 맞든 하지 않으면 아무 일도 일어나지 않은 것으로 생각했다고 말한 적이 있다.[4] 그런데 인생이 그런 결정적인 결말로 끝나는 경우는 무척 드물다. 그러므로 최고의 이야기들, 곧 우리를 현실에 잠기게 함으로써 우리의 진상을 보여 주는 이야기들도 그런 마무리를 제공하지 않는다. 인생은 모호하다. 끝이 느슨하다. 모호함과 무질서, 부조리와 어수선함과 더불어 살아가려면 성숙함이 요구된다. 만일 우리가 그와 더불어 살기를 거부한다면, 무엇인가를 배제하는 셈이고, 우리가 배제하는 것이 아주 본질적이고 귀중한 것일 가능성이 높다. 바로 믿음의 모험, 하나님의 신비로움과 같은 것들.

예레미야서는 밋밋하게 끝을 맺는다. 우리는 결말을 알고 싶어 하지만 결말이 없다. 예레미야 생애의 마지막 장면은, 과거 그의 삶의 많은 부분을 차지했던 활동 곧 오만한 백성을 대상으로 하나님의 말씀을 전하는 모습이다(렘 44장). 우리는 그가 마침내 성공했기를 기대한다. 우리도 용기를 품고 바르게 살면 그처럼 성공하리라고 기대할 수 있기 때문이다. 혹은 그가 결국 실패했기를 기대한다. 그러면 믿음의 삶과 고결한 인격이 아무런 소득이 없는 것이기에 인생을 사는 데 필요한 다른 방편을 찾으러 나갈 수 있기 때문이다. 예레미야에게서 둘 중 어느 것도 발견할 수 없다. 그는 결혼으로 골인하지도 않고, 총에 맞지도 않는다.[5] 그가 있고 싶지 않은 이집트라는 장소에서 그를 몹시도 괴롭히는 백성과 함께 있으면서 흔들리지 않는 신실한 삶, 숭고할 정도로 용기 있는 삶, 무정하게 배척당하는 삶, 한마디로 하늘 높이 우뚝 솟은 장엄한 인생을 계속 살아간다.

주

1. 말들과 어떻게 경주하겠느냐?

1 William McNamara, *The Human Adventure* (Garden City, N.Y.: Image Books, Doubleday, 1976), p. 9. *Mystical Passion* (New York: Paulist Press, 1977), p. 3.
2 Tom Howard, *Chance or Dance* (Carol Stream, Ill.: Harold Shaw Publishers, 1972), p. 104.
3 Cleanth Brooks, *The Hidden God* (New Haven: Yale University Press, 1963), p. 4.
4 "매슬로는 1968년에 이렇게 썼다. '우리에게 옳은 것이 무엇인지를 알 수 있는 유일한 방법은 그것이 다른 어떤 대안보다 주관적으로 더 좋은 느낌을 준다는 점이다' 그리고 또 '좋은 맛이 나는 것은, 성장이라는 의미에서, 우리에게 "더 나은" 것이기도 하다'. 지금까지 이런 입장보다 현대 사회에 더 큰 피해를 입힌 것은 없다. '느낌'과 '주관성'이란 단어를 '성장'의 판단 기준으로 삼는 것이 특히 기만적이다. '좋은 맛이 나는 것'을 선택함으로써 '성장'한다는 것 자체가 진실과 정반대되는 것이다. 많은 경우 그 반대가 진실에 부합한다. 만일 유대인인 에이브러햄 매슬로의 이런 주장이 옳다면, 인류 역사에서 이스라엘은 존재하지 않았을 것이다." André Lacocque and Pierre-Emmanuel Lacocque, *The Jonah Complex* (Atlanta: John Knox Press, 1981), p. 106.
5 "예레미야서는 여러 종교적 진리를 가르치기보다는 하나의 종교적 인격을 제시하고 있다. 예언은 이미 과거에 그 진리들을 가르친 바 있으므로, 마지막으로 할 일은 스스로를 하나의 삶으로 나타내는 것이었다." 다음 책에서 인용된 A. B. 데이비슨의 말. John Skinner, *Prophecy and Religion* (London: Cambridge University Press, 1963), p. 16.
6 James Bentley, "Vitezslav Gardavsky, Atheist and Martyr", *The Expository Times*, June 1980, pp. 276-277.
7 Erwin Chargaff, *Heraclitean Fire* (New York: The Rockefeller University Press, 1978), p. 122.

2. 예레미야

1 Eugen Rosenstock-Huessy, *Speech and Reality* (Norwich, Vermont: Argo Books, 1970), p. 167.
2 Eugen Rosenstock-Huessy, *I Am an Impure Thinker* (Norwich, Vermont: Argo Books, 1970), pp. 41-42.
3 Skinner, *Prophey and Religion*, p. 350에서 재인용.
4 Rosenstock-Huessy, *I Am an Impure Thinker*, p. 66.
5 Thomas Merton, *The New Man* (New York: Mentor-Omega Books, 1961), p. 120.
6 George Herbert, *The Country Parson* (New York, Paulist Press, 1981), p. 85.
7 William Faulkner, *The Town* (New York: Random House, 1957), p. 112 이하.
8 이것은 내가 쉽게 풀어 쓴 것이다. 그 질문과 대답을 그대로 인용하면 다음과 같다. "당신은 언제 처음으로 시인이 되고 싶다는 생각을 품었는가?" "내가 그점에 대해 생각해 보았는데 그 질문을 거꾸로 바꾸어 보았다. 나의 질문은 '다른 사람들은 언제 시인이 된다는 생각을 포기했는가' 하는 것이다. 당신도 알듯이, 어릴 적에는 이야기를 지어내기도 하고 글도 쓰곤 하는데, 내가 궁금한 수수께끼는 일부 사람들이 글을 쓰고 있다는 사실이 아니라, 왜 다른 사람들은 그것을 중단했는가 하는 점이다." William Stafford, *Writing the Australian Crawl* (Ann Arbor: Univesity of Michigan Press, 1978), p. 86.
9 Stephen Spender, "What I expected was", in *The New Oxford Book of English Verse 1250-1950*, ed. Helen Gardner (New York: Oxford University Press, 1972), p. 930.

3. 이전에

1 Pierre Teilhard de Chardin, *The Divine Milieu* (New York: Harper and Bros, 1960), pp. 48-49.
2 "인간은 어디까지나 인간이지, 자연의 손들이 그 달콤한 뜻에 따라 마음대로 연주할 수 있는 피아노 건반이 아니다." Fyodor Dostoyevsky, *Letters from the Underworld* (New York: E. P. Dutton & Co., 1957), p. 36.『지하로부터의 수기』(열린책들).
3 E. F. Schumacher, *A Guide for the Perplexed* (New York: Perennial Library, Harper & Row, 1977), P. 6에서 재인용.

4. 저는 아직 어린아이에 불과합니다

1 J. R. R. Tolkien, *The Fellowship of the Ring* (Boston: Houghton Mifflin, 1965), p. 70. 『반지의 제왕』(예문).
2 Schumacher, *A Guide for the Perplexed*, p. 38.
3 William Barrett, *Irrational Man* (Garden City, N. Y.: Doubleday Anchor Books, 1962), p. 3.
4 W. H. Auden, "Reflections in a Forest", *Homage to Clio* (New York: Random House, 1960), p. 8.
5 Blaise Pascal, *Pensées* (New York: The Modern Library, Random House, 1941), p. 273.
6 Maisie Ward, *Gilbert Keith Chesterton* (Baltimore: Penguin Books, 1958), p. 114에서 재인용.
7 그렇다고 모든 이가 그것을 시인했다는 말은 아니다. 거짓 예언자들은 예레미야의 생애 내내 만사가 잘될 것이라고 백성을 거듭 확신시켰다. 그리고 왕들은 파국을 모면하기 위해 계속해서 정치적인 동맹을 맺었다. 그러나 적극적 사고방식에 입각한 메시지의 강도와 조약 체결의 절박성은 은연중에 최후의 심판 날이 다가오고 있음을 드러내었다.

5. 거짓말을 믿지 마라

1 Thomas à Kempis, *The Imitation of Christ, translated by Ronald Knox and Michael Oakley* (New York: Sheed and Ward, 1959), pp. 76-77. 『그리스도를 본받아』(크리스챤다이제스트).
2 다음 책도 보라. John Bright, *The Kingdom of God* (Nashville: Abingdon Press, 1953), p. 100. 『하나님의 나라』(크리스챤다이제스트).
3 William Meredith, "Chinese Banyan." Richard Howard, *Alone with America* (New York: Atheneum, 1969), p. 324에서 재인용.
4 John Bright, *A History of Israel* (Philadelphia: Westminster Press, 1959), p. 299. 『이스라엘 역사』(은성).
5 앞의 책, p. 297.
6 John W. Gardner, *Self-Renewal* (New York: Harper & Row, 1963), p. 96에서 재인용.

6. 토기장이의 집으로 가거라

1 R. P. Blackmur, *The Lion and the Honeycomb* (New York: Harcourt, Brace

& World, 1955), pp. 179-180.
2. 내가 그은 것과 같이 선이 그렇게 분명한 것은 아니다. 캐슬린 케년의 여리고 발굴은 토기가 발명되기 전에도 도시 생활이 영위되고 있었음—"토기 이전의 신석기 시대"—을 입증했다. 하지만 여리고와 그밖에 발굴된 다른 두세 곳을 예외로 인정할 경우 이 같은 일반화는 여전히 타당성을 지닌다. Kathleen Kenyon, *Digging Up Jericho* (London: Ernest Benn Ltd., 1957)를 보라.
3. George Herbert, "The Bag", *The Temple* (New York: Paulist Press, 1981), p. 276.
4. John Bright, *Jeremiah* (Garden City, N. Y.: Doubleday, 1965), p. 125. 『예레미야-국제성서주석 22』(한국신학연구소).

7. 바스훌이 예레미야를 때리다

1. Malcolm Muggeridge, *A Twentieth Century Testimony* (Nashville: Thomas Nelson, 1978), p. 72.
2. F. O. Matthiessen, *American Renaissance* (New York: Oxford Undiversity Press, 1968), p. 182.
3. Flannery O'connor, *The Habit of Being*, Letters edited by Sally Fitzgerald (New York: Farrar, Straus & Giroux, 1979), p. 81.
4. 여기서 나는 바스훌과 예레미야를 비교하고 대조시키면서 상상력을 자유롭게 사용하였다. 이 가운데 일부는 바스훌을 예레미야의 풍자적 인물로 볼 것—예레미야의 순전한 삶에 대비되는 바스훌의 때묻은 삶—을 시사하는 본문 내용에서 나온 것이다. 예레미야는 열방의 예언자로 임명되었다("똑똑히 보아라, 오늘 내가 뭇 민족과 나라들 위에 너를 세우고"—렘 1:10). "내가 너를 세웠다"에서 사용된 동사는 '파카드'(*paqad*)이다. 이 동사의 명사형은 '파키드'(*paqid*)로서 임명된 관리라는 뜻이다. 바스훌이 바로 그런 임명받은 '파키드 떴나("주의 신전에서 총감독으로 일하는"—렘 20:1). 따라서 둘 다 '파키드'의 역할을 수행하고 있었는데, 예레미야는 하나님의 예언자로서 그리고 바스훌은 성전의 감독으로서 그 직분을 이행했다. 하나의 아이러니는 바스훌이 임명된 자들의 대표—*paqid nagid*—로 과장되고 있는 점이다. 본문은, 그들이 임명받은 직분과 관련하여 동일한 뿌리를 둔 단어(*pqd*)를 사용함으로써, 그리고 그들이 서로 비슷한 소명을 그처럼 아주 판이하게 수행하면서 서로 부딪치는 모습을 묘사함으로써 이와 같은 성찰을 유도하고 있는 것처럼 보인다.

8. 낫지 않는 나의 상처

1 Therese of Lisieux, *Autobiography of a Saint*, trans. Ronald Knox (London: Fontana Books, Collins, 1960), p. 94.
2 그 단락들은 다음과 같다. 예레미야 8:18-9:3; 11:18-23; 12:1-6; 15:10-12; 15-21; 17:14-18; 18:18-23; 20:7-18.
3 "우리가 가진 기록 가운데 거룩함의 실상을 발견하려고 시도한 경우가 한 번 있는데, 이는 그 관찰자를 실망시킨 만큼이나 우리의 기분을 전환시키는 내용이다. 조사의 대상은 프란치스코 드 살이었고, 호기심 많은 교만한 관찰자는 벨리의 주교 장 피에르 카믜였다. 그 주교가 사용한 술수 가운데 고의적인 악행은 없었던 것 같으나 못된 취향이 있었음은 분명하다. 그가 한 짓은 성공회 관저에 있던 그의 침실 벽에 구멍을 뚫어서 자기의 주인인 프란치스코가 홀로 있다고 생각할 때 그가 하는 행동을 엿보는 것이었기 때문이다.…그러면 카믜가 발견한 것은 무엇이었는가? 그것은 그가 자기의 종을 깨우지 않으려고 아침 일찍 조용히 침실에서 나왔다는 것이었다. 그리고는 기도하고, 글을 쓰고, 편지에 답장을 하고, 자기의 임무에 관해 읽고, 잠을 자고, 다시 기도했다는 사실이었다." Phyllis McGinley, *Saint-Watching* (New York: The Viking Press, 1969), pp. 17-18.
4 Bright, *Jeremiah*, p. 110.
5 John A. Thompson, *The Book of Jeremiah* (Grand Rapids: Eerdmans, 1980), p. 459. 『예레미야: 반즈 성경 주석』(크리스찬다이제스트).
6 앞의 책, p. 398.
7 앞의 책.
8 Walter Lippmann, *A Preface to Morals* (New York: MacMillan, 1929), p. 56.

9. 이십삼 년 동안 아침부터 밤늦게까지

1 Baron Friedrich von Hügel, *Selected Letters* 1896-1924, edited by Bernard Holland (New York: E. P. Dutton, 1933), pp. 305, 266.
2 Brown, Driver, Briggs, *Hebrew and English Lexicon of the Old Testament* (Oxford: Clarendon Press, 1957), p. 1014.
3 앞의 책.
4 John Fowles, *The Ebony Tower* (Boston: Little, Brown & Co., 1974), p. 147.
5 G. K. Chesterton의 말. Ward, *Gilbert Keith Chesterton*, p. 397에서 재인용.
6 Garry Wills, "Hurrah for Politicians", *Harper's Magazine*, September 1975, p. 53.

10. 두루마리를 구해서 적어라

1 Abraham, Heschel, *God in Search of Man* (New York: Farrar, Straus and Giroux, 1955), p. 244. 『사람을 찾는 하나님』(종로서적).
2 George Steiner, *Langauage and Silence* (New York: Atheneum, 1970), p. 67에서 재인용.
3 George Adam Smith, *Jeremiah* (London: Hodder and Stoughton, 1923), p. 146.
4 신명기에 나오는 특징적인 단어와 표현을 모아 만든 목록 중 지금까지 가장 완벽하고 잘된 것은 S. R. 드라이버의 목록인데, **사랑**이 으뜸을 차지하고 있다. *A Critical and Exegetical Commentary on Deuteronomy* (New York: Charles Scribner's Sons, 1895), pp. lxxviii-lxxxiv를 보라.
5 André and Pierre-Emmanuel Lacocque, *The Jonah Complex*, p. 113.
6 Charles Williams, *The Descent of the Dove* (New York: Meridian Books, 1956), p. 83.
7 Heschel, *God in Search of Man*, p. 237.
8 Smith, *Jeremiah*, p. 41.
9 예레미야에 대한 여호야김 왕의 반감은 이해할 만하다. 왕의 통치 초기에 예레미야가 그에게 돈을 왕같이 쓴다는 이유로 진정한 왕인 것처럼 생각한다고 꾸짖은 적이 있다("네가 남보다 백향목을 더 많이 써서, 네가 짓기를 경쟁하므로 네가 더 좋은 왕이 될 수 있겠느냐?"). 예레미야는 그를 그 부친 요시야 왕과 비교하여 못난 왕으로 격하시켰는데, 요시야는 그 땅에서 정의를 행하고 하나님을 영예롭게 한 반면 여호야김은 탐욕이 가득하고 백성을 약탈하는 짓을 자행했다는 것이다. 그리고 그가 나귀처럼 죽어서 그 도시의 쓰레기 하치장에 던져질 것이라고 예언했다. "사람들은 그를 끌어다가 예루살렘 성문 밖으로 멀리 내던지고, 마치 나귀처럼 묻어 버릴 것이다"(렘 22:11-19). 왕의 귀에 그런 책망이 쟁쟁하게 남아 있었으므로 예레미야가 공공연하게 연설을 못하도록 금지시킨 것도 무리가 아니다.
10 R. E. C. Browne, *The Ministry of the Word* (Philadelphia: Fortress Press, 1976), p. 23.
11 이 두루마리는 1-25장으로서 예레미야서 구성의 첫 단계였던 것으로 짐작된다. 완성된 책은 아주 길고도 복잡한 과정을 거친 결과물이었으며 바룩의 회고록을 포함했을 것이다. 그 형성 과정은 지극히 복잡다단했다. 그에 대한 좋은 설명으로는 Thompson, *The Book of Jeremiah*, pp. 56-59를 보라.

11. 레갑 가문

1 Jacques Maritain, *The Peasant of the Garonne* (New York: Holt, Rinehart and Winston, 1968), p. 172.
2 키에르케고르는 "군중은 비(非)진리다"라고 주장했다. 그는 모든 저작에서 이 주장의 중대성을 파헤쳤다. 이를테면 이런 내용이다. "군중이 있는 곳에 진리도 있다는 식으로, 그리고 진리 자체 내에 군중을 자기편으로 삼을 필요가 있다고 생각하는 인생관이 존재한다. 한편 이와는 달리 군중이 있는 곳이면 어디든지 비진리가 존재한다고 생각하는 인생관이 있는데, (잠시 극단적인 경우를 생각해 본다면) 각 개개인이 진리를 소유하게끔—각자 사적으로—되어 있다 하더라도 만일 그들이 군중—이는 투표권을 행사하고 시끄러운 소리를 내는 군중으로서 어떤 종류든 **결정적인** 중요성을 부여받는 군중—속에 함께 있게 된다면 비진리가 금방 확연하게 드러날 것이다." 그러나 키에르케고르는 조심스럽게 자기 입장에 조건을 붙인다. "내가 보기에는 거의 불필요한 것 같지만, 여기서 언급해도 무방하다고 생각하는데, 예를 들어 수만 명이 모였다 할지라도 그런 군중을 향해 설교를 하거나 진리가 선포된다는 사실에 대해서는 반대할 생각이 나에게 자연스레 떠오르지 않았다는 점이다. 전혀 그런 생각이 들지 않았다. 그러나 만일 단 열 명이 모인 집회라 하더라도 그들이 그 진리를 투표에 붙인다면, 즉 그 모임 자체가 권위를 가진 것으로 간주된다면, 군중이 결정적인 역할을 한다면, **거기에는** 비진리가 존재한다." *The Point of View* (London: Oxford University Press, 1939), p. 112. 『관점』(종로서적).
3 Kierkegaard, *The Point of View*, p. 131.
4 탁월한 인간의 업적 앞에서 "동경심을 표현하고 엉엉 울기까지" 한다면, 우리는 스스로를 구경꾼과 감식가로 바꾸고 인간답게 살라는 소명을 깨끗이 회피하는 셈이라고 키에르케고르는 말한다. 달리 말하면, 동경이 하나의 책임 회피가 될 수 있다는 것이다. Søren Kierkegaard, *Concluding Unscientific Postscript* (Princeton University Press, 1941), pp. 320-322를 보라.
5 레갑 사람들은 광야에서 목축업에 종사하면서 규율이 엄한 금욕적인 생활을 한 유랑민 집안으로 이제까지 보통 알려져 왔다. 그들의 생활 방식은 문명의 퇴폐성에 항거하는 하나의 저항이요 광야 생활 40년을 이상화시키는 것으로서, 광야 시절에는 종교 생활이 엄격했고 농경 사회의 출산을 위한 의식에 물들지 않고 도시와 연계된 부도덕에 때문지 않았던 것으로 여겨졌었다. 그러나 최근의 연구에 따르면, 그와 같은 동일시의 근거를 성경에서 찾아볼 수 없으며 레갑인들은 금속 세공인 길드였을 가능성이 가장 높은 것으로 추측된다. 다음 책을 보라. Frank S. Frick, "The Rechabites Reconsidered", *Interpreter's Dictionary of the Bible*,

Supplement (Nashville: Abingdon Press, 1976), pp. 726-728.
6 막심 고리키는 자신이 남을 즐겁게 해 주려고 글을 쓰는 게 아니라고 말했다. 그는 사람들에게 자신들이 얼마나 "엉성하고 지루하게 인생을 사는지" 보여 줌으로써 그들이 인생을 더욱 잘 살게 하려고 했다고 한다.
7 William Barrett, *The Illusion of Technique* (Garden City, N. Y. : Anchor Press/Doubleday, 1978), p. 219.

12. 포로에게 보내는 편지
1 Peter T. Forsyth, *Positive Preaching and the Modern Mind* (London: Independent Press Ltd., 1907), pp. 178-179.
2 유배는 두 차례에 걸쳐 일어났다. 여호야김 왕과 황태후와 대다수의 지도자들은 주전 598년에 유배되었다. 대부분의 백성은 꼭두각시 왕 시드기야 아래에 남겨졌다. 그 땅에 남겨진 자들 중 하나였던 예레미야는 594년경에 그 편지를 썼다. 첫 번째 유배가 있은 지 11년이 지난 후, 바빌론은 음모와 반란 행위에 자극을 받아 587년에 돌아와서 그 도시를 파괴시켜 버렸다. 그 때에는 사실상 모든 자를 포로로 잡아갔다. John Bright, *A History of Israel* (Philadelphia: Westminster Press, 1959), pp. 302-310를 보라.
3 출이집트기 2:22. 이 문구는 금세기에 로버트 하이라인의 공상과학소설 *Stranger in a Strange Land* (New York: Avon Books, 1961)를 통하여 대중화되었다. 『낯선 땅 이방인』(마티).
4 Robertson Davies, *Rebel Angels* (New York: Viking Press, 1981), p. 326.
5 George Eliot, *Felix Holt* (New York: The Century Co., 1911), p. 301.
6 그의 말을 그대로 인용하면 다음과 같다. "죄인들은 언제나 자기에게 없는 것을 갖고 싶어 하고, 하나님이 충만한 영혼은 자기에게 있는 것만 원한다." Thomas Merton, *Conjectures of a Guilty Bystander* (Garden City, N. Y. : Image/Doubleday, 1968), p. 285.
7 워커 퍼시의 빙크스 볼링은 이렇게 말한다. "자기 삶의 일상성 속에 침몰되지 않은 자라면 누구나 그 탐구를 시도할 것이다.…그 탐구의 가능성을 깨닫게 되는 것 자체가 무엇인가를 향해 나아가는 것이다. 무엇인가를 향해 나아가지 않는 것은 절망에 빠져 있는 셈이다." *The Moviegoer* (New York: Avon Books, 1980), p. 18.
8 J. A. Sanders, *Interpreter's Dictionary of the Bible*, 2:188.
9 William Faulkner, *Lion in the Garden*, Interviews edited by James B. Merriweather and Michael Millgate (New York: Random House, 1968), p. 108.

13. 수문장, 왕, 왕궁 관리

1 Erik H. Erikson, *Identity, Youth and Crisis* (New York: W. W. Norton and Co., 1968), p. 314.
2 R. P. Blackmur, *Henry Adams* (New York: Harcourt Brace Jovanovich, 1980), p. 3.
3 F. H. Heinemann, *Existentialism and the Modern Predicament* (London: Adam and Charles Black, 1954), p. 67. 그의 동시대인들은 그것을 알 길이 없었지만, 수세기가 지난 후 학자들이 보기에 예레미야는 전략적인 위치를 차지하고 있는 전 세계 종교 지도자들의 성운 가운데 가장 밝게 빛나는 별이었다. 주전 7세기와 6세기는 영혼의 문제와 하나님과 관련된 문제에서 르네상스에 해당하는 시대였다. 세계의 다른 지역을 보면, 페르시아에서는 짜라투스트라가 새로운 종교를 시작하던 참이었고, 중국에서는 노자가 도교를 정립하고 있었으며, 인도에서는 부처가 위대한 개혁 운동을 전개하기 시작한 때였다. 그리스에서는 탈레스와 아낙시만더가 헬라 철학의 기초를 놓고 있었다. 세계 전역에 걸쳐 의에 대한 갈망과 굶주림과 목마름이 팽배했던 시대였다. 심오한 사상과 뜨거운 갈망이 중국, 인도, 페르시아, 그리스와 같은 문명의 중심지에서 볼 수 있는 특징이었던 것이다. 팔레스타인에서는 그 장본인이 바로 예레미야였다.
4 Abraham Maslow, *The Father Reaches of Human Nature* (New York: Viking Press, 1971), p. xvi.
5 Herman Melville, *The Confidence Man* (New York: New American Library, Signet Classics, 1964), p. 119.
6 Hannah Arendt, *Eichmann in Jerusalem* (New York: Viking Press, 1963). 『예루살렘의 아이히만』(한길사).
7 Henry Adams, *The Education of Henry Adams* (New York: Houghton Mifflin Co., 1918), p. 312.
8 이 이야기에 등장하는 예레미야의 동시대인들의 이름만 계산해도 대략 60명에 달한다. 하지만 정확한 수를 계산하는 것은 불가능한데 동일한 사람을 지칭하는 이름이 변형된 형태로 두세 번 나올 수도 있기 때문이다. 내가 보기에, 60개의 이름에다 두셋을 더하든지 빼든지 하더라도 그처럼 짧은 이야기에 굉장히 많은 이름이 등장하는 셈이다.

14. 나는 아나돗에 있는 밭을 샀다

1 John Fowles, *The Aristos* (Boston: Little, Brown and Co., 1964). p. 50.
2 철학적 담론의 영역에서조차—아주 실제적인 분야가 아닌 것같이 보이는—우

리는 일이 돌아가게끔 하는 방법과 일을 완수하는 법에 관한 사고에 있어서 미국 특유의 기여를 한 바 있다. 윌리엄 제임스의 실용주의와 존 듀이의 도구주의는 상아탑을 닮은 것이면 무엇이든 멀리하고 실제적인 사람의 현실적 관심을 추구했다. "미국의 지성 사회에서는 적실성 없는 사고가 언제나 가장 큰 죄로 간주되어 왔다고 해도 과언이 아니다." John E. Smith, *The Spirit of American Philosophy* (New York: Oxford University Press, 1963), p. vii.

3 "나는 몇 주 전 데이비드 리즈만과 얘기를 나누었는데, 그가 말하기를 자기는 묵시적 해결책과 묵시적 분석 및 진단에 흥미가 없다고 했는데 그 이유는 날마다 일어나는 작은 일들, 이 마을에서 쓰레기를 줍는 것이 삶을 **돌아가게** 만드는 것이고 수천 가지에 달하는 작은 노력, 작은 친절, 사회적 연속성의 근거가 되는 작은 조직들로부터 가치관이 결국 그 모양새를 갖추게 되기 때문이라고 했다." *Robert Penn Warren Talking*, Interviews 1950-1978, edited by Floyd C. Watkins and John T. Hiers (New York: Random House, 1980), p. 192.

4 Coventry Patmore, *The Rod, the Root and the Flower* (Freeport, N. Y.: Books for Libraries Press, 1968), p. 52.

5 G. K. Chesterton, *Heretics* (London: Bodley Head, 1905), p. 114.

6 William Stringfellow, *An Ethic for Christians and Other Aliens in a Strange Land* (Waco, Tex.: Word Books, 1976), p. 138.

7 George Eliot, *The Mill on the Floss* (New York: The Century Co., 1911), p. 409.

8 Philip Reiff, *The Triumph of the Therapeutic* (New York: Harper & Row, 1966), p. 37.

15. 이방 민족들에 관한 메시지

1 Arend Th. Van Leeuwen, *Christianity in World History*, trans. H. H. Hoskins (London: Edinburgh House Press, 1964), p. 100.

2 D. T. Niles, *Upon the Earth* (New York: McGraw Hill Co., 1962), p. 250.

3 Ernest Backer, *The Denial of Death* (New York: The Free Press, 1973), p. 74. 『죽음의 부정』(한빛비즈).

4 Niles, *Upon the Earth*, p. 259에서 재인용.

5 가능성이 높진 않지만 약간의 가능성 있는 예외는 13장에 기록된 베로 만든 허리띠 이야기다. 예레미야는 그것을 묻기 위해 "유프라테스로 가라"는 지시를 받았고 그대로 시행했다. 만일 이것이 실제로 유프라테스 강을 일컫는다면 그 길은 왕복 1,100킬로미터에 달하는 행로다. 히브리어로는 '**페라쓰**'(*perath*)인데 종종 유프

라테스 강을 지칭하는 데 사용되지만 파라(Parah, 오늘날의 Ain Farah), 곧 아나돗에서 6킬로미터가량 떨어진 물이 풍부한 곳을 언급할 가능성이 더 높다. 파라와 유프라테스의 발음이 아주 비슷하기 때문에 전자가 후자의 상징으로 여겨졌을 가능성이 있다. 사실 '파라로'와 '유프라테스로'는 히브리어에서 동일한 철자로 표현된다. Thompson, *The Book of Jeremiah*, p. 364와 Bright, *Jeremiah*, p. 96를 보라.
6 Marianne Moore, *Predilections* (London: Faber & Faber, 1956), p. 12.
7 Bright, *Jeremiah*, p. 307.
8 Kenneth Cragg, *The Call of the Minaret* (London, Oxford University Press, 1952), p. 183.
9 André and Pierre-Emmanuel Lacocque, *The Jonah Complex*, p. 30.

16. 너희는 그 땅에서 죽을 것이라

1 William Foxwell Albright, *From the Stone Age to Christianity* (Garden City, N. Y.: Doubleday, Anchor Books, 1957), p. 402. 『석기시대부터 기독교까지』(CH북스).
2 Friedrich von Hügel, *Essays & Addressed on the Philosophy of Religion*, 2d series (London: J. M. Dent and Sons, Ltd., 1926), p. 54.
3 Karl Barth, *Epistle to the Romans* (London: Oxford University Press, 1960), p. 327. 『로마서 강해』(복있는사람).
4 Flannery O'Connor, *Mystery and Manners* (New York : Farrar, Straus and Giroux, 1961), p. 94.
5 예레미야서가 제공하지 않고 있는 명쾌한 결론을 (흔히 그렇듯이) 성경 외적 자료인 1세기의 책 『예언자들의 삶』(*Lives of Prophets*)이 제공하고 있다. 이집트인들 가운데서 받은 영예와 유대인들의 손에 의한 순교자의 죽음이 결합된 형태로 가장 만족스럽게 마무리되어 있다. "그는 아나돗 출신이었고, 이집트의 타페네스에서 유대인으로부터 돌에 맞아 죽음을 당하였다. 그는 바로의 궁전이 서 있던 장소에 묻혔는데, 그것은 이집트인들이 그로부터 받은 유익 때문에 그를 영예롭게 추앙했기 때문이다. 그가 한 기도 덕분에 이집트인이 '**에포쓰**'(*epoth*)라 불렀던 뱀들이 그들을 떠났기 때문이었다. 그리고 지금까지도 하나님의 신실한 종들은 그 장소에서 기도를 드리고 있고, 거기서 흙을 가져다가 뱀에 물린 상처를 치료하고 있다." Charles Cutler Torrey, *The Lives of Prophets, Greek Text and Translation* (Philadelphia: Society of Biblical Literature and Exegesis, 1946), p. 35.

옮긴이 홍병룡은 연세대학교 정치외교학과와 동대학원을 졸업하고 IVP 대표간사로 일했다. 캐나다 리젠트 칼리지와 기독교학문연구소(ICS)에서 수학했으며, 호주에서 한국학을 전공했다. 현재 아바서원 대표로 일하고 있다. 옮긴 책으로는 『그리스도와 문화』, 『다원주의 사회에서의 복음』, 『여성, 그대의 사명은』, 『레슬리 뉴비긴의 요한복음 강해』, 『일상, 하나님의 신비』, 『일터 신학』(이상 IVP), 『일과 창조의 영성』, 『G. K. 체스터턴의 정통』, 『종교적 중립성의 신화』, 『세계관 이야기』(이상 아바서원) 등이 있다.

주와 함께 달려가리이다 개정판

초판 발행_ 2003년 11월 20일
초판 12쇄_ 2015년 1월 9일
개정판 발행_ 2019년 11월 20일
개정판 3쇄_ 2024년 7월 1일

지은이_ 유진 피터슨
옮긴이_ 홍병룡
펴낸이_ 정모세

펴낸곳_ 한국기독학생회출판부
등록번호_ 제2001-000198호(1978.6.1)
주소_ 04031 서울시 마포구 동교로 156-10
대표 전화_ (02)337-2257 팩스_ (02)337-2258
영업 전화_ (02)338-2282 팩스_ 080-915-1515
홈페이지_ http://www.ivp.co.kr 이메일_ ivp@ivp.co.kr
ISBN 978-89-328-1729-3

ⓒ 한국기독학생회출판부 2019

책값은 뒤표지에 있습니다.
무단 전재와 복제를 금합니다.